童心童梦：
学前儿童音乐教育研究

张翠英 著

汕頭大學出版社

图书在版编目（CIP）数据

童心童梦：学前儿童音乐教育研究 / 张翠英著. --汕头：汕头大学出版社，2022.12
　ISBN 978-7-5658-4897-1

　Ⅰ．①童… Ⅱ．①张… Ⅲ．①学前儿童－音乐教育－教学研究 Ⅳ．①G613.5

中国国家版本馆 CIP 数据核字（2023）第 000549 号

童心童梦：学前儿童音乐教育研究
TONGXINTONGMENG：XUEQIAN ERTONG YINYUE JIAOYU YANJIU

著　　者：	张翠英
责任编辑：	郭　炜
责任技编：	黄东生
封面设计：	优盛文化

出版发行：汕头大学出版社
　　　　　广东省汕头市大学路 243 号汕头大学校园内　邮政编码：515063
电　　话：0754-82904613
印　　刷：三河市华晨印务有限公司
开　　本：710mm×1000mm　1/16
印　　张：13.75
字　　数：240 千字
版　　次：2022 年 12 月第 1 版
印　　次：2023 年 3 月第 1 次印刷
定　　价：78.00 元
ISBN 978-7-5658-4897-1

版权所有，翻版必究

如发现印装质量问题，请与承印厂联系退换

PREFACE 前言

　　学前儿童音乐教育是一项重要的启蒙教育,是幼儿园课程的一个重要组成部分,对学前儿童的身心发展有着十分重要的影响。音乐是学前儿童非常喜欢的艺术表达方式之一,他们通过优美的音乐来感受和抒发自己的情感。音乐活动既能使学前儿童学会共同合作、互帮互助,又能够很好地锻炼学前儿童的肢体协调性,提升学前儿童的心理品质,使他们在快乐中学习,在学习中快乐。学前音乐教育能够有效激发学前儿童的学习与认知兴趣,增强他们以情感体验为核心的综合素质。良好的音乐教育不仅能够丰富学前儿童的生活,培养学前儿童的审美情趣和高尚人格,还能够对学前儿童的全面、健康发展起着不可替代的作用。

　　全书共分六章,第一章对学前儿童音乐教育的相关理论进行了阐释;第二章是关于学前儿童音乐教育的特殊功能的论述,主要阐述了学前儿童音乐教育的艺术教育原理、特性、教育作用等方面的内容;第三章分析了学前儿童音乐教育的主要模式,分别对自主学习的学前儿童音乐教育、"体验式、情境化"学前儿童音乐教育、游戏化学前儿童音乐教育、互动式学前儿童音乐教育几种模式进行了论述;第四章分析了学前儿童音乐教育实践活动的开展情况,主要就学前儿童歌唱活动、学前儿童韵律活动、学前儿童音乐欣赏、学前儿童打击乐演奏等进行了阐述;第五章对学前儿童音乐教学活动的延伸进行了阐释分析;第六章是对信息技术下学前儿童音乐教育的创新发展的探讨。全书注重科学性、创新性、示范性和实用性的统一,突出以幼儿为主体,在内容的编排和案例的选取方面力求全面、创新。

　　本书在撰写过程中参考了一些专家、学者的研究成果和著作,在此表示衷心的感谢。由于时间仓促,水平有限,不足之处在所难免,恳请广大读者、专家给予批评指正。

CONTENTS 目录

第一章 学前儿童音乐教育相关理论阐释   1
    第一节 学前儿童的身心特点   1
    第二节 学前儿童音乐   4
    第三节 学前儿童音乐教育简述   8
    第四节 学前儿童音乐教育的目标和意义   15

第二章 学前儿童音乐教育的特殊功能   29
    第一节 学前儿童音乐教育的艺术教育原理   29
    第二节 学前儿童音乐教育的特性   35
    第三节 学前儿童音乐教育的教育作用   47

第三章 学前儿童音乐教育的主要模式   59
    第一节 基于自主学习的学前儿童音乐教育模式   59
    第二节 "体验式、情境化"学前儿童音乐教育模式   73
    第三节 游戏化学前儿童音乐教育模式   83
    第四节 互动式学前儿童音乐教育模式   97

第四章 学前儿童音乐教育实践活动的开展   109
    第一节 学前儿童歌唱活动   109
    第二节 学前儿童韵律活动   122
    第三节 学前儿童音乐欣赏   131
    第四节 学前儿童打击乐演奏   140

第五章　学前儿童音乐教学活动的延伸　　151

　　第一节　学前儿童音乐教学活动延伸的必要性及有效特征　　151
　　第二节　不同类型学前儿童音乐教学活动的延伸选择　　155
　　第三节　古诗词融入学前儿童音乐教学活动延伸的实践探索　　164
　　第四节　学前儿童音乐教学活动延伸的优化　　175

第六章　信息技术下学前儿童音乐教育的创新发展　　181

　　第一节　信息技术与学前儿童音乐教育的融合分析　　181
　　第二节　信息技术与学前儿童音乐教育整合的模式构建　　187
　　第三节　信息技术与学前儿童音乐教育的融合案例　　195

参考文献　　207

第一章 学前儿童音乐教育相关理论阐释

第一节 学前儿童的身心特点

一、学前儿童的生理特点

学前儿童的生理发展是个体发展的重要组成部分，也是学前儿童的心理发展（如动作、认知、言语以及情绪等）和社会性发展的前提和基础，对学前儿童在各个领域的发展起着重要作用。学前儿童的生理发展是指儿童身体形态、组织和结构、大脑的生长发展和机能的生长发育的过程。[①] 学前儿童的生理发展主要表现在以下两个方面。

（一）神经系统和身体的发展

学前儿童的生理发展主要是指个体神经系统的发展以及个体其他部分的发展。其中，神经系统的发展占据重要地位。

首先，儿童出生后脑和神经系统的发展最快、成熟最早。幼儿期是儿童大脑发育最快的时期，新生儿平均脑重量为350g，3岁儿童的平均脑重量为1000g，6岁儿童的平均脑重量为1200g（是成人脑重量的90%），这时神经髓鞘基本发育完成，神经传导更加迅速、准确。大脑的机能也逐渐复杂、成熟和完善起来，为建立各种条件反射提供了生理基础，为学前儿童行为的发展打下了良好基础。其次，中枢神经系统的发育顺序

---

① 曲茸，李明军，陈卿.学前儿童心理发展[M].北京：教育科学出版社，2014：35.

是先皮下，后皮质。新生儿出生时，脊髓和延髓的发育已基本成熟，所以功能比较完善，这就保证了呼吸、消化、血液循环和排泄器官的正常活动。但是小脑发育较差，这是婴儿早期肌肉活动不协调的重要原因，1岁左右小脑发育迅速，3～6岁逐渐发育成熟。所以，1岁左右婴儿学会走路等基本动作，3岁时已能稳稳地走和跑，但还不协调。到5～6岁时，就能准确协调地进行各种动作，如跑、跳等，身体平衡力能较好维持。

（二）机能和结构的发展

机能是指个体作为一个整体系统作用于环境的能力。结构是指个体系统内诸要素相互联系、相互作用的方式。在3～6岁这一阶段，学前儿童的体重每年约增加3 kg，身高约增长4～7 cm；6岁时，他们的身高一般达到115 cm左右，体重为20 kg左右。3岁时，虽然他们头部所占比例还是很大，但是身体其余部位所占的比例已逐渐变大；6岁时，他们身体各部位的比例已基本与成人一致。学前儿童的骨骼开始变得坚硬，但骨骼弹性仍然很大，具有较强的可塑性。他们的肌肉系统逐渐成熟，开始变得强壮。他们的大肌肉群发育得较为成熟，小肌肉群的发育还不完善。

二、学前儿童的心理特点

（一）1～3岁婴幼儿期心理特点

1～3岁学前儿童（婴幼儿期）是真正形成人类心理特点的时期。学前儿童在这一时期学会走路，开始说话，出现表象思维和想象等人类所特有的心理活动，独立意识逐渐增强。

1. 初步掌握了人类口语

1岁前是语言发生的准备阶段，婴儿多通过手势、表情、哭喊来表达自己的要求；1岁后的幼儿可以和成人进行简单的口语交流。1～1.5岁的幼儿处于理解语言阶段，到了3岁，能够初步用语言表达自己的意思。

2. 直觉行动思维为主

在1.5～2岁，幼儿的表象开始发生。表象的发生使幼儿有可能产生想象。人类认识活动的形式——思维也是在这个时期发生的。这时，幼儿出现最初的概括和推理能力。学前儿童的概括水平很低，思维形式比较简单，思维不能离开具体的实物、动作或行动。

3.产生自我意识，出现独立性

幼儿2岁时，就不像以前那么顺从了。特别是2～3岁，孩子有了自己的主意，常和家长的意见不一致，出现独立性。从此，人际关系的发展进入了新的阶段。独立性的出现是幼儿开始产生自我意识的明显表现，是学前儿童心理发展上非常重要的一步，也是学前儿童心理发展成就的集中表现。它表明，学前儿童的心理具备了人类的一切特点：直立行走、使用工具、用语言交际。婴儿出生时固然已不同于动物，但只有发展到这个阶段，才真正开始形成人类的全部心理机能。

(二) 3～6岁幼儿期心理特点

3～6岁为学龄前期或幼儿期，是幼儿心理活动形成系统的奠基期，也是个性形成的最初阶段。3岁以后，幼儿生活范围的扩大是有一定基础的。幼儿的身体比以前结实了，精力比以前充沛了，身体和手的基本动作已经比较自如。语言的形成和发展使幼儿已经基本上能够向别人表达自己的思想和要求，不需要成人过多地猜测他的意愿。这些发展使3～4岁幼儿具备了离开亲人参加幼儿园集体生活的可能性。生活范围的扩大引起了幼儿心理发展上的各种变化，其认识能力、生活能力、人际交往能力迅速发展。

1.游戏活动水平不断提高

从游戏活动的发展看，幼儿的游戏水平不断提高。幼儿开始自己组织游戏，能够从无主题到有主题，按游戏的主题展开，逐渐复杂化、深化，心理水平开始由低级向高级发展。

2.由直接行动思维演化为具体形象思维

从思维的发展水平看，思维由直觉行动思维演化为具体形象思维。3～4岁幼儿的认识活动往往依靠动作和行动进行，思维是认识活动的核心。3～4岁幼儿思维的特点是先做再想，他们不会想好了再做。3岁幼儿认识活动对行动的直接依赖性说明他们的认识活动非常具体，只能理解具体的事物，不会做复杂的分析和逻辑推理。5～6岁幼儿的抽象能力开始萌发。

3.自我意识、道德判断、道德行为发展迅速

从个性的发展看，学前儿童的自我意识、道德判断、道德行为发展迅速。学前儿童的道德判断是一个由具体到抽象，由他律到自律，由不稳定趋于稳定的不断发展过程。儿童自我意识的真正出现是与言语相联系的。1岁以内的孩子还不能有意识地做出什么道德行为，也不可能有

道德判断，幼儿掌握言语和独立行走以后，由于环境和教育的影响，道德认识随年龄增长有所提高，由笼统向分化发展并具备了一定的概括性，其广度深度有显著提高。

4. 活泼好动，情绪作用大

整个幼儿期，情绪在心理活动中的作用都比较大。幼儿的心理活动和行为更多是无意性的。健康的幼儿活泼好动、好问、好学，开始掌握认知方法，个性初具雏形。

第二节　学前儿童音乐

学前儿童音乐一般是指学前儿童所从事的音乐艺术活动，反映了学前儿童对音乐的感受、理解、表现和创造。此外，学前儿童在从事音乐艺术活动中，还会表现出他们对周围世界的认识和情感。

一、学前儿童音乐及其特点

音乐是一种人人都能理解、不需要翻译，可直接交流思想情感，并能产生共鸣的"世界语言"。对音乐的喜爱是不分年龄段的，每个人都需要音乐，每个人都有接受音乐文化的愿望和权利，只是成人和学前儿童对音乐的理解不同罢了。对于成人而言，音乐是高雅的艺术，是人类智慧的结晶，是艺术的再创造，它会使人联想到交响乐、贝多芬、维也纳新年音乐会、歌剧、流行歌手、通俗音乐等。对儿童，特别是学前儿童而言，音乐的含义就不同了。学前儿童音乐指的是在尊重音乐艺术的特殊性和儿童接受音乐的规律性的前提下进行的音乐艺术活动，它反映了学前儿童对音乐的感受、理解、表现和创造，也表现了学前儿童对周围世界的认识和情感，具体包括歌唱活动、律动舞蹈、音乐欣赏活动、音乐游戏活动、节奏乐活动等。

在音乐活动中，学前儿童自始至终都处在愉快欢乐的状态中，这不仅是因为学前儿童天生的好动性在音乐活动中得到满足，从而获得快乐，而且是因为音乐艺术本身的那种愉悦性和感染性发挥的作用，那些学前儿童熟悉和喜爱的音乐活动的内容和形式给他们带来了愉快的情绪。所以，音乐游戏对于学前儿童而言是最佳方式。

一部优秀的音乐作品可以给学前儿童带来无限的遐想和喜悦，他们无论是在倾听一个故事还是欣赏一段乐曲，常常都会被作品中描绘的感人的形象、生动的情境、激烈的矛盾冲突所感染，从而产生情感上的共鸣；他们总是情不自禁地陶醉在故事或乐曲所描绘的情境中，从中领略大自然流水淙淙、鸟语花香、野蜂飞舞等美妙动人的场景。

音乐艺术的愉悦性、感染性特点在学前儿童的音乐活动中体现得尤为突出，这些特点是吸引学前儿童积极参与音乐活动的重要原因之一。利用这一特点引导学前儿童在玩中学、在乐中学，把音乐教育寓于愉快的音乐感受和音乐表现之中，使学前儿童学得愉快，学有所得；同时，引导他们在愉快活泼的、富有艺术特色的活动中接受教育，把教育寓于欢乐的音乐活动之中，以"乐"作为对他们进行教育的有效手段，这是学前儿童音乐教育性特点的体现。

当然，这种教育性的影响往往不像语言的表述那样直截了当，而是像雨露般点点滴滴渗透到儿童的内心情感和心灵深处，起着熏陶感染的教育作用。正如德国教育家洪堡所说，音乐永远是最无争辩的，是情感无限强有力的杠杆。

音乐不仅是一门听觉艺术，还是一门极具个性的艺术。每一位作曲家对作品内容的表达，每一位表演者对作品内容的理解和表现，每一位欣赏者对作品内容的感受都是不同的，这正是音乐艺术个体性特点的体现。

学前儿童是成长发展中的个体，而音乐是其个体发展的一种表现，所以学前儿童在音乐活动中会表现出素质能力上的差异。我们在教学前儿童学习音乐的时候往往会遇到这样的现象：有的学前儿童很快就能学会，有的学前儿童学起来却很困难，其实这是正常的。正如世界上没有两片完全相同的树叶一样，每个学前儿童的认知、情感、个性发展、能力都是不同的，因为他们对外界的认识和体验不同，表达自己情绪和情感的方式自然也不同，即使是上百个学前儿童在一起聆听同一首音乐作品，每个学前儿童的心理活动和听觉感受也会各不相同，因此，要求学前儿童的音乐接受能力都一样是不现实的。由此可见，学前儿童音乐在一定程度上反映着学前儿童的认知、情感和个性发展的状况，同时对其发展有一定的促进作用。

二、学前儿童音乐能力的发展

所谓音乐能力，是指个体从事音乐实践活动的本领。它包括从事演唱、演奏、音乐欣赏、音乐创作等方面的本领。具体地说，音乐能力主要包括两个方面的含义，即音乐的感受力和音乐的表现力。

音乐的感受力是指对音乐作品所反映的情绪和思想感情的体验能力。它是通过听觉分辨音的高低、长短、强弱、音色、和声等有规律运动过程的特征，进而感知、领会、想象、思考音乐艺术形象和内容，在感情上引起共鸣的能力。音乐的感受力主要是听觉感受，它包括力度、速度、节奏、节拍、旋律、音色等方面的感知内容，其中节奏占有很重要的地位。因为节奏是音乐的灵魂与生命，其可以脱离旋律而独立存在，旋律则不能脱离节奏独立存在。节奏也是音乐的基础，更是儿童音乐、舞蹈和语言活动的"呼吸"和生命线。节奏在生活中大量存在，如呼吸、心跳与语言。所以，学前儿童的节奏活动一定要结合语言和动作进行。

音乐的表现力是指在音乐感受能力的基础上把自己对音乐的理解和感受通过自己的声音或动作表达出来的能力。音乐的创作能力是音乐表现力中的一个重要方面。对学前儿童而言，他们受心理发展水平和认知能力的制约，不可能像成年人那样去表达自己的感受，他们只能用声音或动作来表达对音乐的独特理解和创作。例如，当学前儿童听到连贯、悠扬的音乐时，他们会很自然地模仿鸟飞、鱼游等动作；当他们听到激昂向上、力度较强的音乐时，他们会用跺脚、迈大步等大幅度动作来表现。音乐的表现力和感受力在一定程度上可以说是合二为一的。

音乐的感受力和表现力是音乐的基本能力，它是一种人人都具有的、在音乐活动中能够得到激发、挖掘和发展的能力，它和语言一样是一种独立的能力结构，有自己独特的规律。当然，它和其他所有的能力一样，也会表现出明显的个体差异，这主要是因为每个个体的大脑生理机制不同，所处的生活环境、音乐环境不同，个体认知发展水平不同。

（一）0~3岁儿童音乐能力的发展

据有关资料表明，婴儿在母体中就能听到母亲心跳的节奏，所以音乐教育是从0岁开始的。婴儿出生后就会对声音有反应，两个月左右的婴儿能区别一般的铃声或开关门声，有了高低音的反应。4~5个月的婴儿开始对音乐表现出某种程度的反应和记忆力，听见声音时能将头转向声源方向，而且对摇动手鼓发出的声音感兴趣，能够对音乐的声响有不同的反应，对柔和的音乐表示愉快，对较强的音乐表示不快。7个月左右的婴儿可以模仿一些简单的节奏；9个月左右的婴儿会辨别一些不同的旋律；11个月左右的婴儿已经能跟着节奏鲜明的音乐自发地手舞足蹈，同时发出咿咿呀呀的独白语言。当然，1岁左右的幼儿对音乐的听觉感知和反应是比较缓慢且不太精细的。随着年龄的增长，他们对外界环境中的各种声音和音乐的反应、听辨能力等才有了进一步的发展。他们能准确地分清声源，区分环境中的许多声音，并喜欢模仿这些声音，如看见汽车就会发出"嘀嘀"的声音，看见钟表就会发出"滴答、滴答"的声音，看见一些小动物也会模仿它们的叫声。幼儿就是在一遍遍反复发出某些感兴趣、熟悉的声音的过程中，加强了对这些声音的听觉感知和记忆。

1岁半时，幼儿开始学唱部分旋律了，努力地尝试跟着成人一起唱歌曲的曲调，当然不是完整地唱，而是唱出其中的某一句或某个小节；2岁时就会学唱较完整的旋律了；发展较快的2～3岁的幼儿能更多地模仿一首歌曲中较长的片段，或短小的歌曲，一般幼儿也开始尝试着随音乐做出拍手、点头、晃动手臂、走步等相应的节奏反应。虽然有的幼儿的动作是零碎的、不合拍的，但这些动作为幼儿以后的乐器学习和节奏能力的发展打下了良好的基础，同时显示了他们音乐感受能力和音乐表现能力的萌芽。3岁左右的幼儿在学习歌曲的过程中，时常会出现这样的现象：对一首新的歌曲，往往会在听了几天以后，就慢慢地变成记忆，输入大脑，有一天会突然开始歌唱。而在他们开始歌唱前，歌曲已经被积累、潜伏在记忆里很长时间了，因此我们需要选择合适的力度、速度和音量的儿童歌曲，反复播放。总之，这个阶段最重要的就是为儿童创造适宜的音乐环境。由此可见，3岁左右的幼儿，他们歌唱能力的发展与他们的音乐感受、听辨能力的发展是紧密相关的。[①] 所以，对这一年龄段的学前儿童进行歌唱教学时，可以考虑先从歌曲的欣赏感知入手。

（二）3～6岁儿童音乐能力的发展

随着儿童年龄的增长、集体音乐活动和亲身体验机会的增加，使儿童的音乐能力有了进一步的发展。

3～4岁的学前儿童有了想把歌曲唱好的想法，知道要记住歌词，并能够记住一些歌词。他们能够对音乐作品表现出来的情绪有所反应，做到难度较低的歌唱与动作的结合。例如，在摇篮曲音乐的伴奏下，有的学前儿童就能做出抱、拍娃娃睡觉的动作，而有的学前儿童则没有反应，动作表现也比较单一。

4～5岁的学前儿童对音乐的感受能力明显提高，能借助一些词汇

---

① 黄瑾.学前儿童音乐教育[M].上海：华东师范大学出版社，2001：21.

来描述自己对音乐情绪的体验，如"雄壮有力的""优美抒情的""欢快活泼的"等，分辨音乐性质的能力也有了一定的发展。音乐感受力提高的同时，学前儿童的歌唱能力也有所发展，这表现在学前儿童听音、辨音能力的提高，对嗓音控制力的增强，进而能较为准确地演唱一首歌曲，并用动作表现出来。

5～6岁的学前儿童感受音乐和表现音乐的能力有了更进一步的发展，多数学前儿童能准确地唱一些简单的歌曲。随着学前儿童语言的发展，他们能记住更多、更长的歌词，在音准方面进步尤为突出，对音乐的表现手段，如力度、速度、节奏等的控制也比较准确了，动作表现也更加丰富了，不仅对动作本身感兴趣，还对用动作来反映音乐感兴趣。他们动作的协调性也大大提高，而且能以象征的方式来表现，有了更加丰富的想象力和一定的创编能力。

事实上，对学前儿童音乐能力的发展起直接作用的是教育，即学前儿童的音乐教育。当然，学前儿童音乐能力的形成与音乐教育的成功，不可能是一蹴而就的，而是在一个又一个的音乐教育活动中，通过音乐教学培养起来的。教师应有意识、有目的、有计划地培养学前儿童的音乐能力，关心、照顾每一个儿童，使他们都能在原有的基础上得到发展。

第三节　学前儿童音乐教育简述

学前儿童音乐教育作为学前教育的一个方面和要素，既要遵照学前教育的总目标，遵循学前教育的一般规律，又要体现自身的特殊规律——用音乐进行教育和教儿童音乐。一方面，通过学前儿童音乐教育让学前儿童认识表现音乐的各种符号和手段，掌握必要的演唱与演奏技巧，同时学会感受音乐、理解音乐和表现音乐，培养和发展学前儿童的音乐能力，这是学前儿童音乐教育的首要任务。因此，从这个意义上而言，音乐教育承担着一些音乐本身的教育目的。另一方面，学前儿童学习音乐的过程不仅是学前儿童逐步学会认识音乐、把握音乐，养成对音乐的积极态度的过程，还是学前儿童在身体、智力、情感、个性、社会性等方面获得全面、和谐发展的过程。通过音乐教育，培养学前儿童健全的人格，促进学前儿童全面、和谐、整体的发展是学前儿童音乐教育的根本目的。因此，从这个意义上而言，音乐教育是促进全面发展教育的有力手段。

以音乐为手段，在音乐教育的过程中促进学前儿童的全面发展，不仅需要教给学前儿童一些基本的音乐知识、技能技巧、感受表现等音乐本身的东西，还必须使学前儿童在精神与心灵等方面获得更多有益的东西。对这一点，古今中外的哲学家、思想家、教育家都有过十分精辟的论述。孔子曾经这样说过："兴于诗，立于礼，成于乐。"他认为，仁人君子修身养性的完成是通过音乐艺术的熏陶来达成的，音乐可以融合、协调人的知识、经验，促进人的和谐发展。古希腊著名的哲学家德谟克里特也认为，艺术、音乐是改变人、造就人的重要手段。他主张对儿童的音乐教育，既要注重天赋，也要强调勤学苦练，在儿童学习技能的同时培养其意志品质，净化其心灵。日本著名音乐教育家铃木镇一更是强调在音乐教育中培养儿童的意志品质，即坚韧不拔、克服困难、坚持不懈的努力与追求等。他认为，这些品质的养成将使人受用一生。

由此可见，把音乐教育作为培养人的全面发展的手段和途径，已经成为古人与今人的一种共识。因此，把握学前儿童音乐教育，既要遵循音乐学习规律及学前儿童音乐心理发展特点进行音乐潜能的培养和一定的音乐基本知识、技能的教育和熏陶，也要以全面发展教育为中心，通过音乐的手段、音乐教育的途径促进学前儿童在身体、智力、情感、个性、社会性等方面的和谐发展。

一、学前儿童音乐教育的特征

作对向学前儿童进行德、智、体、美、劳全面发展教育的一个有效途径和领域，音乐教育和其他学科教育一样，只有在充分发挥其学科特点的基础上，才能发挥其教育功能。学前儿童音乐教育是通过音乐学科本身的情感性、感染性和愉悦性的特点来关注学前儿童的情感体验，从而获得审美感受的一种艺术教育途径。

（一）形象性与感染性

在学前儿童音乐活动中，学前儿童对音乐的理解与把握不可能脱离其本身认知、思维发展的水平。因此，学前儿童音乐教育的内容、教材、形式及方法都体现了形象性和感染性的特点。

1. 内容上的形象性与感染性

学前儿童音乐教育内容和音乐教材的选择都具有其鲜明的音乐形象性。这种音乐形象性通过学前儿童感知、理解的具体感性事物，组成生动形象、栩栩如生的音乐画面。例如,《动物狂欢节》中欢快的旋律、乐音构成了一个个可爱的动物形象——快速跳跃的声音表现了小兔活泼可爱的音乐形象;缓慢、滞重的旋律使学前儿童联想到大象笨重、迟缓的音乐形象等。又如,选择一些学前儿童生活中熟悉的事物模拟音乐声,如风声、雨声、钟声等,通过节奏、力度、音色的变幻表现其生动的音乐形象性。这种音乐形象作用于学前儿童的听觉,使他们在感受音乐的同时产生一定的联想和想象,进而在头脑中形成一定富有情感的意象。音乐教育的感染性主要是由音乐的情感性特征决定的。学前儿童音乐教育的情感性建立在对学前儿童主体性、差异性的基础之上,它能表现音乐作品多方面的情感,如激昂的、欢快的、抒情的、低沉的、悲伤的、轻柔的等。学前儿童在接触音乐作品的过程中,其情感体验逐渐丰富,具有感染性的音乐教育活动能够对学前儿童的情感发展起到促进作用,陶冶儿童的情操及丰富其情绪体验。

2. 方法上的形象性与感染性

对儿童来说,形象性既可以是具体化的视觉形象,也可以是听觉形象,当然听觉形象并不像视觉形象那样以具体的画面呈现在欣赏者眼前,但它可以通过教师设计的非音乐辅助手段来帮助儿童展开丰富的想象和联想,从而领略音乐的奥妙。儿童在接触音乐作品、学习音乐的过程中,通过感知音乐作品的艺术美,在情感上产生共鸣,从而培养他们对音乐作品及事物的是非、善恶、美丑的初步鉴赏和判别能力。

此外,学前儿童正处于个人情感由低级向高级逐步发展的阶段,富有情感性和感染性的音乐教育活动对学前儿童的情感发展有着明显的促进作用。因此,把音乐的感染力寓于学前儿童音乐教育中,让学前儿童多参加各类富有感染性、情绪性的音乐活动,通过体验音乐所表现出来的形象美和形式美,这既能丰富学前儿童的积极情感,又能对学前儿童的思想意识、道德行为、情绪体验、个性特征等方面产生潜移默化的影响,这也是音乐教育不同于其他学科教育的特殊性之一。

(二)趣味性与游戏性

对学前儿童来说,快乐是他们参加所有活动的准则,而学前儿童音乐教育具有的游戏性、趣味性的特点也成为学前儿童喜爱音乐活动的重要原因之一。

1. 内容上的趣味性与游戏性

学前儿童音乐教育的趣味性、游戏性不仅体现在音乐游戏上,还体现在音乐欣赏、歌唱、韵律活动、打击乐器演奏等活动上。例如，音乐欣赏活动主要以游戏为手段借助想象和联想，调动多种感官让学前儿童全面、立体感受音乐作品的"感情"，如歌曲《手指歌》《颠倒歌》《小陀螺》等，还有民间童谣，如《猜谜歌》《打花巴掌歌》等，都饶有趣味，受到学前儿童的喜爱。韵律活动的游戏性特点体现为儿童的"手舞足蹈"、肢体运动和音乐律动相结合，并随律动的快慢、强弱做出相应变化。打击乐器可以说是儿童游戏的媒介，通过与乐器的互动来感知音乐的节奏也是儿童乐此不疲的活动。总之，在音乐教育中，学前儿童在听听、唱唱、动动、玩玩的趣味活动中既增强了节奏感，促进了动作的协调性，又获得了愉快的情绪体验。

2. 形式上的趣味性与游戏性

学前儿童音乐教育形式上的趣味性和游戏性主要体现在教育活动的形式是自由、灵活且多样的。在幼儿园音乐教育活动中，具体体现在：其一，活动的组织形式具有更多的灵活性和自由性，如歌唱活动可以是独唱、小组唱、对唱、齐唱、表演唱等；其二，儿童在教学活动中有更多的自主选择的机会；其三，教师和儿童的关系具有灵活性和多变性。

3. 方法上的趣味性与游戏性

学前儿童音乐具有感情色彩丰富、节奏分明、旋律优美的特点，因而趣味性和游戏性在学前儿童音乐教育活动方法上的体现是最具特色的一个方面。同时，学前儿童又具有活泼好动、以具体形象性思维为主等特点，对教师组织的趣味性、游戏性的活动比较感兴趣。所以，在音乐教育活动中，教师扮演着重要角色，通过音乐教学游戏化培养学前儿童对音乐活动的兴趣，如创设游戏化的情境，通过角色扮演、丰富的肢体语言、抑扬顿挫的讲解使学前儿童在音乐活动中充分感受音乐的魅力。

二、学前儿童音乐教育的主要途径

幼儿园的音乐教育是学前儿童接受音乐教育的主要途径，幼儿园音乐教育活动作为幼儿园教育活动的一个子系统，既是一个相对独立的活动领域，又自然地交织融合在幼儿园教育活动的整体中。幼儿园的音乐教育活动分为专门的音乐教育活动和渗透的音乐教育活动两类。

（一）专门的音乐教育活动

所谓专门的音乐教育活动，是指由教师根据学前儿童音乐教育的目标和任务，有目的、有计划地安排音乐教育活动的时间和空间，选择以音乐为主的课题内容和材料，组织全体儿童参加的活动。这类音乐活动按音乐教育内容的不同，可以划分为歌唱活动、韵律活动（包括音乐游戏活动）、打击乐演奏活动和音乐欣赏活动。

但是，这些内容往往是综合性的，即在一个专门的音乐教育活动中，可以围绕某一具体的音乐作品而展开，也可以围绕某一专门的动作技能或某种音乐知识而展开，还可以围绕某个特定的活动主题而展开。活动可以模仿为主的形式进行，也可以游戏的方式来组织，还可以儿童自发式的探索为主……无论哪一种，都包含几种不同内容的活动。例如，围绕音乐作品《小毛驴》而展开的音乐活动，既可以包含音乐欣赏的活动内容，也可以包含歌唱、韵律动作或音乐游戏的活动内容等。

专门的音乐教育活动不仅有丰富多变的活动内容和形式，还有活动时间上的要求。由于学前儿童的注意力和自我控制能力受年龄所限，一次音乐活动的时间不宜过长。一般说来，小班安排在15分钟左右，中班安排在20分钟左右，大班安排在30分钟左右为宜。

专门的音乐教育活动可以分为两种不同的组织结构。

一是"三段式"结构，即把音乐活动分为开始部分、基本部分和结束部分。这种组织结构在很长一段时间里被幼儿园音乐教育活动采纳，是一种较传统的音乐活动组织结构。在活动的开始部分和结束部分，通常是安排复习性质的活动内容，如复习已经学过的歌曲、律动或舞蹈动作、音乐游戏等。开始部分最常见的活动程序通常是律动进活动室—练声—复习歌曲或韵律动作；结束部分最常见的活动程序通常是复习韵律动作—歌唱表演或音乐游戏—律动出活动室；活动的基本部分是主要部分，通常安排学习尚未接触过的新作品或新技能的活动内容。"三段式"的组织结构有一定的合理性：它把对儿童来说相对比较陌生或困难、需要儿童有饱满的精神来参与的活动内容，安排在他们情绪稳定、注意力相对集中的"基本部分"；而把儿童较为熟悉的、能够振奋精神、集中注意力的活动内容，安排在活动的"开始部分"和"结束部分"，使儿童在对旧知识、技能的巩固复习中不断地丰富和加深对已有知识经验的体验和理解。

二是"单段式"结构，即各部分没有明显的界限划分，而是围绕基本部分中新授的活动内容来组织安排活动结构。通常在活动中不再安排复习性质的"开始部分"和"结束部分"，以旧有知识经验为"导入活动"来激发儿童的兴趣，振奋儿童的精神，集中儿童的注意力，再分层次、递进式地进入对新作品的感受和学习活动中。活动的最后则注重使儿童享受和体验新活动所带来的愉快和舒适。"单段式"的组织结构在幼儿园的音乐活动中运用得较多。这种活动组织结构的安排能充分体现围绕着一个作品或音乐技能的各个环节、步骤和程序上的系列性、层次性，从而使整个活动程序的每一步骤都能利用儿童的旧有经验和新经验，为儿童提供可以迁移、运用旧经验的机会，也使新经验的形成更有效。

（二）渗透的音乐教育活动

所谓渗透的音乐教育活动，是指除专门的音乐教育活动以外，随机、灵活地蕴含、渗透在儿童一日生活及其他教育活动中的丰富多样的、"隐性"的音乐教育活动，大致可以分为以下几类。

1. 日常生活中的音乐活动

在日常生活的各个环节和活动中，教师可以随机灵活地组织和安排一些与音乐有关的内容。例如，在用餐、睡觉、散步、阅读、游戏时穿插播放一些优美动听的音乐，让儿童欣赏；在儿童自由活动、散步时，由教师或儿童发起、组织音乐活动；等等。

2. 整合于主题中的音乐活动

整合于主题中的音乐活动是指渗透在幼儿园的主题活动背景中的、与主题相关联的音乐活动。这一类音乐活动往往是隐性的，且自然地与语言、数学、科学、美术等学科融于同一主题之中。它的呈现是以主题内容为线索，以与其他学科内容相结合为特点的。它体现了音乐与主题的整合与渗透、音乐与领域的整合与渗透、生活经验与音乐的整合与渗透。例如，主题活动"春天来了"中的综合活动"小柳树钓鱼"，为了让学前儿童自由表现春天柳树发芽的情景，教师可以将儿歌《小柳树钓鱼》的音乐作为主题背景，指导学前儿童通过画柳叶或制作柳叶来表现主题内容，这样既能够培养学前儿童的想象能力、大胆创作的能力，也能够进一步丰富学前儿童的音乐体验和情感表达。

3. 游戏活动中的音乐活动

游戏是儿童的主导活动，是幼儿园教育的主要活动形式之一。在幼儿园形式丰富多样的各类游戏活动中，教师可以有机地渗透音乐教育的有关内容。以角色游戏中的"小剧场"游戏为例，儿童在这类游戏中的表演既有对平时音乐教育内容的复习，又有儿童自我的、即兴的音乐创造表演。比如，在教师创设的区域游戏活动环境中，儿童可以加入"音乐角"的游戏活动，利用提供的有关乐器、音频资料及其他有关道具进行自发的、探索式的音乐活动。在这类游戏活动中，教师可以以一个参与者、合作者的身份加入，对儿童给予一定的间接式的引导，使儿童之间可以自由、平等地享受与同伴间的合作和交流。另外，在表演游戏、建筑游戏及玩沙玩水等娱乐性游戏过程中，由游戏的器具情境或其他偶发因素而引起的歌唱、韵律动作、声音探索等音乐表演活动也是极为普遍的。

4.节日活动中的音乐活动

节日活动中的音乐活动通常特指为庆祝节日而组织安排的各类音乐表演和娱乐性活动。这类音乐活动可由儿童自愿担任表演的主持人，安排、确定表演的节目，并鼓励全体儿童都来参与音乐的表演。在这类活动中，儿童可以充分地体验参与音乐活动的快乐，从而促进音乐能力的发展。音乐活动的具体安排如下：首先，要确定节日音乐活动的内容，要求内容安排恰当，丰富多彩；其次，应安排不同形式、性质、风格的节目，以歌、舞、乐穿插进行为宜，以更好地激发儿童的兴趣；再次，组织节目必须从教育儿童的目的出发，让儿童在庆祝节日的活动中提高对节日的认识，从中受到教育；最后，应注意调动全体儿童的积极性，要求集体节目的数量多些，活动时间不宜过长。

三、学前儿童音乐教育的任务

（一）激发学前儿童对音乐的兴趣和爱好

学前儿童音乐教育不是为了培养音乐家，而是为了培养学前儿童对音乐的兴趣，为学前儿童欣赏美和表现美开辟更多的途径。那么，如何激发学前儿童对音乐的兴趣呢？我们可以从以下三个方面入手：

（1）选用合适的音乐活动内容，采取生动活泼的指导形式，培养和发展学前儿童对音乐的兴趣。

（2）在幼儿园，要加强师幼之间的情感交流，创造一种平等、宽松、和谐的氛围，以此来激发学前儿童对音乐活动的兴趣。

（3）在音乐活动中，教师要富有表情地演唱、演奏和使用有一定吸引力的玩教具。

（二）重视学前儿童音乐能力的培养

促进儿童音乐素质的发展是学前儿童音乐教育的重要目标之一。其中，音乐能力的发展是音乐素质发展的一个重要方面，它是音乐感受力、表现力等多种能力的综合。为了有效地提高学前儿童的音乐能力，帮助他们形成初步的音乐概念，为他们进一步接受良好的音乐教育打下坚实的基础，教师在歌唱活动、韵律活动、音乐欣赏、打击乐演奏等活动中应采取多种方法，使学前儿童对音乐的旋律、节奏、速度、力度、曲式结构等音乐表现手段有所感受，并能将音乐作品表现出来，甚至加以创作。这种能力的培养需要让学前儿童勤动口、勤动手、勤动脑、勤表演。

（三）指导学前儿童学习简单的音乐知识和技能

学习一定的音乐知识和技能是学前儿童能够顺利进行音乐实践活动的基本手段。学前儿童只有掌握基本的音乐知识，具备一定的演唱、演奏技能，才能在听、唱、动、奏等音乐实践活动中深刻地感受和表达音乐艺术的美。需要注意的是，知识的学习和技能的训练不能忽略审美能力的培养，不能将一些专业训练的要求用在学前儿童身上，枯燥的技能训练是无益的。

（四）注意发挥音乐的教育作用

音乐教育可以净化儿童的心灵，陶冶儿童的情操，培养儿童高尚的道德品质。在音乐教育中，教师要以生动感人的艺术形象激发儿童的情感，给儿童以启示，发挥音乐的感染、教育作用，使儿童从小对周围世界有正确的认识，对自己有充足的信心，有责任感，有毅力，有克服困难的勇气，有助人为乐和集体主义精神，等等。

第四节 学前儿童音乐教育的目标和意义

一、学前儿童音乐教育的目标

教育是人类的一种有目的的社会实践活动，教育的这种目的性和计划性表现如下：实施教育之前就对其结果有了一种期望，这种对教育效果的期望就是教育目标，它是教育实践活动的起点，指导和支配着整个教育过程。教育目标不仅决定着教育内容、方法、手段和教育活动的组织形式，还决定着教师的观念和行为，影响着儿童的发展。因此，制定科学的教育目标是进行学前儿童音乐教育的重要前提。

（一）学前儿童音乐教育目标的制定

教育目标是教育者制定的，不同时代、不同国家所制定的教育目标是不同的，同一时代、同一国家中的不同教育组织或教育者也有不同的教育要求，这是不同的社会发展需要在不同的目标制定者头脑中反映的结果，也是儿童发展需要和规律在不同的目标制定者头脑中反映的结果。教育者要想制定出相对合理的教育目标，就必须全面了解社会发展及儿童发展的需要和规律，使教育目标的实施、检验、调整等成为一个开放的动态过程。

1. 影响学前儿童音乐教育目标制定的因素

在教育目标制定的过程中，所有的影响因素都是通过目标制定者对教育目标产生影响的。有的学者认为，学前儿童音乐教育目标制定者的有关知识结构主要来源于他对社会和学前儿童的认识结构，价值观念主要来源于他对社会和学前儿童的认识与看法。也有的学者认为，除了对社会和学前儿童的认识与看法外，还应加上对学科的专门知识、教育心理学的专门知识和教育哲学的专门知识的认识与看法。笔者较倾向第二种看法。现根据此种观念，将影响学前儿童音乐教育目标制定的因素分述如下：

（1）学前儿童。学前儿童是教育的对象，其身心发展的实际水平、需要、可能性以及发展的规律已向教育者暗示了自己学习的准备性和面临的发展课题。研究学前儿童、把握学前儿童的发展需要和发展规律就能使教育者获得有关教育目标制定的有用信息。教育者对学前儿童发展的需要和规律认识不同，对学前儿童教育工作提出的目标也不相同。福禄贝尔认为，学前儿童喜欢游戏，因此应该让学前儿童自由地游戏。如果赞成福禄贝尔的意见，教育目标中就可能会更多地强调让学前儿童通过自由游戏感受到快乐，养成对自由生活的热爱之情。铃木镇一认为，学前儿童需要通过模仿大师和刻苦练习来获得音乐成就，并形成自信心和自我克制能力。欧美国家的许多教师认为，学前儿童需要通过独立探索音乐和创造音乐的活动来发展独立意识和创造个性。如果赞成铃木镇一的看法，音乐教育目标中会更多地强调传统文化的继承和对社会约束的服从；如果赞成欧美国家教师的看法，学前儿童音乐教育目标中会更多地强调对传统文化的突破和对个人独立性的维护。另外，有的研究者发现学前儿童最先发展的是小三度音程和2/4拍的节奏，因此建议把这两项发展作为早期音程和节奏教育的开端性目标。但也有许多研究者发现：

在不同的文化环境中，学前儿童最早掌握的音程根本不是或者不只是小三度，最早掌握的节奏也不只是2/4拍的节奏。由此可见，学前儿童的发展尽管被公认是影响学前儿童音乐教育目标制定的重要因素之一，但目标制定者对学前儿童发展的实际认识、把握状况也是直接影响学前儿童音乐教育目标制定的因素。

（2）社会。人总是生活在某一特定的历史时空中的，不同时代、不同社会总是将自己的理想角色作为教育所追求的目标。学前儿童音乐教育也不例外，它的教育目标也总是直接或间接地反映着社会的需要，或深或浅地打上时代的印迹。所以，社会的需要、社会生活的现状和发展趋势理所当然地被纳入学前儿童音乐教育目标制定者考虑的范畴。不同时期社会对人才培养的要求不同，因此提出的教育目标也会不同。尽管中华人民共和国成立以来我国的音乐教育总目标一直反复强调坚持全面发展的方向，但从各个不同时期的具体教育目标中仍可以看出不同的偏向性，在目标的落实过程中，偏差则更大。例如，20世纪50—70年代末，音乐教育目标强调思想品德的培养和基本知识、基本技能的掌握；20世纪80年代后，我国开始逐步提出以音乐素质（音乐感）、创造力为核心的音乐审美能力发展目标体系；20世纪90年代以来，又有人提出了以音乐审美能力发展为媒介的智力、情感、个性、社会性全面协调发展的教育目标体系等。

（3）学科。对学前教育来说，尽管学科知识体系不应成为寻找教育目标的主要依据，但是学科专家对学科的教育价值及潜力、学科结构、学科学习规律的看法能够为学科教育目标的制定提供十分重要的参考信息。目前，在世界上得到普遍性承认的儿童音乐课程中，都有音乐学科的专家参加设计和实施工作，甚至许多音乐课程的创立者就是著名的音乐家或有相当音乐造诣的音乐教育家。例如，"体态律动学"的创始人达尔克罗兹曾是日内瓦音乐学院的和声学教授，也正是因为他的贡献，随着身体运动能力的发展，至今已成为世界性的音乐教育目标。又如，奥尔夫、柯达伊、卡巴列夫斯基等，都是世界著名的作曲家、音乐教育家，也正是基于他们的研究和建议，使得打击乐演奏、合唱能力的发展以及了解音乐的社会意义等，才逐步成为许多国家的音乐教育目标。再如，卡拉博·科恩和铃木镇一都是相当有造诣的小提琴演奏家。基于他们多年的研究，成功地解决了在学前教育阶段儿童学习、掌握音乐概念和符号体系，以及成套正规的小提琴演奏技巧的问题。因此，在某些专门的学前儿童音乐教育机构中，这些方面的发展也成为这些专门性课程的教育目标。由此可见，音乐专家和音乐教育专家对音乐和音乐教育的看法，都直接或间接地对学前儿童音乐教育目标的制定产生了影响。

（4）学习心理学。学习心理学是一门年轻的学科，它从心理学中独立出来的时间还不长。现有的学习心理学理论可以分为认知派、行为派和人本主义派。这些学派各自侧重于对某些学习现象的心理学规律的研究，从而创建了各自的学习心理学理论。尽管学习心理学的研究者更重视改善教育过程并为其提供建议，但教育目标的制定者仍可以从学习心理学的研究资料中获得启发。例如，学习心理学告诉我们：多个感知通道参与，特别是大肌肉运动的参与，能有效地提高儿童对音乐的感知兴趣和感知音乐的效果。由于这一原理来自实验研究并反复被实践检验证实，欣赏经典性音乐作品才成为幼儿园音乐教育的目标。学习心理学还告诉我们：整体把握音乐形象的方法，更有利于多声部音乐的学习。由于这一原理及相关的实践方法得到实践效果的支持，因此获得合唱和打击乐器合奏的粗浅知识技能以及在合唱、合奏活动中的整体协作能力等，才成为幼儿园音乐教育的目标。

又如，在近年的幼儿园音乐教育目标中提出的：学会学习的目标，学会在学习中获取和追求自我满足的目标，学会理解、接纳和关心等目标，也都与学习心理学的研究有着密切的关系。目前，现有的各种音乐教育课程中，学习心理学的研究成果不仅影响了课程目标的实施过程，还使这些过程更加经济有效，而且许多学习心理学的研究成果还间接地影响了课程目标。因此，在制定学前儿童音乐教育目标时，参与此项工作的教育者还应该将学习心理学纳入自己的研究范围。

（5）教育哲学。音乐教育哲学可以说是对音乐教育的看法或者说是音乐教育的观念。音乐教育哲学既可以看作是音乐学的一个分支，又可以看作是教育学或哲学的一个分支。音乐教育哲学一般包括对音乐教育的本质、目的、价值和方法的看法。这些看法必然要通过教育目标制定者来影响学前儿童音乐教育的目标。例如，美国学者迈克尔·马克认为：美国早期的音乐教育延续了西方音乐教育哲学中的功利主义，认为音乐被纳入学校教育是因为它在发展道德、体力和智力方面具有潜力。直到20世纪中期以后，这种根深蒂固的功利主义哲学才受到了真正的挑战，一批学者举起了艺术哲学的大旗，反对持功利主义观点的人们所强调的那些"音乐的附属价值"，而强调"音乐教育从本质和观念上讲都是美"，还强调"帮助学生在逻辑和内省两个层次上讲都是美"，更强调"帮助学生在逻辑和内省两个层次上形成他们自己关于音乐的价值"。20世纪70年代末，美国的一些音乐教育者企图采取一种折中的态度，以调和这两个极端。但由于美国教育的分散管理，要真正调和这两种哲学观念是相当困难的。我国的教育自中华人民共和国成立以来是在国家统一领导、统一管理下进行的，各级教育机构中的音乐教育目标，也是在国家教育方针的指导下制定的。但由于具体参加制定教育目标的教育工作者实际所持的音乐教育哲学观念的差异，目标条文在最后落实时总会有各种差异存在。1989年，国家教育委员会颁布的《全国学校艺术教育总体规划（1989—2000年）》的前言中明确指出："艺术教育是学校实施美育的主要内容和途径，也是加强社会主义精神文明建设，潜移默化地提高学生道德水准、陶冶高尚的情操、促进智力和身心健康发展的有力手段。艺术教育作为学校教育的重要组成部分，具有其他学科教育所不可替代的特殊作用。"这个陈述是建立在德、智、体、美全面发展基础上的，它充分考虑到音乐可能对人产生的各种积极的教育影响。因此，在为各级、各类学校制定教育目标时，教育目标制定者应该以该规划的精神为基本出发点，学前儿童音乐教育目标的制定也不例外。

2. 学前儿童音乐教育目标的制定过程

在明确教育目标的来源后，教育者可以从目标来源中获得更多的教育目标。但这些初步搜集到的目标还只是一些"可能性目标"，需要经过教育目标制定者的进一步筛选、整理、表述才能成为可供使用的课程目标。

（1）教育目标的筛选。在学前儿童音乐教育目标的制定过程中，教育者先要对各种已有的"可能性目标"进行筛选。例如，许多研究都表明，6岁以前的儿童可以学会识谱和学习钢琴、小提琴等乐器的演奏。如果我们不追求短期效果，而相信态度、基本素质和能力比专业知识、技能更重要，就会舍弃这些目标。又如，在3～6岁儿童的集体音乐教育活动中，儿童可以学会一些比较复杂的音乐舞蹈知识、技能。《幼儿园工作规程》第一章第五条规定，幼儿园保育和教育的主要目标之一是"培养幼儿初步感受美和表现美的情趣和能力"。由于审美情趣与知识技能既可以相互促进又可以相互制约，因此，应先考虑审美情趣的目标，将知识、技能的目标摆在一个适当的、能够起积极配合作用的位置上。

（2）教育目标的整理。在制定学前儿童音乐教育目标的过程中，教育者要做的第二步就是整理。整理是指把目标分层归类。分层主要是指按照达成目标所需的时间来整理目标；归类主要是指按目标的性质、内容来整理目标。只有经过整理形成系统结构的教育目标才能真正起到科学地指导教育过程的作用。

（3）教育目标的表述。教育目标有不同的层次，针对不同的层次应该有不同的表述方法。一般来讲，目标层次越高，表述越有原则性、抽象性和涵盖性；目标层次越低，表述越具体，越具有可操作性。

（二）学前儿童音乐教育目标的结构

教育目标是按照一定的结构组织起来的。从纵向的角度看，学前儿童音乐教育目标具有一般的层次结构；从横向的角度看，学前儿童音乐教育目标则有不同的分类结构。

1. 学前儿童音乐教育目标的层次结构

学前儿童音乐教育目标既是学前教育总目标的有机组成部分，又是学前阶段音乐教育的特殊要求。学前儿童音乐教育是国家教育方针、教育目的在学前音乐教育领域的具体体现，它将一般所说的"德、智、体、美全面发展"的任务转换为学前儿童在音乐学习各个阶段的中、短期发展的具体目标，从而使教育的总目标能够得以步步落实。学前儿童音乐教育目标可以分为音乐教育的总目标、年龄阶段目标、单元目标和活动目标四个不同层次。学前儿童音乐教育的总目标是学前阶段音乐教育的总的任务要求。学前儿童音乐教育的年龄阶段目标一般指一年的阶段发展目标。学前儿童音乐教育的单元目标一般可有两种理解：作为"时间单元"时，可理解为在一个月或一周内所要达到的目标；作为"主导活动单元"时，可理解为在一组有关联的活动全部结束后所要达到的目标。学前儿童音乐教育的活动目标，一般也可有两种理解。从上述分析中，我们可以看出，学前儿童音乐教育目标通过层层的具体化逐步落实到教育过程中。因此，教育者在教育实践过程的每一个具体的工作环节中，都必须依据教育目标，努力通过低层次目标的实现而最终达到高层次目标的实现。

2. 学前儿童音乐教育目标的分类结构

如果说学前儿童音乐教育目标的层次结构体现了这一体系在深度上的有序性，那么分类结构体现的则是这一体系在广度上的有序性。目标分类的角度多种多样，作为一个最终要由教育者来具体实施的目标体系，在进行分类时需要考虑的是可理解性、可把握性和可操作性。因此，我们需从下面三个角度对学前儿童音乐教育的目标进行分类：

（1）按心理活动的不同领域划分。以心理活动的不同领域为分类的出发点，学前儿童音乐教育目标可以分为认知、情感与态度、操作技能三个方面。在认知领域中，学前儿童音乐教育的目标包括相关知识的掌握和认知能力的发展两方面；在情感和态度领域中，学前儿童音乐教育的目标包括两个方面，即情感的体验、表达能力的发展和对有关活动的兴趣、爱好的发展；在操作技能领域中，学前儿童音乐教育的目标包括运用身体动作进行认识的能力和运用身体动作进行表达的能力。从这个角度来组织和表达学前儿童音乐教育的目标，有利于教育者明确一切音乐教育活动的设计、组织都必须以促进儿童心理整体协调发展为基本出发点。

（2）按音乐活动的不同内容划分。以音乐活动的不同内容为分类的出发点，学前儿童音乐教育目标可以分为歌唱、韵律活动、乐器演奏和音乐欣赏四个方面。从这个角度来组织和表达学前儿童音乐教育的目标，有利于教育者选择具体的教育活动材料、教育活动内容、教育活动模式及教育活动的组织、方法。

（3）按儿童活动的互动对象不同划分。以儿童活动的不同互动对象为分类的出发点，学前儿童音乐教育的目标可分为以人为对象的目标和以物为对象的目标。以人为对象的目标包括以自己为对象、以他人为对象（包括教师、儿童、其他有关的人等）和以集体为对象；以物为对象的目标包括以音乐舞蹈作品或基本语汇、乐器或含相似性能的物品、道具和场地、环境等为对象。从这个角度来组织和表达学前儿童音乐教育的目标，有利于教育者主动把握由不同对象产生的不同互动规律，有效促进儿童的发展。

二、学前儿童音乐教育的意义

教育的最终目标是促进受教育者全面和谐发展，音乐教育因其特殊的艺术功能可以促进学前儿童认知、社会性、个性及情绪情感等方面的全面发展。

（一）促进学前儿童认知的发展

音乐本身的抽象性决定了它需要感知、记忆和概念化的过程。儿童对周围世界的认知主要通过操作活动、感知觉、词和符号的方式实现，音乐活动符合儿童认知方式的需求。

1. 促进学前儿童感知能力的发展

音乐作为听觉艺术的特性决定了学前儿童对音乐活动的认知主要是借助听觉器官进行的。心理学家皮亚杰把儿童认知发展的过程分为四个阶段，其中第一个阶段就是感知运动阶段（0～2岁），此阶段的儿童对世界的感知主要是通过视觉、听觉、触觉等感觉器官进行的。此阶段的儿童会跟着音乐的节奏、快慢、强弱，将听觉和动觉结合起来表达对音乐的初步感知。学前儿童的听觉感知先于视觉感知而发展，听觉能力发展迅速，音乐教育能对学前儿童听觉感知能力的发展产生有利影响，因而提供适宜、良好的音乐环境和音乐活动非常有必要。

2. 促进学前儿童记忆力的发展

记忆力是一种重要的认知能力，音乐教育对儿童记忆力的促进作用表现为音乐是一种时间艺术，它以流动的、持续的方式展开音乐形象。儿童的听觉表象建立在对音乐的记忆基础之上。相关研究表明，对学前儿童甚至胎儿按时播放某些固定的名曲，一段时间后他们就能对"听觉记忆"进行辨认和再认。学前儿童正处于听觉能力发展的黄金时期，对音乐活动的感知和体验可以丰富学前儿童的听觉表象并促进学前儿童记忆力的发展。

3. 促进学前儿童想象力及思维能力的发展

（1）音乐的抽象性、艺术性特征有利于学前儿童想象思维的发展。想象是人在头脑里对表象进行加工改造并形成新形象的心理过程。想象是较高级的心理现象，它与感知、表象、记忆、思维等认识过程共同组成一个完整的心理过程。联想是指因一事物而想起与之有关事物的思想活动。想象及联想伴随着高级心理机能的创造性活动，学前儿童的音乐活动离不开想象和联想。音乐是一种抽象的艺术，对音乐的感知和体验可以根据学前儿童个体差异而表现出对音乐的不同表征形式，这为学前儿童的想象、创造、联想等思维能力的发展提供了条件。比如，学前儿童会本能地跟着富有感染力的音乐作品做节奏性的动作，而稍大些的学前儿童往往会根据音乐作品的风格"手舞足蹈"。这种对音乐的感知和体验为学前儿童的创造性及想象思维的发展提供了很大空间。音乐教育为学前儿童提供了丰富的活动形式，如唱歌、韵律活动、欣赏乐器演奏等，这些实践性的艺术活动可以很好地促进学前儿童想象力和创造力的发展。例如，"小雨和花"的欣赏与创造性韵律活动中，教师引导并让学前儿童自主创编下雨和花儿喝水等表示高兴的动作，在此基础上进行角色合作表演，这一过程激发了学前儿童创造性思维及去"自我中心化"思维的发展。音乐教育促进学前儿童思维能力的发展尤其表现在对人的大脑右半球潜力的开发。大脑左右半球的分工不同，左半球主要掌管语言、数字、概念等分析思维的活动，右半球主要掌管音乐、图形、空间等综合思维的活动。爱因斯坦去世后科学家曾对他的脑组织做了切片观察，发现他的棘突触比普通人多，据推测这可能和他从小坚持学习音乐有关，音乐活动发展了右脑，从而为他的创造性思维发展提供了重要基础。

（2）音乐的表现性特征符合学前儿童思维能力发展的特点。儿童心理学将儿童思维发展水平分为直觉行动思维、具体形象思维和抽象思维。3～6岁儿童的思维特点主要表现为直觉行动思维和具体形象思维。音乐教育的表现性和抽象性特征决定了音乐教育有利于学前儿童思维能力的发展。一方面，直觉行动思维是借助动作进行的思维，这种思维特点2～3岁儿童表现得最为明显，3～4岁儿童也常有此表现。儿童在早期便会接触各种音乐形式，通过模仿成年人的歌曲或用肢体动作以及具体行动来感知和学习音乐，将音乐以直觉行动思维的方式表达出来。另一方面，音乐教育具有抽象性的特征，但儿童对音乐的感知有明显的直观性、形象性、整体性，因此教育者应努力利用音乐教育活动中一切可以利用的机会帮助儿童把握音乐与其所表达的客观事物之间的关系，促进学前儿童思维能力的发展。

（二）促进学前儿童社会性的发展

一个人的学前期是其社会性发展的重要时期，儿童离开家庭进入幼儿园，与人交往的机会越来越多，把握此阶段儿童社会交往能力的发展对其一生的社会性发展将产生至关重要的影响。学前儿童社会性的发展主要包括人际交往和社会适应两个方面，音乐教育的功能为儿童的人际交往和社会适应提供机会。

1. 促进学前儿童人际交往的发展

人际交往能力是体现个体社会性发展水平的重要因素，学前儿童的社会性是在与周围人群的交往中发展起来的。成人与儿童、儿童与儿童之间的音乐交往给学前儿童提供了大量人际交往的机会和经验。音乐教育作为艺术活动的一种形式，其中一个重要的功能就是丰富人们的交流手段，使人们能够获得心灵上的沟通，从而建立感情上的和谐关系。例如，学前儿童社会交往的群体主要是父母和家人，音乐经验丰富的儿童在一岁前就学会通过唱歌或者舞蹈等音乐形式引起成人的关注，稍大些后，这些儿童更喜欢与老师和同伴进行音乐互动，获得良好的沟通和交流能力。在儿童的成长过程中，音乐活动始终是个体表达、组织和分配各种角色的重要途径。学前儿童在音乐活动过程中得到了更多的人际交往机会，尤其是在音乐合作表演中，他们彼此之间要学会尊重和被尊重、领导和服从领导、共享和合作等。在这一系列过程中，教育者要注意引导并充分促进学前儿童人际交往的发展。

从某种意义上说,音乐教育的终极目标是人格教育。[①] 在学前儿童音乐教育过程中,教育者要充分挖掘教育资源,使学前儿童在了解、掌握一定的音乐知识和音乐技能的同时,将音乐教育本身所蕴含的人与人之间交往应坚持的原则和品质展现给学前儿童,让他们在音乐活动中学会与人平等、和谐地相处。培养全面发展的学前儿童需要教育者将他们看作一个完整、主动发展的个体,有意识地通过音乐教育活动发展他们的社会交往意识和交往能力。

2. 促进学前儿童社会适应能力的发展

音乐活动是有秩序、有规则的社会活动,同时音乐作品蕴含丰富的道德、规则知识。一方面,学前儿童音乐教育要求学前儿童在遵守一定规则前提下才可顺利开展,尤其是在集体活动中,儿童要学会遵守音乐活动的常规,学会沟通、妥协和合作,如在使用器乐时要学会承担爱护和管理设备的责任,在表演过程中要用心完成音乐作品,等等。另一方面,学前儿童音乐作品中丰富的道德规则意识也在潜移默化地影响着学前儿童与人交往的能力,因而教育者要有意识地挖掘音乐作品的深刻内涵,在丰富的音乐活动中促进学前儿童社会适应能力的发展。

(三)促进学前儿童个性的发展

个性是指一个人整体的精神面貌,即具有一定倾向性的心理特征的总和。个性是一个系统,它主要由个性倾向性、个性心理特征、自我意识三个子系统组成。学前儿童音乐教育对学前儿童个性的促进作用主要体现在三个方面。

1. 促进学前儿童个性倾向性的发展

个性倾向性是指一个人所具有的意识倾向性和对客观事物的稳定态度,它是个体进行活动的基本动力,是个性结构中最活跃的因素,表现在对认识和活动对象的趋向和选择上,主要包括兴趣、动机、需要等。其中,兴趣是任何有目的地体验各种事物的动力,承认兴趣在教育发展中的能动地位,其价值在于我们能够考虑每个人的特殊能力、需要和爱好。[②] 在学前教育阶段,教育的目标在于培养学前儿童对周围生活和事物的积极态度和广泛兴趣。兴趣是儿童从事任何活动的出发点,它促使儿童积极思考、大胆探索,并表现出积极的行动意向,使儿童对事物的

---

① 许卓娅.学前儿童音乐教育[M].北京:人民教育出版社,2010:57.
② 杜威.民主主义与教育[M].北京:人民教育出版社,1990:12.

观察变得更加敏锐。学前儿童因身心发展水平的制约，其对事物或者活动的兴趣往往由事物的外部因素激发，因而这种兴趣不稳定、持续时间较短，但如果教育得当，则会由短暂兴趣向稳定兴趣转变，从而成为个人积极的个性倾向性乃至人生态度的重要组成部分。

国内外许多研究表明，音乐是儿童普遍喜爱的活动之一，这就不难解释学前儿童自发音乐活动随处可见。成人往往能够明显地感受到学前儿童在这些活动中的强烈兴趣，学前儿童"其乐融融"的音乐互动使其积累了积极的情感体验，这种体验无疑会为持续稳定的兴趣奠定良好的基础。另外，在幼儿园音乐活动中，学前儿童与教师的互动、与同伴的互动让他们用游戏的方式进行学习、交往、观察，从而培养学前儿童对人和事物的初步的积极态度。

2. 适应学前儿童个性心理特征的发展

个性心理特征是一个人身上经常表现出来的本质的、稳定的心理特点，主要包括能力、气质和性格。这种稳定的心理特征是个性心理倾向性稳固化和概括化的结果，个性心理特征体现了人的个体差异性。音乐作为一种艺术形式，蕴含了丰富的社会生活、历史文化等内容，表达着人不同的情绪体验。学前儿童音乐教育为学前儿童提供了不同风格的音乐内容，满足了不同气质类型的学前儿童对歌曲的喜好。另外，学前音乐教育活动也为学前儿童提供了丰富的表演形式，如唱歌、舞蹈、乐器演奏、音乐欣赏等，对擅长歌唱、肢体动作及节奏感较好的学前儿童提供了表现的机会，从而在一定程度上满足了学前儿童发展的差异性要求。

学前儿童自身的"个性"使其成为不同于他人的个体，教师要尊重学前儿童个体发展的差异性，努力为他们创设丰富的音乐教育活动形式，让他们在活动中发现自己喜好和擅长的音乐内容和形式，从而促进他们个性的发展。

3. 促进学前儿童自我意识的发展

自我意识是指个体对自己身心状况的察觉和认识，包括自我认识、自我体验、自我监控等方面，如自尊心、自信心等。自我意识是使人格各部分整合、统一起来的核心力量。学前儿童音乐教育可以促进学前儿童自我意识的发展，其原因如下：首先，学前儿童在感受及表现音乐时需要有意识地认识自己身体活动的情况，并且需要根据音乐活动的规则有目的地控制和调节自己的身体活动；其次，学前儿童在理解音乐时需要借助自己的联想和想象；最后，学前儿童在音乐活动中会获得来自教师和同伴的评价，从而在个体的自尊心和自信心等方面产生重要的影响。

教师应把音乐教育活动对学前儿童自我意识的促进作用作为音乐教育的重要目标，在音乐活动过程中有意识地引导学前儿童注意自己的外部活动和内心活动，在集体音乐活动中鼓励学前儿童积极表现和创新想法，创设民主、平等、友好的氛围，让他们在快乐的音乐活动中形成积极的自我评价和认识。

（四）促进学前儿童情绪、情感的发展

音乐是一种情感艺术，一部好的音乐作品不仅旋律优美，还蕴含着丰富、真挚的情感，从而打动人心。良好的音乐教育具有强烈的感染性，从而促进人的情绪、情感的发展。

1. 促进学前儿童情绪的发展

情绪的特点表现如下：第一，情绪出现较早，多与人的生理性需要相联系；第二，情绪具有情境性和暂时性；第三，情绪具有冲动性和明显的外部表现。儿童自出生起就有了哭、笑等情绪表现，随着其成长会有更丰富的情绪表现。音乐对儿童的情绪有着直接的影响，这既与儿童的身心发展水平有关，也与音乐本身的流动性、感染性有关。人们经常看到的儿童随音乐手舞足蹈就是儿童情绪冲动性和外显性的表现。此外，当婴儿哭闹时，父母往往会用手铃、哼唱歌曲或者播放音乐来转移婴儿的注意力，某些情况下，婴儿听到愉快的音乐会马上破涕为笑；当婴儿入睡时，成人会哼唱安静的旋律或者播放轻柔的音乐，使婴儿的情绪安静下来从而更好地入睡。音乐能够起到安抚情绪和陶冶情操的作用，为学前儿童提供适宜的音乐环境，有利于学前儿童良好情绪的发展。

2. 促进学前儿童情感的发展

与情绪相比，情感的特征表现为以下几个方面：第一，与人的社会性需要相联系；第二，具有稳定性、持久性；第三，不一定有明显的外部表现。情感的产生伴随着情绪反应，而情绪的变化也受情感的控制。学前儿童个人情感正处于由低级向高级逐步发展的重要阶段。进入集体生活的学前儿童交往范围不断扩大，情感体验也日益复杂，他们情感的自我调节能力也不断提高，情感体验的分化也更加细致。因此，富有情感的音乐活动对学前儿童的情感发展有着明显的促进作用。例如，在集体音乐活动中，学前儿童因自己的表现得到老师和同伴的认可而信心倍增，也会对他人的积极表现表示赞美和欣赏。随着年龄的增长，学前儿童的情感发展越来越丰富和细腻，他们能够正确把握音乐作品所要传达的思想感情，如在《小树叶》的演唱中，幼儿园大班学生能够以"小树

叶"的角色分别用不同的情感将处于不同阶段的内容表达出来。情感是人类特有的，它虽然是捉摸不定的，但一个人有着热烈而深刻的情感会对他人和周围事物产生发自内心的爱，这种积极的情绪也会使个体建立积极乐观的人生态度。近年来，不断有研究表明，学前儿童情感体验的性质和程度能够影响他们的认识和意志活动。

第二章　学前儿童音乐教育的特殊功能

第一节　学前儿童音乐教育的艺术教育原理

一、学前儿童音乐教育的艺术原理

将幼儿园音乐作品中的动作意象化，实际上是用动作再现音乐作品，表现和表达出其中的情感，将抽象的音乐转换为具象的动作，使学前儿童通过动作这一媒介对音乐有一个更具体的了解。

（一）意象思维的培养

戏剧、舞蹈、绘画、音乐、诗歌等之所以被赋予艺术的含义，是因为它们都具有意象性，这是艺术的共性之一。意象是一种想象力所形成的形象显现，由感知、表象到情意统一。以某国际绘画比赛中获奖作品《我上月亮上荡秋千》为例，其画面是这样的：在星星闪烁的天空中，一轮弯弯的上弦月上吊着一副秋千，秋千上荡着一个天真的小女孩。月亮上面还站着一个小女孩，正等待着轮到她。这幅画意象化的过程比较清晰：作者先有荡秋千的感知经验，然后在脑中留有秋千的表象；在作画时先有立意，即有了把月亮当秋千荡的画题，再把立意表达出来就有了作品形象。而把一弯月亮当作秋千来荡，这一由想象力完成的形象就是意象。艺术作品让人无法抗拒，甚至痴迷沉醉的重要原因，就在于它有这种充满想象力的意象。

艺术教育是培养儿童感性思维的教育，它与培养逻辑思维的教育具有不同特性，这一特性就是思维的意象性。

（二）音乐意象的认知

1. 动作意象的原则

（1）把握音乐形式结构、事先画出句段图的原则。从意象的角度看，要想理解音乐的灵魂就要理解音乐的结构。动作意象是指把音乐的每一段、每一句用形象的动作表现出来，使乐曲更加通俗易懂、一目了然，因此对乐曲进行正确的分段、划分句子的结构将帮助教育者进行更准确的动作表达。

（2）动作诠释遵循音乐重复、对比等音乐形式组织手法的原则。在教师用动作表达音乐时，遇到乐曲的段落和句子重复的地方，动作也应该重复。因为学前儿童是通过动作来"听"音乐的。简而言之，动作诠释中最忌讳的是该重复时不重复，不相同时又相同的情况出现。

（3）动作与音乐句法与非句法形式吻合原则。音乐的表现形式体现了音乐意象的两个方面：一是动力性质方面，也称音乐的组织手法，具体体现在均衡、对比、重复、解决、期待、发展、紧张、不确定、变奏、偏离、变调、统一、变形等方面。只有人们内化了这些动力的音乐形式时，才能逐渐体会到艺术的魅力。二是关系性质方面，也称音乐句法和非句法形式，体现为纵向的和声效果和横向的速度变化、旋律变化、节奏变化等。

（4）动作简单的原则。实际上，学前儿童音乐教学的重点是让学前儿童理解音乐，而动作只是辅助他们理解的手段。如果动作成为学前儿童学习的负担，那么教师的动作形式不但没成为他们学习的桥梁，反而是一种阻碍。

2. 动作意象的方式

（1）根据音乐作品的原意进行有一定情节性的动作意象。

（2）离开音乐作品情境，进入学前儿童能理解的生活情境进行动作意象。

（3）带有舞蹈动作的意象。

（4）集体舞（队列舞、圈舞）也是动作意象的一种方式。

二、学前儿童音乐教育的教育原理

(一)音乐性与自我的和合

学前儿童音乐教育教学中学前儿童能否充分发挥其主体性、创造性和主动性,体现了音乐性与自我的和合。从学前儿童的角度出发,他们在参加音乐活动时能否充分发挥创造性有两个必要条件:一是要具备有条理的任务认知,二是要有一定的经验作为铺垫。因此,从学前儿童行为的角度出发,教师在有目的、有目标的前提下充分发挥学前儿童的主体性,丰富他们的经验,同样行为的走向和目标也与音乐类型相关。

(二)音乐性与社会性的和合

处于特定的音乐背景下,合作性的展示是融入音乐性中的,倘若音乐性的表现和合作性没有联系,则此音乐行为无法展示出合作性。可是,学前儿童音乐培养行为中的社会性的表现是极为明显的,歌唱时的对唱、合唱、和声,表演中的合作,跳舞部分的圈舞、队列舞、交谊舞,随性表演等均与社会性有所关联。教师在此类行为中教育学前儿童乐于接受别人的建议、乐于提出自己的意见、顾及别人的感受等社会性道德属于音乐培养的重要标准。

教育的最好方法是感染力:要想音乐性结果最好,不可以仅思考音乐性,还需要寻找能够表现学前儿童表现能力的教育途径,学前儿童能够表现自己的能力,说明音乐性教育的目的达到了;倘若完全不顾及音乐性标准,单独要求学前儿童自觉行动时,这种自觉因为并非发自内心而没有意义。

三、学前儿童音乐教育的价值取向

学前儿童音乐教育作为教育的组成部分,和另外的学科培养具有部分相同的特点和自身独有的性质,具体表现如下:学前儿童音乐教育通过音乐开展来培养,根据这些我们不可以将学前培养看作单独知识、单独能力、单独艺术性的音乐培养,不可以脱离音乐艺术的独特准则和学前儿童音乐思维进步的逻辑来开展音乐培养,应将两部分合理地联系起来,使学前儿童的音乐培养建立在音乐艺术的前提下,由学前儿童自觉进行的音乐实践行为。

以往关于音乐培养的看法以及必要性等认知一般在两个看法间波动：一些人看重音乐的内在价值，觉得音乐是人类的天性，幼儿进行音乐培养的最大支持观点是可以进行表演等行为，可以感受到展示自己的愉悦。此类看法明显和自身论看法相同。另一部分人认为音乐可以创造财富，觉得音乐能够推动其他能力的进步，对儿童进行音乐培养可以推动其运动能力和节奏感的进步、写作和口语水平的提高、认识和思考的进步、获得社会性交流与合作的方式等，所以音乐培养可以推动人类其他能力的进步。此看法明显更为赞同工具理论。前一个观点认为艺术培养的结果是得到艺术，后一个观点认为艺术培养的结果是帮助儿童更好地发展。所以，我们能够将学前儿童音乐培养看成将音乐当作价值倾向的学前儿童的培养以及将教育当作价值倾向的学前儿童的音乐培养。

（一）重视追求审美价值

将审美当作价值倾向的学前儿童音乐培养将音乐当作目标，把培养当作途径，对学前儿童进行基础的音乐教育、技能传授，使学前儿童得到音乐艺术的培养。音乐是人类文化的重要组成部分，于人类社会发展的进程中表现出非常重要的能力及用途。音乐不仅具备它自己的价值，还被当作人类的一类文化状态和艺术手段，同样属于人类进步不可或缺的部分。这样看，音乐和学前儿童的进步是紧密关联的，学前儿童本来就具备探索音乐的行为，音乐可以说是学前儿童最初了解社会的一种途径，属于学前儿童生活的一个组成部分。将审美当作价值倾向的学前儿童音乐培养，着重展示音乐自身具备的能力，将其当作宣传、继承以及进步的人类音乐文化途径的最简单时期，其目的是为音乐的内涵、价值和其自身的音乐能力的完成作铺垫。

（二）重视达到净化效果

把净化当作价值倾向的学前儿童音乐培养将音乐当作教育的方式及途径，利用音乐教育过程中的听、唱、跳等行为促进学前儿童身心健康发展，培养学前儿童的审美观念，帮助学前儿童培养个性。音乐培养和道德培养均属于社会观念层面，有着相当的分层性质，两个方面彼此干扰、彼此进步。大家关于音乐培养道德能力的了解自古便有。音乐是感性的艺术，鲜活的音乐作品可以准确地表现以及影响人的情绪，对学前儿童道德培养有巨大的影响。它不通过说教的途径开展道德培养，而是通过自身巨大的影响力来改变学前儿童，渗进学前儿童的感情里，培养学前儿童热爱祖国、乐于合作、对他人友善等道德素养。因此，音乐培养是为学前儿童开展道德培养的最好的办法。

越来越多的事实以及分析结果表明音乐培养的确能够帮助学前儿童发展智力、培养创新思想等能力。智力的组成有很多要素，如心理学提高的感受、观察、记忆、推理、逻辑等。智力培养的最终目标是提高智力的水平，在学前儿童的音乐培养中也要采取此类的心理步骤，如利用听音乐猜歌名的方法提高学前儿童的听觉能力及推理水平，利用音乐鉴赏提高学前儿童的想象力等。由于音乐培养以及智力培养有着相似的教育心理原理，因此音乐在培养及推动学前儿童智商提高方面起着重要作用。

不但如此，音乐培养属于艺术培养，是美育的组成部分之一，所以学前儿童音乐培养的美育能力更为重要。例如，苏联教育家卢那卡尔斯基曾说："开展美育培养，不单单是培养幼儿的手艺，还整体培养感受能力和创作水平，令儿童善于发现身边的真善美，并可以创造这些美好。"[1]

道德培养、智力培养、体质培养、美育培养以及劳动培养是组成教育的全部结构，这些因素互相配合、相互推动。音乐培养是美育的一个核心组成部分，对德、智、体、美等培养均具有良好的参与意义以及培养作用。所以，以教育为价值取向的学前儿童音乐培养将"审美"当作不同于另外培养的独特能力，令音乐艺术的特殊美感浸入全部的培养里，目的是利用音乐的审美步骤来健全学前儿童人格、培养学前儿童的创新能力、推动学前儿童身心的健康发展。

以上关于学前儿童音乐培养意义的了解，各位学者有不一样的理解：第一种看法通过培养的途径来提高学前儿童的音乐水平；第二种看法将音乐培养当作一类途径，利用音乐这一途径帮助学前儿童在身体、感受、情感、个性、社会性等方面得到综合提高。为了可以完美把控、熟悉学前儿童的音乐教育内容，对我们而言，研究与吸收两类价值趋势不同的音乐教育中的优秀内容，将其进行融会贯通，也就是音乐教育价值趋势所推崇的儿童音乐教育对其健康成长具有积极影响。但是，彻底发挥音乐教育的作用使得儿童能够在合适的时机对音乐所呈现的技能进行适度的掌控是十分必要的。因此，在一定程度上，第一种音乐教育的价值趋势弥补了第二种价值趋势的不足。另外，音乐文化也属于人类文化的核心构成元素，教育的本质就是对学生进行教导以及对文化进行传播，经

---

[1] 黄敏.浅谈儿童在美育中创造能力的培养[J].课程教育研究，2013（23）：229.

文化的传播使学生能够完善自我，同时用文化丰富学生的思想内涵。把教育作为价值核心的音乐教育，其目的在于造就本体，其宗旨为传播与推动音乐文化的发展。事实上，两者在进行教育时也具有一致性。在进行学前教育时，教师需要把教育价值核心当作重点，而音乐价值核心作为协助，两者相互融合。

对于教育而言，专业的作用就是协助学前儿童完成合理成长目的的媒介，音乐教育也被涵盖在内。学前儿童音乐教育是学前教育的组成部分，不仅要恪守学前教育的宗旨与基本秩序，还要展现出自己的特性。

学前儿童音乐课堂能够让儿童对音乐的各类型标记方式有基本的了解，掌握基本的表演技能，能够认识、领悟与展现音乐，充分发挥学前儿童的音乐才能，这是学前儿童音乐教育的核心工作。所以，站在这个角度讲，音乐教育所展现的是此类音乐本质性的教育宗旨。除此之外，学前儿童对音乐的学习，其实质就是让他们慢慢开始了解音乐、掌控音乐以及培养在音乐方面的良好习惯，同时在体质、思想、特性等方面对学前儿童进行完善。儿童教育对儿童的精神品格进行培养，帮助儿童德、智、体、美各方面得到发展，这是对儿童实施学前音乐教育的主要宗旨与目标。所以，从此方面来讲，音乐教育也是对儿童进行整体性发展的一种教育方式。

以音乐为平台，实施音乐教育的实质就是帮助儿童整体性发展，传授给儿童一些基础的音乐理论、方法技巧、呈现方式，以及促进儿童发展的思想与观念等内容。针对该内容，古今中外哲学家与教育家都发表了许多精深的见解。孔子所提出的："兴于诗，立于礼，成于乐。"其含义就是音乐艺术的感化能够帮助君子进行品性的培养，音乐能够融汇人的经历、智慧，帮助人类进行全面、整体性的发展。古希腊著名的哲学家德谟克里特的想法在一定程度上对人的品性生活等也有一定的影响。他推崇在对儿童实施音乐教育时，不仅要重视天分，还要重视勤能补拙；不仅要对儿童实施音乐技巧的教育，还要对其精神品质进行感化。日本音乐教育学家铃木镇一所推崇的就是在进行音乐教育时，要侧重对儿童的精神品格进行培养：矢志不移、艰苦奋斗、百折不挠等品质都是极其重要的。他觉得此类品性的培养对儿童是一笔宝贵的财富。

所以，在实施学前儿童音乐教育时，不仅要依照音乐教育法则与学前儿童音乐、精神等方面的特性对学前儿童实施音乐基础理论、技巧等方面的指导与教化，还要以整体性发展为重点，通过对音乐的学习，促进学前儿童德、智、体、美等各方面的整体性发展。

第二节 学前儿童音乐教育的特性

一、学前儿童音乐教育的自主性

整体而言音乐教育应该是生动自然的,其重点取决于音乐教育的实质与随意性。与别的年龄区间的音乐教育存在差异,学前儿童音乐教育的重点在于其在教导时对学习的环境具有更高标准的要求,这些标准取决于这一年龄区间的儿童具有独特的生理与心理特性。学前儿童音乐教育的教学氛围,不仅需要通过高标准的形象特征与表达方式,还需要通过自然性加以表示。自然性是指密切联系儿童的天分,使得他们可以根据自己的内心与音乐相处,把音乐作为自己生活的一部分。

(一)自主游戏性

"活动"用鲜明简单的话来讲即"玩乐"。学前儿童的游戏常和"生动""自然"等词语有关,游戏与受教育的核心差异在于它的最终要求是从游戏过程中得到满足和开心。所以,生动、自然地进行玩耍是学前儿童最愉快的游戏活动。学前儿童音乐培养中的娱乐性,不仅表现在培养过程中具备"音乐项目"一类的特定部分,而且呈现的所有项目模式、方式都较为自然、生动、变幻莫测,具备娱乐性或者偏向娱乐性的特征,促使学前儿童可以常常感受到"类似于玩耍"的心境,不由自主地、愉快地并且孜孜不倦地投入游戏项目中。培养过程中的普遍经验告诉我们:一定要做到方向精准、策略完备,生动、自然的娱乐性学前儿童音乐培养过程,能够最大限度地提高学前儿童学习的踊跃性、自主性,更高效、便捷地对学前儿童进行培养,其中也涵盖了思想品德和自我控制水平的教育。在演唱、音律游戏、乐器演奏、音乐活动等各类型的学前儿童音乐教育中,其所发挥的作用都是同等重要的。

另外,在对演唱进行教育指导时,其中掺杂游戏性的内容也是非常鲜明的。例如,学前儿童选择歌曲进行演唱时,占据比率最大的大多集中在游戏歌曲与表达儿童游戏类型的歌曲。在中国的学前教育机构中,可选择的游戏歌曲类型十分多样化,如猜谜语、跳皮筋等。而展现儿童游戏的歌曲数不胜数,通常来讲,不同形式的游戏活动至少对应一种能够表达该类游戏的歌曲。不可否认,大部分的游戏歌曲其自身就是儿童游戏中极为重要的构成元素,如《城门城门几丈高》《编花篮》等都是典型的游戏歌曲。

游戏重要的特点之一,就是游戏参与者的自发性与随意性。学前儿童音乐教育的游戏内容重点通过以下三个部分得到表现:其一,教育的组合方式拥有高度的随意性与灵动性。在进行教育活动时,个人、团体、小组以及自由组合等各类型的教育规划方式能够依据需求轮流实施。其二,学前儿童在学习音乐时具备高度的自由选取的权力。例如,在进行音律等游戏时,学前儿童能够顺着自己心意决定适宜的地理位置;在学前儿童自发组合时,又能够根据自己的兴趣选择喜欢的朋友来进行组合;在回顾知识时,学前儿童能够依照自己的心意来确定表演方式、表演内容以及组合模式等。其三,教师与学生之间是灵动、自然的师生关系。教师可以用各种不同的身份来指导、组织学前儿童活动,学前儿童也可以以组织、领导的角色来指导别的学前儿童一起游戏。

例如,在进行演示时,为了激发学前儿童的好奇心,教师通常会通过提问、猜谜语、表演、玩玩具等形式与儿童进行互动;在对学前儿童进行教育时,教师所表达的语音、语气与面部表情有着浓厚的情感含义,通常会在原有基础上进行夸大;在对学前儿童的行为进行约束时,教师通过语言表达指令会注重营造一种与游戏类似的假定氛围,进而使学前儿童可以顺其心意、自发地依照教师的指令来控制自己的行为;在利用联合的方法时,教师会尽可能地使用灵动、随和的教育方法,从而激发学前儿童在学习过程中的乐趣。

(二)活动综合性

整体性的学前儿童音乐培养工作是辅助学前儿童自主享受音乐生活的一个关键因素。学前儿童音乐培养项目的整体性核心表征为,最初的音乐项目主要是歌曲、舞蹈和音乐"三位一体"的。此类并未开始划分的统一体,和现在经过高水平划分并在高速拓展前提下合成的联合艺术模式存在较大差别。学前儿童最初的音乐教育与初期的音乐培养项目非常相似,呈现出的是一种简单的、并未开始划分的整体性模式,所以在学前儿童音乐培养项目中,歌曲、舞蹈和音乐之间并没有明显的界限。学前儿童十分热爱此类整体性音乐项目,当他们的内心获得极大的满足时,一定是手脚并用、载歌载舞的。幼儿园中班和大班的学前儿童会像成年人一样静静地欣赏他人的演出,也会像小时候一样,听着音乐又唱又跳,手舞足蹈，并且在此类愉快的统一性项目中表达出更热烈的感情。

在幼儿园的群体性音乐项目中，歌曲、舞蹈、音乐合三为一的统一性项目又可以分为三种情形：一是全部学生一起唱歌、跳舞，或是听着伴奏唱歌、跳舞；二是将学生分为几组，有唱歌组、舞蹈组和伴奏组，各组联合出演节目；三是在同一表演项目里，不断变换着进行歌曲演唱、舞蹈表演或者是伴奏的项目。

学前儿童音乐培养最重要的意义在于提高学前儿童对音乐的自主选择性。家长和教师要使学前儿童意识到音乐是其自身必不可少的价值来源，要从小培养其对音乐的理解能力，促使在成年人的正确指导、辅助下，慢慢体会音乐的魅力。若在学前儿童自身有分解需求之前，由成年人干扰此类进程，将会导致学前儿童对音乐不敏感，或者是根本不理解音乐。所以，在较为完备的学前儿童音乐培养教学系统和经验丰富的教师的授课过程中，创造、练习、鉴赏的活动一直都是相互联系、相得益彰的。最早人们实施音乐活动的目的不仅是娱乐别人更是娱乐自己，并且最先考虑的是让自己快乐，然后才是让别人快乐。学前儿童也是这样，他们之所以参与音乐节目是为了能够获得愉悦的情感体验。当然，这样的活动也具有更多的游戏和嬉戏的实质。某些时候，学前儿童参与音乐节目是为了和别人进行情感上的交流，这种活动的本质就是进行社交。当然，在某些特定的时候，成年人也会要求学前儿童在众人面前表演音乐节目，这样的活动经常是有让人快乐和让人羡慕的真实原因。

总的来说，学前儿童对音乐的学习应该是愉快、生动的，这种学习方式是以学前儿童的身心发展特点和音乐教育的阶段性为依据的。为了使学前儿童得到更加全面、和谐的发展，我们应该发扬这种轻松愉快的音乐教育精神。

（三）感受表现性

感受与表现是学前儿童音乐培养的重中之重，这主要是由音乐的特异性与学前儿童的特别之处决定的。感受与表现是人们音乐社会行为的前提和中心。音乐反映了真实的生活，一方面，人们在真实的生活中产生了一些特别的想法与感情，并且把各种感觉和体会用音乐表达出来；另一方面，人们通过聆听音乐，感受自己对音乐产生的反应，并且把各种感觉与经验通过不同的音乐方式表达出来。这就是表现音乐。他们阅历的积累、增加，他们思想的形成、实施，基本上都是通过亲身体验来实现的。所有与其有关的经历、知识，虽然可以帮助学前儿童更加高效地发展思想，但是不可以替代亲身体验这一行为。

中国近代学前儿童的指导体验表明，感受与表现向来是音乐教育最根本、最核心的内容。然而随着音乐概念的扩展、学前教育资格训练的指导与社会音乐指导工作的向前推进，思想、知识、科技也渐渐地渗入学前儿童的音乐进程中。

总而言之，不管是根据人们音乐体验活动的特性开展，还是立足学前儿童的体验活动，音乐教育最核心的问题都是感受与表现。所以，也应该把感受与表现当作学前儿童音乐教育的重中之重。

二、学前儿童音乐教育的目的性

（一）培养学前儿童对音乐的兴趣与爱好

对学前儿童来说，兴趣是最好的老师。让学前儿童享受音乐的作用与音乐指导的前提就是要使他们对音乐非常喜欢。学前儿童学习音乐的积极性几乎完全受兴趣支配，教师应针对学前儿童身心发展的特点，合理地运用学前儿童感兴趣的玩具与教学工具，采用动静结合的活动模式和灵活多样的教学方法激发他们对音乐学习的兴趣，使他们积极主动地投入唱歌、跳舞等活动中，自觉接受音乐教育。培养学前儿童对音乐的热情是学前儿童音乐教育最为重要的使命。

（二）指导学前儿童掌握初步的音乐知识和技能

开展音乐教育，使学前儿童掌握初步的音乐知识和技能是学前儿童音乐教育的另一任务。通过掌握初步的音乐知识和技能，学前儿童能够比较准确地感受和领会音乐所表达的情感和音乐的风格（如安静的、欢快的、雄壮的等），能用正确的方法演唱儿歌和用协调优美的动作表现音乐作品所塑造的艺术形象，如在演唱《世上只有妈妈好》中"有妈的孩子像块宝""没妈的孩子像根草"这两句歌词时配以合适的表情。

（三）发展学前儿童的音乐能力

开展学前儿童音乐教育的最重要的目的就是提高学前儿童的音乐素养，其中音乐技能的提高是音乐素养提升的一个非常重要的部分。虽然很多学前儿童本身拥有音乐技能，但是他们非常容易因缺乏听觉与感觉的练习而失去先天的音乐技能。因此，音乐技能的学习是学前儿童音乐教育的一个重要方面。

教师应该教育学前儿童通过参与歌唱、律动、鉴赏音乐、音乐游戏、节拍演奏等活动,感受到音乐的节奏、强度等方面的内容,并且可以把音乐作品表现出来,从而在原有的基础上进行创新,这样能够提升学前儿童的音乐技能,有助于他们产生基本的音乐思想,为他们将来更好地接受音乐教育做好铺垫。

综上,音乐以其积极、活泼的艺术形象在学前儿童的健康成长中发挥着极其重要的指导作用,让学前儿童在这种情感中慢慢对身边的事物产生正确的认知,培养其群体交往、师生交往的能力,发展其自我意识,形成健康的人格。教师在教育活动中要从宏观的角度着眼,从微观的角度入手,充分利用音乐艺术的优势,探索它隐含的教育意义,提高学前儿童各方面的能力。

三、学前儿童音乐教育的促进性

(一)促进学前儿童智力和身体发展

1.促进学前儿童大脑智力发展

(1)促进大脑两半球机能的发展。人类的大脑分为左右两个部分,它们之间通过两亿多条神经纤维束——胼胝体相联系,帮助调整人类行为。左右脑的功能存在差异,通常来讲,左脑控制思维理解、含义组成、语言认知、时间感觉等剖析推理性活动;右脑控制音乐、图案认知、面部辨别、位置感知、距离感觉等整体性的思想活动。虽然大脑两部分功能不同,但它们并非互相脱离,大脑正常运行的前提是左右脑一起高度合作运行,如此大脑的作用才能完全发挥出来。

近些年,美国相关领域专家对爱因斯坦的脑部构造进行了研究,结果表明,相比普通人,爱因斯坦的大脑棘突触更多。他们认为,这与爱因斯坦自小就研究音乐同时一直做与音乐相关的工作有关。音乐对爱因斯坦的右脑进行了全面开发,同时提高了其左脑的运行水平,为他提供了优秀推理水平的物质条件,如大量的棘突触,这对其科学想法的产生具有积极促进作用。

(2)促进大脑皮层重要中枢的发展。大脑如果想实现更完美的功能,就必须实施多样化的活动与训练,如此才能提升大脑的中枢神经系统各方面的发展。人脑在人的一生中发展速度最快的时期就是学前时期,在该时期，大脑各中枢获取的活动越广，其得到全面提升的可能性就越大。所以，学前儿童的思维发展的前提就是进行有利于大脑整体性开发的音乐教育。

2. 促进学前儿童记忆能力的发展

记忆能力是人类实施认知行动过程中必不可少的基本前提之一。出色的记忆能力为我们存储着大量对事物的认识与丰富的实践经验，出色的记忆能力因其准确性、稳定性与长久性，为人们的思维活动与实践活动的正常开展提供了强有力的支持。[1]

人类在追求音乐的过程中，必须能够对音乐产生记忆，进而才能对音乐的表现进行认识和评价。另外，音乐的创造与演出活动都是与音乐影响的认知、记忆与重复密切联系的。

在学前儿童学习器乐演奏或视唱练耳的过程中，音符与旋律的千变万化刺激他们不断掌握与巩固听过的乐章，理解与记忆正在生成的乐音并加以发散思维，这一感受与学习的过程提高了幼儿的记忆能力。此外，乐器因其构造与演奏方式不同，通常会对学前儿童双手共同使用的水平进行培养，进而对学前儿童的左右脑实施开发。例如，学习钢琴的学前儿童不但可以利用右手演奏正确与美妙的音律，同时可以使用左手来对音律实施辅助，进而使得表演的音乐节目更加精彩；倘若学习类型为小提琴，不仅需要学前儿童左手在一根弦上确切地发现把位并在不断重复中加深记忆，还要求学前儿童用右手拉奏出不同的弓法加以配合。学前儿童音乐教育能够不断主导学前儿童的记忆运动，对学前儿童保存和增强知识的水平进行培植，激发学前儿童的智力开发。

此外，研究表明：音乐刺激还有挖掘一般记忆潜力功能。一些明确的音乐对人类的生理情况起到积极的调整作用，此类调整的效果可以在某种程度上对大脑的记忆体系产生作用，最大限度地提升工作效率。

3. 提高学前儿童的运动能力

生命在于运动，学前时期是人的身体发展最快速的一个时期，运动相对这一阶段的儿童来讲具有十分重要的意义。因此，和身体运动密切联系的音乐教育活动也就产生了一种特殊性的价值。

学前儿童的音乐学习与身体运动联系密切。儿童在随着音乐所进行的表演活动及乐器演奏活动中，可以使他们身体各个相对应的部位，如大小肌肉、骨骼及韧带等得到锻炼，提升神经系统反应的速率及协调能

---

[1] 张敏. 早期音乐教育的实施及其对儿童潜能激发的影响[J]. 音乐天地, 2008(6): 4-6.

力，增加心肺等器官耐受力。尤其是常常参与韵律活动的儿童，更有机会拥有健美的体型、端庄的形态。即便是歌唱活动，也可以对发音器官、共鸣器官及呼吸器官的发育起到推动作用。因而，教师能够通过音乐教育活动来促进学前儿童的身体发育，提升其身体运动能力。

4. 促进学前儿童的身体健康

身体健康不仅与身体活动有着紧密的联系，还与心理活动有着不可分割的联系。现代生理、心理学的研究结论已证明：情绪经常随着一系列生理变化而产生波动。例如，肌肉、血管、内脏和内分泌器官的功能，都会随着情绪的波动而产生变化。随着科学的进步，人们已经可以利用仪器对听者的生理反应展开定量分析研究，已论证哪种类型的音乐具有哪种类型的生理刺激作用。并且，现在这部分研究成果已逐渐被运用在慢性病治疗、身心康复等领域。由此可见，利用音乐调整心情进而调整生理状态来促进或维护身体健康的目的不是妄想。

音乐教育活动和学前儿童身体健康的另一种联通渠道是，科学的音乐活动会给学前儿童创造大量获得积极情绪体验的机会。例如，学前儿童天生好动的要求易在音乐活动中得到满足；音乐中的节奏可以减少体能消耗，使得机体内部环境处于最佳状态，使生理上的自我要求极易得到满足；在音乐活动中易于形成更加紧密的人际关系，使心理上期望被接纳的需求更易得到满足；音乐活动能够得到更多的自由想象、自由表现的机会，使得希望实现自我价值的要求得到满足。上述需求的满足是直接影响学前儿童心理健康的前提，同时是保护、推进学前儿童心理健康的基础。因此，教育者应积极利用音乐的教育作用，促进学前儿童身心的健康发展，提高学前儿童的身体健康水平。

(二) 促进学前儿童的语言与认知发展

1. 促进学前儿童的语言发展

学前儿童音乐教育对学前儿童的语言学习有着显著的积极作用。一首优秀的歌曲一般等同于一首优秀的诗歌。学前儿童在接触大量的歌曲及有节奏的诗歌朗诵的过程中，不仅增加了音乐词汇，还使词汇的储备量增多，增强了其对文学语言的理解及运用能力。

语言学习也是一种听辨、记忆、再现声音符号的学习。假如教师在教授学前儿童歌唱时，要求精准地咬字与吐字，会有助于学前儿童形成口齿清晰的语言表达习惯。除此之外，音乐和口头语言一样，都有高低、强弱、快慢、音色变化等表情因素，在音乐活动中，教师帮助学前儿童了解这部分表情因素，对提高学前儿童口语表达能力有一定的帮助。

2. 促进学前儿童的认知发展

（1）促进感知能力的发展。音乐活动一般是依靠听觉器官来展开的，音乐认识活动构建在听觉感知的前提下。人类的听觉器官是在长时间主动使用的过程中得到高度发展的。音乐是有声音的语言，是推进人类听觉发展的因素之一。学前时期是人的一生中听觉能力发展最为快速的阶段。苏联心理学家列昂节夫在一部分人认为似乎缺少音乐才能的儿童中使用了不同的训练手段，最后使其获得了音乐听觉能力。通过上述案例可知，教师如果可以向学前儿童提供更多的不同种类的参与音乐活动的机会，并且在活动中有目的地引导他们注意力集中展开听觉探究，能够提升学前儿童的分辨能力及自觉性。

（2）促进想象、联想能力的发展。现代科学的发展已经使人们逐渐地认识到丰富的想象力、构想能力是思维活跃的创造性人才所必需的一种能力。联想能力是人们进行思维活动与创造活动的重要基础，不论是艺术领域还是科学范畴，艺术作品与发明创造都离不开丰富的想象力。庄生迷蝶，不知是自己梦见了蝴蝶，抑或是自己入了蝴蝶的梦；阿基米德在浴缸里泡澡时发现了浮力，如果知识就是进步，那么想象与联想能力就是推动知识进步的源泉，是激发有限认识创造无限价值的强大助力。学前儿童的联想能力是惊人的，他们把观察到、触摸到、感受到的事物拟人化，一花一叶都能引发他们奇幻而浪漫的想象。而音乐因其接受形式的主观性更成为刺激学前儿童不断联想的一种方式。对学前儿童进行早期的音乐教育能够激发他们进行生动形象的联想与创造，迸发出灵感的火花。

在良好的艺术教育活动中养成的想象力，对科学理论的探究乃至展开科学研究、发明活动和其他社会实践活动都具有一定的正面作用。通常音乐活动和想象是无法分割的，而想象又是学前儿童从音乐活动中获得幸福感的重要方式之一。

（三）促进学前儿童的个性与情感发展

1. 促进学前儿童的个性发展

（1）促进个性意识倾向性的发展。个性意识倾向性是人展开活动的根本动力，也是个性组成中最关键的因素。它体现在对认知及活动对象的倾向及选择上，一般包括需要、动机、兴趣、理想、信念以及世界观等。在学前教育阶段，教育目标为重点培养学前儿童对生活及周边事物的积极态度及广泛兴趣。在这一方面，音乐教育活动能够发挥一定的积极作用。兴趣是人积极探究某种事物的认识倾向。当一个人对某些事物产生浓厚且稳定的兴趣时，他就可以通过主动思考、大胆摸索来探究它的本质，并使自身整个心理活动都积极主动，体现出积极的行动意向，对事物的观察变得更加敏锐，记忆、想象能力提高，情绪变得高涨，克服困难的毅力也会增强。学前教育阶段，学前儿童对事物或者活动的兴趣大部分都是由外部影响激发的，并且大部分是直接兴趣和暂时兴趣。假如教育得当，这部分直接兴趣和暂时兴趣通过逐步的积累性强化，会逐步发展为直接兴趣及稳定兴趣，形成个人主动的个性趋势甚至于人生态度中的关键构成部分。因而，优秀的音乐教育活动有利于促进学前儿童个性意识倾向性的发展。

（2）促进自我意识的发展。自我意识是使人的个性的各个部分整合、统一起来的关键力量。成熟的自我意识表现如下：可以了解自身身体、身体特征及生理、心理状况，可以了解并感受自己在社会及集体中的地位与影响。音乐教育能够促进学前儿童成长的原因如下：第一，学前儿童在感知及表现音乐时需要有目的地认识自身身体的活动状态，并需要有意地、有目的地掌控和调节自身的身体活动，使自己的身体活动和音乐相协调，使身体每个部分协调活动。第二，学前儿童在学习及享受音乐时也需要逐步反省通过音乐产生的想象、联想以及情感体验。第三，学前儿童在集体音乐活动中能够得到来自教师、同学的各种评价，而这部分评价都会对个人的自信心、自尊心、自我评价能力、自我态度的养成等发挥十分关键的影响作用。

2. 促进学前儿童的情感发展

（1）促进情感的发展。音乐对人产生的影响巨大，它可以直接对人们的情感产生强烈的作用，直击人们的内心深处。《论语》中有记载：孔子在齐国听到了《韶乐》，三个月都尝不出肉的滋味了。高尔基在其自传体小说《在人间》中讲到欣赏音乐的感觉时说：美妙的音乐在内心深处所产生的强烈感情能够让人忘记所有。列宁在听完贝多芬的《热情奏鸣曲》后赞扬它为人间奇迹。音乐家斯特拉文斯基说：音乐就是情感，没有情感就没有音乐。心理学家捷普洛夫也讲过：用最直截了当的意思来说，感情及心绪是音乐的内容。

学前时期正处于个人情感逐渐发展的关键时期。在这一阶段，儿童的社交圈会逐步扩展；情感体验日渐丰富与复杂；情感自我调节能力逐步提升；较为高级的社会情感，如道德感、理智感、美感逐步养成；各类基本情感体验的分化也逐步走向精细化。在这一年龄阶段，充满情感性的音乐活动对学前儿童的情感发展具有显著的推进作用。学前儿童接触不同类型的音乐作品越多，参与的各类音乐活动越多，其情感也就会变得越加丰富。他们会渐渐理解爱、温暖、同情、骄傲、集体精神，厌恶丑恶以及追求美善。学前儿童情感体验的实质及程度对其认识活动及意志活动的产生具有显著作用。因而，利用音乐活动有目的地对学前儿童展开主动的情感教育应该成为教育者的主动行为。

（2）促进意志的发展。意志是人依照一定的目的对自我行为进行启发、保持、抑制、调节的一类心理过程。优秀的意志品质是自我成功的关键，而不是智力的影响。音乐活动也有推动学前儿童意志成长的作用。音乐活动是一类有目的的人体实践活动。每当一首音乐能让婴儿产生愉快体验时，欣赏这首音乐就可以使他努力移动身体或者头部去找寻音乐的来源。假如停止播放婴儿所欣赏的音乐，他甚至可以马上用哭声来进行"抗议"。这类行动就是音乐活动中最开始形成的一类随意行动，也就等同于意志的萌发。随着年龄的增加及儿童所参与的音乐活动的逐渐复杂化，他们不论学习歌唱，学习做韵律动作，还是学习弹奏乐器，都成为一种具有鲜明目的的行为。特别是对一些较难的音乐技能的学习来讲，不认真练习是没有办法实现明确的目标的。在铃木镇一早期组织的小提琴培训中，通过解决技术困难的大量艰苦练习来完成意志锻炼的最终目的。除此之外，在幼儿园或托儿所中，音乐活动大多为集体活动。而在集体活动中，学前儿童不仅要调节自己与音乐的关系，还要调节自己和他人的关系。这就意味着个人需要花费更多的努力，高度集中注意力掌控自身的行为。

相关研究表明，接受过较好的音乐教育的儿童可以在学习及社会生活中表现得比其他儿童更具有目的性、坚持性及自制力。因而，在学前阶段儿童意志品质的培养是需要并且可以利用音乐活动来展开的。

（四）促进学前儿童的社会交往发展

1.促进交往、合作能力的发展

学前儿童的社会性是在与周围人群的交际中形成的。学前教育阶段是个体社会性发展的关键时期。在这一阶段，儿童和周围人群交流机会的多少以及交往的性质都会对他们的社会性发展产生十分重要的影响。

2.推进纪律性和责任感的发展

音乐活动是一类秩序井然的社会活动，它要求参加者依照一定的准则来活动，也需要参加者明确认识并且主动承担一部分社会责任。在学前儿童教育机构的集体音乐教育活动中，以上要求被具体化：学习遵守音乐活动的常规；初步培养对作品负责，对观众负责，对乐器、道具以及其他相关设备负责，对活动场地负责的基本观念及行为习惯。

（五）促进学前儿童的创造性思维发展

创造是艺术乃至整个社会历史发展的根本动力，创造的基础就是在相同中找到不同，在不同中找到相同，是艺术教育影响及价值的重要表现。音乐创造因其自身强烈且明确的个性特点而充满吸引力。在学前儿童音乐教学活动中，音乐欣赏、展现及创造活动可以激发学前儿童的表现欲及创造性思维，在积极主动参加的过程中展示自身的特征及创造能力，使学前儿童的想象力及创造性思维得以充分展现。

创造过程，不一定要强求出现一个特别满意的结果或者音乐作品，关键在于整个创造的过程。在进行学前儿童音乐教育的过程中，教师会使学前儿童倾听音乐。让学前儿童在倾听音乐的过程中了解音乐的情感与美感，使学前儿童内心产生共鸣。对音乐的倾听不只是简单式地播放音乐及纯粹地听音乐。教师在教学过程中应对症下药，把抽象的音乐转化为具体生动的教学，激发学前儿童的好奇心及想象力，积极摸索音乐世界的美妙。例如，在鉴赏音乐的过程中，除了利用教学、沟通等手段之外，教师还可以利用图片、演示、创设意境等多媒体手段，利用多样化的方式把音乐的美感客观地展现出来，帮助学前儿童步入音乐的殿堂、探索音乐的世界；同时，利用多媒体把与音乐有关的创作者、创作时代与背景等向学前儿童进行详细的说明，拓展音乐背后的故事，可以更好地帮助学前儿童主动地欣赏音乐，把个人经验和艺术欣赏有机结合，提升对音乐的理解能力、想象能力和创造能力。

此外，教师会指导学前儿童去实际体验音乐，让他们真实地感受到音乐特有的吸引力，特别是在音色、旋律、长短、和声、高低、强弱、音程、曲式与调式上，让学前儿童踏入音乐的大门，指引他们感受音乐独有的魅力，如根据乐器伴奏跳舞、表演、晃动等，让学前儿童在不经意间能够感受到声音的强弱、高低、长短的区别。教师可以指导学前儿童积极地探究音乐的思想观念与音乐的表演和演唱的技能。学前儿童的创新能力主要是来自创新的想法。实际上用音乐提高学前儿童创新能力的实质就是用音乐的方式去给予学前儿童考虑的密码，然后开启创新能力的锁。[1]

学前儿童在3岁以前就能够在听到音乐时摇摆手臂或晃动双腿,大一些的学前儿童能够跟随音乐哼唱,并在旋律的伴奏下做出有规律性的、体操一般的动作。而在这一过程中,活动着的不仅有学前儿童的身体,他们的大脑也在进行着或抽象,或具体的思维活动。学前儿童随着音乐或唱或跳的行为活动离不开视觉、听觉、触觉的交互与协调,更离不开记忆联想、感觉感悟等一系列相对复杂的心理活动。因此,对学前儿童进行早期的音乐教育能够促进他们的大脑发育,使他们的抽象思维能力与形象思维能力得到发展,从小培养其良好的思维活动能力,形成深入而广阔、灵活而敏捷的思维方式,为他们日后的智力发展打下坚实的基础。

另外,形象的思考方式由辨别、分析、总结、分类、预计、推算等技能组成,这些全部可以在音乐教育中进行。思考能力是一种高层次的认知行为,它的中心是事物与事物之间的联系。音乐思维主要是音乐与音乐之间、音乐的个体与整体之间、音乐的个体与个体之间、音乐与用它表现的东西之间、音乐与感受的人的直接的实践联系。虽然音乐的思考能力在本质上是以直观的、完全的、生动的、掌握的形式为中心的,但在指向性上还是针对事物的各种关系的,在这一点上,音乐思维与一般形象思维甚至与抽象思维基本都是一致的。

在创新能力方面,音乐教育和其他教育相比是有特别的优点的。学前儿童音乐教育不仅要教给学前儿童音乐原理方面的知识、表演的技能等,还要重点教育学前儿童欣赏美的能力与创新的思考方式。因此,学前儿童音乐教育不仅能够有效地培养学前儿童的创新实践能力,还能激励学前儿童敢于想象、善于创造,推动学前儿童综合素质的全面提高。

音乐最重要的作用就是给人们相互交流的机会,使人与人之间交流的想法得到满足。人们可以根据相互之间音乐的交流来增进关系。成年人与学前儿童,学前儿童与学前儿童之间音乐的交流能够增加学前儿童与人交流的阅历和机会。所以,教育者应根据音乐教育的行动来提升学前儿童的社会能力。

---

[1] 孟鑫.音乐教育与创造力的培养[J].乐府新声(沈阳音乐学院学报),2016,34(3):144-146.

第三节　学前儿童音乐教育的教育作用

一、学前儿童音乐教育对儿童审美意识的培养

（一）歌唱

歌曲是由文学和音乐共同产生的，它拥有两个方面鉴赏的意义：歌曲能够让学前儿童表现出更加丰富多彩的真实世界与思想世界。歌曲不但能够指引学前儿童从各方面去认真考虑、感受他们熟知的事情，并且能够让学前儿童去认识他们所不知道的世界，甚至开始神游想象，使他们内心世界更加丰富多彩。各种各样的歌曲可以让学前儿童见识到更多的音乐文化，增长他们的见识。同时，唱歌能够更好地提升学前儿童的记忆能力。

（二）韵律活动

律动活动能够提高学前儿童的身体素质，增进他们通过身体律动感知与表达音乐的才能，提升他们的身体和内心相互融合的才能。激发学前儿童的想象、联想，培养他们对美的鉴赏能力。想象能力与敏感的感受能力在人生的任何时期都是举足轻重的。它既不是单一概念的累积与加和，也不是单一的仿照与盲从，它虽然不会用文字的方式来传达，但是可以利用音乐的方式，特别是能够通过在韵律活动中表现出来。

（三）音乐游戏

音乐游戏极具想象吸引力，赋有情趣，适合学前儿童身心发展的特性。学前儿童能够在让人愉悦的游戏中提升音乐的感知力、表达力与创造力，同时也能增强交际能力、团队能力与自律能力。学前儿童通过音乐游戏，可以得到较多的感情实践，这种真实感受的累积对学前儿童产生音乐喜好与开展音乐节目的兴趣有独特的意义。

（四）打击乐器演奏

学前儿童学习音乐、感受音乐的其中一个重要的因素就是学习打击乐器。在学前儿童可以进行的音乐表演活动中，打击乐器是所有乐器中最容易学会和可以享受音乐的。学前儿童能够学习的打击乐器主要包括大鼓、铃鼓、串铃、碰铃、三角铁、钹、锣、木鱼、沙球等。在中国的大部分家庭中，学前儿童没有太多机会学习打击乐器。但是在幼儿园的音乐教育活动中，打击乐器的表演活动和歌唱活动是同等重要的。幼儿园的学生在参加集体打击乐器的表演活动时，能够激发学前儿童表演乐器的热情，让他们通过乐器的演奏得到身心的愉悦与满足；能够通过让学前儿童参加大的音乐节目的表演，提升他们的语言能力以及对音乐的理解能力，这些作品往往不能用歌唱的方式表达出来。进行整体的打击乐演奏活动能够提高学前儿童辨别韵律与音色的才能，提升团队价值与调和能力。

（五）音乐鉴赏

音乐鉴赏是指根据音乐作品得到鉴赏、享受的音乐节目。然而，学前儿童必须通过参与活动来感受音乐、分析音乐和实现对美的判断。所以，在学前儿童音乐教育过程中，音乐鉴赏过程的中心内容就是怎样去听音乐。音乐鉴赏活动能够让学前儿童学习更多优秀的音乐作品，提升他们的音乐审美能力，增强他们的音乐见识，丰富他们的音乐阅历，在小时候就开始发展他们对周围不同声音的倾听才能，累积对声音不同感受的阅历。

二、学前儿童音乐活动是儿童素质教育的有机组成部分

素质教育的实质是依照学生的发展情况与社会进展需求，提升学生的品格素养，尊重学生的自我理念，把激发学生的潜力与智慧当作最终目标，协助学生完善自我的人本教育。心理素质教育、价值观素质教育、文化素质教育、精神品质素质教育等都属于素质教育的组成部分。通过心理素质教育能够完善学生的品格，帮助学生提升自发调整、自我完善的水平；价值观素质教育，有助于提高学生的审美水平，同时增强学生对美的鉴赏水平。文化素质教育的实质是帮助学生学习基础文化理论，提升学生的文化能力。精神品德素质教育的实质是确定准确的政治观念、伟大志愿理念与高尚的思想素质等。

素质教育的宗旨为提升人类整体的基础素养，把尊重人类的主体性与自发思维作为重点，全面开发人的思维潜力，造就人的完美品格。音乐教育作为实施素质教育中不可忽视的教育内容，它是以音乐作品为主

要内容对人进行情感、情操和审美的教育。由此可见，音乐教育与素质教育两者之间的关系密不可分、相得益彰。

（一）音乐教育促进学前儿童的素质教育

1. 将音乐教育与素质教育结合是实现人的全面发展的重要环节

素质教育的重点在于提升人的品格素养，造就人类特性，促使人类得到更全面、更完善的发展，保证人类身心健康。因此，我们必须参照人类与历史进展的真实需求，把提升所有学生的基础素养作为具体宗旨；要重视价值观教育，着重挖掘人的潜力；要联系音乐教育，由音乐教育来教化人心，改善人的品格素养、思想品德，提高社会沟通水平等。在实施音乐教育的过程中，我们必须制定明确的目标，不能只注重音乐的形式化教育，而没有发挥音乐教育的影响力。

2. 音乐教育是素质教育的重要组成部分

音乐所散发的独特魅力在我们的日常生活中都有体现。由于美妙的音乐可以调节人的情感，给予我们美的感受与奋发图强的意志，因此音乐教育是素质教育中不可分割的一部分。例如，在我们的情绪悲观消极的时候，如果我们去聆听一些轻松、愉悦的音律，就能够在不知不觉中调节自己消极的情绪，进而稳定下来。另外，情绪的稳定能够协助我们提升与人交往的能力，用积极的态度对待学习生活。同时，优秀的人际关系和积极进取的学习态度正是素质教育的核心部分与教育宗旨。另外，某些红歌也能够使学生领悟到爱国主义情操，与僵化的课堂教育不同，此类使用红歌的形式对学生实施爱国主义教育能够达到较好的效果。因此，音乐教育是实施素质教育必不可少的组成部分。

3. 音乐教育与素质教育相互依赖、相互作用

相对于别的学科来讲，音乐教育在学生的品格素质、智力水平、情感阅历与身心健康等方面发挥着十分重要的作用。从传统的教育思想中，我们可以看出，大多发展水平相对较低的区域不注重音乐教育的影响，忽视素质教育和音乐教育之间彼此联系、彼此影响的关系。

（二）音乐教育促进学前儿童的全面发展

1. 将音乐教育渗透素质教育的各个方面

把音乐教育与素质教育进行融会贯通，发挥音乐教育和素质教育的作用，帮助学生获得整体性的发展。学前儿童音乐教育对学前儿童塑造优秀的思想品德有积极影响。所以，我们需要对学前儿童水到渠成地进

行音乐教育。把音乐教育当成学前儿童净化心灵的主要基石。另外，需要把学前儿童音乐教育完美地融入智力教育之中。把多样化的音乐教育与活动以及优良的音乐艺术融入智力教育之中，对开发学前儿童的思维能力与想象能力有着积极的影响，能够帮助他们打开思路，打通理论的制约，从而使思维得到释放，使他们的思想越发灵敏，精神越发集中，进而提升学习的效率与成绩。所以，全面了解音乐教育的巨大作用，把音乐教育与德、智、体、美等素质教育进行融会贯通是非常关键的。

2. 重点突出音乐教育的审美教育功能

把音乐培养融入品质教育，要求从自身、小家和大家三部分着手。学前教育机构务必为学前儿童获取音乐知识提供基本需求。例如，提供完备的音乐课本和乐器，并且需配置优良的师资队伍。将教师从固有培养理念和教育方式中解放出来，在传授音乐理论和相关能力的前提下，格外注重音乐素质在理论教育中的核心影响力。从小家方面而言，家长应注重对孩子音乐素质的培养，切不可仅仅注重专业课成绩而对孩子施行知识层面的束缚，要给予孩子多层次的音乐培养，如声音、形体及色彩等来促使他们自然而然地获得音乐素质培养方面的能力，让学生从小就多才多艺，获得源自音乐培养的深刻素质教育和感情代入能力，造就学生健全的性格和高尚的道德感。

3. 将音乐教育与素质教育紧密结合起来

音乐培养是凭借悠扬的曲调和节拍来阐释个人的观念情感和实际生活的。因此，要想激起学前儿童对音乐的向往，就要把音乐培养和品质培养紧紧联系在一起。在两者紧密联系的前提下调动学前儿童音乐培养的踊跃性和兴致，不断开拓学前儿童的音乐眼界。只依靠歌唱活动很难令学前儿童受到更多的音乐教育，应该让唱歌、乐器、作曲作词、乐谱等基本理论相统一，以提升学前儿童修养为前提，进行音乐熏陶，运用各类差异化的教育手段，提升教育品质，让学前儿童能够提升自我修养，获得美的感受、美的培养。

所以，针对现在普遍的培养越来越要求生动积极、机灵随和，而且具备革新性和愉悦性的乐学乐教的培养方式，我们务必重视把音乐修养培育代入学前儿童修养教育中，且凭借它来成就学前儿童人性、品质、修养的提升。重视学前儿童音乐培养和品质培养的融合，是推动学前儿童综合品质提高、综合拓展的核心，也是达到教育当代化，培育专业化、能力化人才的核心。

（三）音乐教育在学前儿童素质教育中的特殊作用

学前儿童音乐教育在儿童成长阶段的影响是多样化的，能够通过习惯、品性、思想、理念、兴趣等方面得到展现。学前儿童音乐教育对儿童品格素养的影响是十分重要的，对儿童品格素质教育而言，音乐教育、美、品格素养是至关重要的一部分，该部分的宗旨是给整个教育体系做贡献。古今很多名人雅士觉得，注重音乐教育能够促使全社会的风气向好的方向发展，改善民心，发挥教导性的作用。由此可见，音乐教育对于品格素养的影响是十分关键的。

学前儿童音乐培养能使学前儿童的心境放松，产生轻松、愉快、想念等情绪，音乐能增强学前儿童的感情的多彩性，缓和学前儿童的感情，培养他们健全的人格。学前儿童音乐培养也可以造就儿童的个性，由于人的品质是后天养成的，社会及周围朋友的关系也能够对学前儿童的品质产生一定影响。音乐的种类很多，教师应根据学前儿童的差异性进行个性化的培养：针对外向的儿童，教师让他们倾听或者演唱舒缓、优美的歌，如《听妈妈的话》《军港的夜》《让我们荡起双桨》等，来安抚儿童的情绪；针对内向的儿童，让他们倾听快乐、积极的曲调，如《歌唱二小放牛郎》《蜗牛与黄鹂鸟》等。

音乐作为情感演绎的载体，它所呈现的方式、革新的对象及其抒发的情感，都带有显而易见的年代感，蕴含着浓厚的民族审美色彩。音乐教育和其他教育有一定差异，表现在音乐的曲调带有的情感最贴近个人的内心，两者间始终保持着一种"一一对应"的联系。婉转的曲调、动听的歌词、诚挚的感情及其专业的表演能力等，令人们为之震撼，达到心与心的沟通，悠扬婉转的音乐还能够起到激扬人心的作用，所以音乐培养毋庸置疑的是"提升大众在他们成长的各个时期的审美水平"。文化品质培养不仅需要儿童具有一定的理论能力，还需要他们具有相应的素质能力。音乐关系到很多科目的理论，并且有很高的艺术性，可以凭借强烈的代入感、优美的声音以及丰富的感情等，把文明、社会、各种风气习性等表达出来。当学前儿童接受音乐教育时，他们可以了解到中华民族悠久灿烂的文明，也可以对中国历史有一定程度的了解，进而提高审美水平，然后不断增强个人的文明修养。

总而言之，学前儿童音乐培养成为学前儿童素质培养的必要主题及方式，对儿童发展型个性的发掘，对学前儿童性格的塑造以及素质的养成，有着重要的影响。当今时代对人的个性及才能要求较高，人们都希望朝着积极向上、满怀热情的方向去发展，而学前儿童音乐教育可以促进学前儿童培养科学的人生观、价值观等，因此，我们需要明确这样的培养方向，展现出音乐教育真正的特性，让祖国的花朵成长为祖国的栋梁之材！①

三、音乐教育的美育本质观

（一）学前儿童音乐教育的美育观

音乐形象指引着人类耗费时间的空间想象和动力性逻辑运算步骤，大多通过听觉来感受，音乐形象理解和思维想法组成理解途径；与审美培养性质相同的文学培养、美术培养和欣赏教育等行为，大部分利用人的眼睛引导人们进行空间想象以及符号具体化空间理论运算步骤。

音乐不具备具体形态，无法用语言表示。音乐不会因时间而发生改变，能给听者更为自由的联想空间，同时将听者推向音乐展示的行为前沿，借此让音乐形象要表示的情感、想法可以联系作曲家、演奏家以及群众的部分建议，同时将它们整理、融合起来发展，且音乐虽然并非直白表达感情，但是可以利用音乐的演奏来模仿或者表达人的情感取向。因为音乐培养能够促进人的情景感悟、空间想象以及价值取向，用于发展感知能力、提高理性，让人发现美的事物，提高道德素养以及增强理智，在广泛的想象里树立关于世界和人生的审美观念、道德观念以及理性观念等价值坐标。

音乐培养的审美培养价值也展示在关于人类的文化体验和精神创造方面的推动力。爱因斯坦认为，科学领域和宇宙中和谐而自然的规律，能够通过音乐的音符表示，同样能够利用数学模型表示。因此，音乐审美培养的特殊能力和重大价值，表现在它能够利用没有限制的和没有拘束的情意标志，直接将个性心灵引导至人类共时空的纠缠里，而且令内心达到宽阔的超越性的境界，从而得到彻底的放松和美好的灵感。

1. 音乐教育以审美为核心

就本质而言，音乐培养是审美培养的一部分，音乐感受多是一种审美感受，它的价值是为人们提供内心的感悟和情感的愉悦。音乐教育属于将美育当作主要的性质、把树立形象感受或推理认知当作再次开发能

---

① 张生飞.音乐教育在素质教育中的特殊作用[J].中文科技期刊数据库（引文版）教育科学，2016（6）：93.

力，把塑造注意力和道德素养以及健全人格模式当作影响未来的某类综合性品德培养。它多样化的引导结果，具备情感建立、知性建立和理性建立三个种类。同时，此三类行为结果都表现出自觉的感情认知、审美、友善和友爱，即道德—理智—感情融合的处事方法，借此让音乐教育成为一种广泛的、独特的、具有感情的精神启蒙以及整体培养行为。

音乐培养被当作教育措施的独特之处是此方法利用音乐审美的步骤来构架健全人格的培养。从这个意义上可以说，音乐教育是审美教育的手段，审美教育又是素质教育的手段。审美教育有广义与狭义之分。广义的审美教育可从目标和手段两个不同的角度来开展研究和解释。对于目标而言，一般广义的审美教育被解释为某类建立和谐、友善、合作人格的培养。而狭义的审美教育一般被解释为某类引导人发现美、了解美、创造美的水平以及素质培养。换言之，狭义审美培养是把培养人的审美观念当作结果的培养。就审美教育的途径而言，广义的审美教育一般被描述为一种以自然美、社会美和艺术美为手段，对人施加教育影响的过程。在这个意义上，音乐仅是艺术美教育途径里的某类方法。在此方面的理解中，学前儿童音乐教育对于学前儿童的影响可以看成两部分：一是利用音乐实践，帮助学前儿童关于美的发现和理解；二是利用音乐实践，帮助学前儿童完成音乐美的欣赏。狭义的审美教育通常被解释为通过某个艺术类别的学习，促进学生了解、熟悉这类艺术的审美方式，培养其此类艺术的习惯。

具备音乐性培养目的最重要的是审美且教化人。按照美学学者的分析，音乐的价值有很多，不过音乐最为基础的价值是可以达到人们感性审美的要求，也就是精神需求，这属于音乐的基础价值，同样指的是审美价值。这样说并非音乐的其他价值就无所谓，能够放弃，这是因为音乐的其他价值需要在审美的前提下才有意义。同样的音乐必须展示它的道德价值、智力价值、实用价值，但需要利用感受音乐、品味音乐、演奏音乐来进行。按照上文的解释，音乐教育的价值有若干个，如可以陶冶情操、提高思想认知和智力水平等，不过音乐教育的基础价值指的是审美价值，这是音乐教育的基础结果，也就是具备音乐性的结果即为审美育人。音乐教育即便有提高智商、促进品德修养的作用，不过其采取的措施与智力培养以及道德培养方式也有所不同，无法对儿童直接进行智力培养或者道德培养，需要在音乐的审美基础上完成。音乐教育利用审美达到培养人的目的，同样属于音乐教育区别于其他的学科教育的一种，假如音乐教育无法将审美教育当作它的核心目标，音乐教育的价值能力将无法展示它最核心的部分,它的培养措施和培养形式就会发生变化,即由音乐教育转变为非音乐的教育。

音乐教育的另一个方面是传承音乐。教育属于一类培养人的行为,将文化知识教授给下一代的行为,自然、社会以及人类对应的知识、规律等都属于基础教育的内容,此类知识及规律的教育同样有艺术部分的内容。教育有着非常强大的文化传承功能,虽然重视教育必须深化改革,但是深化改革同样必须在传承的前提下开展。音乐教育被当作培养的核心结构的一种,其同样属于"培养文化人"的行为。艺术属于人类文化的凝聚体,属于人类文化的核心载体,属于人类文化组成的重要结构之一。音乐被当作艺术的核心类别,同样属于人类文化中必然存在的组成部分,并且属于一种形象极为鲜明、能力极为明显的、纯粹的人类思想文化。音乐属于人类创造的一种文化、认知,同时属于一种精神习俗,因此,音乐才具备了其他文化认知的相似独特性,能够利用教育在人类社会的传承。民俗文化能够借此被传承下来就是合理的证明。基础教育担负着传承文化的角色,这里面包括音乐文化,人类拥有的全部音乐技能大部分都能够通过教育达到。学校扮演着传授知识的角色,不管是关于民俗音乐的认知还是关于全球音乐的认知,不管是对古代音乐的认知抑或是当今音乐的认知,都能够在学校中被传授。由经验可知,各个音乐作品都和创作的背景、认知、习俗等有着非常紧密的关系,所以音乐的被继承本质上属于人类全部知识的被继承,在音乐中,我们可以认识人类的进步历程以及思维、习俗等的变化。因此,音乐教育在继承音乐文化时,必须重视培养教师具备符合时代的认知以及思想,引导学生具备符合时代的文化思想,开展音乐实践行为。

在学前儿童幼儿的培养中,感情属于推动学前儿童社会行为的初级动力步骤,学前儿童只有在学会准确表达感情的前提下才能够具备理智的情感进步,正确地对待周围事物,让他们在情感的背景下成长、进步,激发出更理智的社会性情感。音乐属于展示情感的艺术,所有的音乐都能由艺术家的感情发酵而来,利用音乐独特的途径来展示作者的内心感情,让听者在音乐中得到艺术的陶冶。由此提高学前儿童音乐的认知水平就非常有必要,同样属于幼儿审美教育必须具备的。学前儿童的音乐教育包含唱歌、韵律行为、音乐游戏、乐器表演以及音乐鉴赏。此类都属于审美教育的部分,同样属于审美教育的核心措施。利用此类音乐行为可以引发学前儿童对音乐的喜爱与好奇,提高学前儿童对音乐的鉴赏水平。同时,音乐的渗透提高了学前儿童的审美水平,促进了学前儿童发现美、创造美的行为，丰富了学前儿童的审美历程，推动了学前儿童对美好事物的喜爱和对美好事物的期待，塑造学前儿童的审美价值。

2. 音乐教育是对儿童进行美育的重要手段

音乐属于美的一部分，音乐教育属于审美教育的结构之一。审美教育属于引导人形成关于自然、社会和文艺作品的良好审美品位的教育，同样属于帮助人们提高发现美、欣赏美、创造美的能力的一种教育行为。学前儿童音乐教育将审美作为基础，丰富了学前儿童的内心世界。音乐活动的本质是利用音乐、表演、演奏音乐以及音乐活动等方式，让学前儿童认识以及理解音乐中蕴含的美和情感，为音乐所表达的真善美理想境界所吸引，便于学前儿童树立健全、完整的审美观念和阳光向上的生活理念，为其终身热爱音乐、热爱艺术、热爱生活打下良好基础。

对学前儿童进行音乐教育旨在培养他们的审美能力，这是一项通过音乐熏陶提升学前儿童发现美、理解美和创造美的活动。因为在学前儿童每唱一首歌曲、每弹一首乐曲、每跳一段舞蹈时，都能使学前儿童得到美的感受和美的教育。例如，在教《孔雀舞》时，跟着教师一起做孔雀昂着头走路的动作，做孔雀开屏的动作，使学前儿童体验到身体线条给其带来的美感；让学前儿童欣赏《铃儿响叮当》时，可使学前儿童感受到用不同的乐器、不同的节奏、不同的旋律弹出优美动听的乐曲，给学前儿童带来美的感受。学前儿童音乐教育可以培养儿童正确的审美观和价值观，培养他们的品格和兴趣，激发他们辨别是非、美丑、善恶的能力。音乐教育的情感激励作用比直接说教更能抵达儿童的心灵，唤起儿童内在的审美情感。

（二）音乐教育的多元影响机制

人类较早创造的艺术文化之一就是音乐，音乐给人类的精神世界带来了铺垫性、方向性和长久的影响。音乐艺术的美育价值是其突出的价值之一。随着音乐美育带来的情感上的活跃和重整力量，以及心理活动所激发的想象认知的能力，人们达到灵感、美感、道德情操和理智理性的四位一体的认知意识的提高，形成一种微妙却又对人格行为和意、知、情产生深刻影响的造化运动。

在音乐教育中，人的记忆能力、注意力、价值判断力和音乐联想能力都能获得提升，同时促进大脑的协调能力和灵敏能力的提升。音乐的旋律和节奏与人的注意力之间是互补的，即音乐是一种很快消散的时间艺术，对欣赏的人们要求其集中注意力，跟上音乐节奏的变化、速度和发展，这样才能全局性地领会音乐表达的情感和意象。此外，音乐欣赏还有利于使人的形象思维丰满起来，也使得情绪、心情等心理品质得到提升。

在欣赏音乐的过程中，由脑前叶主控的以右脑为主的感觉神经中枢皮层，经杏仁核和海马体进行感情模式的调配，从而作用于人的想象力、联想力和判断力等智力因素，实现高效的听觉和视觉的互补并将其立体呈现：在前额叶的定向指导中，加工获取的具象符号语义使听者感受到的情感和想象进入他们的主题意象，实现主体解放理性和感性，将其情意想象和人格发展得以自由地进入音乐世界的真善美中。因此，音乐文化可以进一步促进右脑的开发，提高大脑的运转速率。贝多芬曾说，音乐比一切哲学和智慧都具有更高的启示，参透音乐的人就能超脱常人难以脱离的苦难，音乐使人类爆发出精神的火花！[①]

（三）学前音乐教育对审美教育的重要意义

学前儿童教育不能脱离审美教育和音乐教育，而在所有类型的音乐教育中，审美教育是最突出和直接的。艺术形式的教育在本质上决定着音乐教育的目标，其终极目标则是人在实践中实现自由而全面的发展。在学前儿童音乐教育中，教师要通过艺术教育培养学前儿童德、智、体、美的全面发展，而美育则可通过让学前儿童体会音乐中的美，从而产生对美感的认识，实现美育。在开展音乐美育的活动中，学前儿童的想象力、理解力和感知力能够得到培养和发展，学前儿童的精神世界更自由，视野更开阔，思维变得更敏捷，同时建立他们的自信心。学前儿童音乐教育对学前儿童审美情趣的培养也有很重要的意义，培养他们的高尚情操最简单的方式就是从音乐教育开始，这也是在他们性格形成之前最佳的教育方式。有很多著名的诗歌作品或是简单的小曲可以在家庭、学校、社会教育中作为他们美育的范本。因此，留心生活中的小事，积极引导他们发现美并培养他们的兴趣爱好，这样才能让他们从中感受到世界的美好。

研究结果表明，儿童成长中音乐教育的重要性是毋庸置疑的。重要之处在于它能帮助学前儿童精神世界的茁壮成长，丰富他们的情感，是培养学前儿童审美感的重要途径。同时，良好的音乐教育可以帮助学前儿童培育良好的品格，并在人文环境中为学前儿童创造和谐的氛围，帮助学前儿童学会融入集体，在幼儿园组织的集体活动（如合唱、乐队演

---

① 崔宁. 音乐教育的大脑心理效应与情感认知功能[J]. 杭州师范学院学报（社会科学版），2003，25（5）：112-117.

奏）中学会协调与配合。尤其是在学业繁重时，音乐可以给学生的心灵带来放松和慰藉，或是通过音乐更好地释放压力。值得强调的是，音乐教育是学校教育的必修课，那些过度重视应试教育的学校更应注重调整。学前儿童音乐教育是学前儿童成长路上不可缺少的一个重要部分，这一点是无可厚非的。那些只注重应试教育的学生在学习层面是存在遗憾的，甚至可以说是有缺陷的。我国著名的科学家钱学森提出，科学技术工作者也要有一定的文学艺术修养；爱因斯坦也曾说他的很多科学成就的灵感来源于艺术的启发。缺乏艺术修养的科学工作者难有很大的成就，曾经有人说艺术给人的想象力插上了翅膀，而目前的应试教育则给学生的全面发展带来了严重的障碍，从更高的层面上看，这个影响可上升到国家和民族发展的层面，其后果不容忽视。

第三章 学前儿童音乐教育的主要模式

第一节 基于自主学习的学前儿童音乐教育模式

一、基于自主学习的学前儿童音乐教育的基本理念

(一) 生命自主成长

教育的目标就是培养完整的人,而对每一个个体而言,"完整的人"意味着具有自主积极的人格。教育所要付出的努力和挑战就是寻找正确的方法和途径,以使所有人永远保持天生的求知欲、好奇心和创造性,成为孜孜不倦的自主学习者。在中国文化的语境中,成为自主的人,也是传统教育塑造"内圣外王"的追求。具有自主性人格的生命个体才能"自立自强",在整个人生中坚持主动争取,通过主动的努力不断超越身体的有限性,达到卓越;只有在自主性的指引下,个体在社会交往中才能"反求诸己"想着对方,彼此互以对方为重,乐于奉献,达到崇高;只有既突破自身局限性,又突破人际交往障碍的人,才能"尽其在我",成为对自己和对社会负责的生命个体,才能"人生向上"。因此,基于自主学习的学前儿童音乐教育将促进以自主性为核心的积极人格成长作为课程设计的基本理念,通过师生共享音乐,在交往和对话中经历和体验音乐之旅,促使教师在支持学前儿童自主学习的过程中不断提升自身的音乐教育认识和音乐教学策略,理解和认同音乐学习的价值,积极与学前儿童分享自己的音乐生命体验,获得自主发展;同时,引导学前儿童

在接触音乐的过程中充分享受音乐和表达情感，并让他们通过与同伴的分享合作深入体验音乐的交往与对话价值，从而激发他们对音乐的兴趣；通过引导学前儿童自我选择、自我规划、自我控制、自我调节而自主学习音乐。

为实现学前儿童以自主性为核心的积极人格成长，教师将主动寻找那些能打动自己的音乐作品作为开启学前儿童音乐学习的素材，从润泽学前儿童生命的角度主动选择和改造各类音乐作品；音乐教学的过程将成为教师和学前儿童共同寻找音乐、创造音乐的过程，教师应既鼓励学前儿童使用身体、语言、嗓音等多通道感知和体验音乐作品，与音乐作品对话，又重视学前儿童与同伴、教师交流自身的体验与感受，更重视在与学前儿童共同欣赏音乐的过程中引导学前儿童自我控制、自我反思，不断发现问题、解决问题。有了这样的音乐教育视野，教师也将不再简单地对每个学前儿童的单位时间音乐学习提出整齐划一的要求，也不再催促学前儿童从一个环节向另一个环节匆忙转换。追求"以自主性为核心的积极人格成长"的音乐教育是有耐心、有韵味、有共鸣、有乐趣的，将使教师发现音乐教育的乐趣，使学前儿童快乐成长。

（二）学前儿童自主学习

从教育提升人的精神品质和灵性的本体性功能角度出发，学前儿童音乐教育既要顾及学前儿童当前兴趣，又要重视促进学前儿童自主性发展，由此培养自主学习的学前儿童就成为学前儿童音乐教育的重要追求。基于自主学习的学前儿童音乐教育通过研究学前儿童音乐学习需要，培养学前儿童自主学习能力来支持学前儿童自主学习，实现他们生命自主成长。

1. 研究学前儿童音乐学习需要

学前儿童的需要是现实生活状况和教育在其生理和心理上的反映，满足儿童的需要是教育发挥人性、弘扬人性的首要价值选择。支持自主学习的学前儿童音乐教育对学前儿童的需要并不是不加选择地一味满足，而是通过教师"觉知需要""引导学前儿童选择合理需要"和"支持合理需要"加以支持。

2. 激励学前儿童自我发展追求

自主学习的学前儿童是融合"好奇心"与"好胜心"的独特个体。"好奇心"是每个儿童的天性，这意味着儿童对世界的一种积极关注、积极参与、积极生活的态度，这也是创造力的基础。"好奇心"使儿童处于一种活动的状态、充分表现出生命活力的状态。"好胜心"反映了儿童的

"个人自我发展追求",使儿童不断朝着更好的自己努力。"个人自我发展追求"是每个人先天具有的一种潜在的能力,这种潜在能力需要通过教育激发。研究者认为,这也是教育最应该"可为"之所在。"个人自我发展追求"以满足"学习者的需要"为基础,以"高激励性"为特征。基于自主学习的学前儿童音乐教育中支持自主的教师视学前儿童为班级生活的主体,充分信任和尊重他们,在与学前儿童的讨论中寻找他们感兴趣的话题,去敏锐感知他们当前的学习需要,并以他们的学习需要为起点、准备条件,支持并启动学前儿童的戏剧表演游戏活动。在"执着地做好一件事"的思路下,教师和学前儿童投入自己的真实情感,一起去经历、去探索、去感悟。

发展学前儿童的自主学习能力是基于自主学习的学前儿童音乐教育的最终关怀,学前儿童潜在的自主性需要通过有效的音乐教学培养起来。基于自主学习的学前儿童音乐教育相信学前儿童是有着先天潜能的积极的自我发展主体。以对学前儿童的充分信任为基础,教师将学前儿童真正看成具有自主发展能力的独立个体,通过"大任务""小任务",以具体任务为线索,使每一个参与者明确目标、看到希望,并通过对一个个分解的学习任务的完成提高自信心,在"做事"的过程中激发学习主体自主探究的动力和兴趣;通过与其他成员的"面对面的协商"合作解决问题,促进教师与学前儿童的合作、学前儿童与学前儿童的合作,实现大量的自由交往和充满感情的全部人格的互动(交流),最终达成学前儿童的学习自治。其最大的优势在于使学习主体成为学习主人,在合作与探究的环境中实现学习主体的自治,即自我选择、自我规划、自我监督和自我评价。这种音乐教育课程的本质是一种"不断激励儿童自我发展追求的连续的经验体"。在这样的班级中,教师和学前儿童共同经历、共同体验、共同感悟和共同成长。

3. 教师自主发展

要想实现师幼在课程中的共同成长,需要教师改变自己对学前儿童和对学前儿童音乐教育的认识,教师要看到学前儿童对自己生命成长的存在价值,把握学前儿童音乐教育对师幼双方生命成长的实现价值。当教师将学前儿童看成自己生命活动的伙伴、将音乐教育看成自己与学前儿童生命"共同成长"的途径时,音乐教育就不再是一种简单的"知识灌输和生产的场合",而是教师以信任为前提、以期待和聆听为基本形式的生命的相遇与对话。支持自主的教师是音乐活动的规划者、学前儿童自主学习的促动者,同时是其自身生命成长的行动者。

二、相关概念阐释

（一）自主性

综合国内外研究成果，自主性可以理解为人的生命本质属性，具有以下特征：其一，自主性是人之为人的本质属性，对其进行定义应包括个体独立选择、承担责任、主动调整等维度。其二，每个人都具有自主性发展的潜在可能，特定个体总是处在不同自主性层次上。其三，自主性不是一意孤行的任性行为，个体自主性同时受到社会性的影响。自主性是个体在一定历史条件下对人与自然、人与人的关系的认识与行为抉择。其四，自主性内隐于心、外显于行，具有反思控制的特点。从学会选择到学会负责，是个体自主性发展的核心。其五，自我实现是人的自主性发展的高度体现。

（二）自主学习

自主学习在这里特指学前儿童在音乐教育中的自主学习情况，是学前儿童基于自身发展需要而对音乐学习进行自我选择、自我规划、自我控制、自我调节的综合学习过程。受社会认知学派心理学家 Zimmerman 自主学习研究框架的启示，结合研究资料编码的结果，研究者从过程性考察的角度，将自主学习的特征概括为四个方面：学习内容的自我选择、学习任务的自我规划、学习行为的自我控制、学习结果的自我调节。学习内容的自我选择是指学前儿童不受他人干扰，独立地表达个人的音乐学习意愿，包括价值取向、自我目标和自我效能感等。学习任务的自我规划是指学前儿童对完成音乐学习任务的计划和预知，包括时间计划与管理、学习策略选择和环境支持等。学习行为的自我控制是指学前儿童为完成音乐学习任务所付出的意志努力，包括行为控制、自我延迟满足等。学习结果的自我调节是指学前儿童基于对当前音乐学习效果的评价而产生的学习行为调整，包括个人归因、选择榜样、根据需要寻求帮助等。受个体差异及年龄特点的影响，不同年龄的学前儿童，其自我选择、自我规划、自我控制、自我调节能力的发展存在差异。

三、基于自主学习的音乐课程构建

音乐活动有多种表现形式，基于自主学习的幼儿园音乐课程也有着多种实践形态。在研究与实践的过程中，我们发现创意戏剧能较好地融合多种音乐表现形式，并符合学前儿童喜欢想象创造的天性，因此我们以基于自主学习的学前儿童音乐教育的特征为依据，以戏剧元素为载体，综合歌唱、舞蹈、器乐等艺术活动经验，并向语言、社会、健康等多个领域延伸，整体构建了基于自主学习的幼儿园音乐课程。基于自主学习的幼儿园音乐课程是基于自主学习的幼儿园音乐教育的一种实践形态，其总体设计体现了支持幼儿自主学习、促进师幼共同成长的价值取向。基于自主学习的幼儿园音乐课程以共享音乐、共同成长为目标，以多维整合与生活渗透的学习经验为内容，其课程组织强调开放性、对话性、自主性原则，课程评价注重多元价值和过程导向，通过开放学习时空结构，建立对话的师幼关系，支持幼儿合作、自治，促进幼儿自主学习、自主成长。

（一）师幼共同成长的课程目标

基于自主学习的幼儿园音乐课程将幼儿在园生活看成他们生命的自然展开，在这个以幼儿为主体的生命展开的活动中，教师和幼儿之间的地位平等，教师以一种了解幼儿、能有效支持幼儿自主学习与成长的高级榜样的身份与幼儿互动。因此，使教师和幼儿同时成为体验音乐、享受音乐的文化社区中的成员，使音乐教育成为教师和幼儿自主学习、主动参与的愉快的游戏之旅，促进师幼双方在音乐学习中共同成长，便成为基于自主学习的幼儿园音乐课程所追求的目标。所谓"共同成长"，是指在共同参与的自主学习过程中，教师和幼儿能品味到艺术化的生活方式，形成一种趋向音乐的自主积极的人生态度，并用积极乐观的态度享受自己的生活。在基于自主学习的幼儿园音乐课程中，教师和幼儿通过自主学习，不断积累音乐学习经验，体验人际交流乐趣，尝试迎接挑战，独立完成任务……共同获得多方面的成长。简言之，教师和幼儿在基于自主学习的幼儿园音乐课程中学会做人、学会学习、学会做事。

1.学会做人：爱的能力成长

对学前儿童而言，音乐舞蹈实践是他们的生命表达与交往游戏；对幼儿园教师而言，音乐教育既是他们倾听和呵护学前儿童生命的重要形式，又是他们自己充满诗意的生命活动。在班级生活中，对教师和学前儿童的生命体验而言，爱和归属是基本需要；对学前儿童而言，爱和归属是获得爱的需要得到满足。学前儿童与成人一样，希望与他人建立一种充满感情的深厚关系，希望得到他人的爱。在学前儿童那里，受到老师的关注、和小朋友一起行动，都是让他们快乐的事情，因为这些过程增强了他们"获得爱"的体验。在获得爱的需要得以满足时，学前儿童还积极地倾向于"给予爱"，如在音乐活动中主动帮助同伴、向老师发出爱的信号，或者进入情境，对音乐作品情境中的弱小角色给予同情，等等。在学前儿童眼里，和小伙伴一起玩音乐游戏是最开心的事，他们乐于参与音乐活动，很容易进入音乐情境。与教师完成任务的活动需求不同，学前儿童并不急于学习音乐、追随音乐，而是先享受音乐带来的自己与他人相互欣赏、相互开放的交往乐趣。对教师而言，同样需要从音乐教学中感受"付出爱"和"获得爱"的快乐。因此，基于自主学习的幼儿园音乐课程将音乐学习作为师幼共同经历的"爱"的生命体验，要求教师将满足自己和学前儿童的情感需要作为重要前提，在引导学前儿童自主学习的过程中，通过眼神、动作、语言等，不断向学前儿童传递爱的信息，帮助他们敞开心怀，大胆表达，彼此接纳，彼此关爱，通过角色扮演的自主活动感受爱、获得爱和付出爱。

2. 学会学习：自主学习音乐

基于自主学习的幼儿园音乐课程将音乐学习看成师幼愉快的游戏之旅，尊重学前儿童的独特性，给予他们丰富的情感体验和表达通道，耐心等待每个学前儿童"本能的缪斯"自然析出。这样的音乐教育必然要消解过去幼儿园音乐教育对学前儿童活动时间和空间的限制，允许每个学前儿童有自己感受和体验作品的时间，允许每个学前儿童对作品有不同的认识和理解，并且毫无保留地接受他们表达自己理解作品的方式。而教师则应用自己的音乐爱好打动学前儿童，在与他们共同接触音乐的过程中，支持他们自主学习，帮助他们发展真正独立的自我，而不是雅斯贝尔斯所批评的那种"我们中的自我"[①]。教师对学前儿童的音乐学习不再有特权，成为他们音乐学习的合作者、参与者和引导者，而不是决定者。教师要给予学前儿童音乐学习的选择权，引导他们设定学习目标，自我规划学习进程，寻找学习策略和方法，在此过程中，师幼双方通过对话和协商来解决认知冲突，形成彼此相互理解和相互支持的学习格局。作为愉快的游戏，课程实施过程向师幼双方开放，允许不同，鼓励创新，使教师和学前儿童对彼此充满期待和信任，也使新的学习不断生成。学前儿童通过游戏进入儿童文化，实现共生交流；教师通过游戏理解和接纳儿童文化，在支持自主学习的教室里，真正的儿童文化得以产生，真

---

① 凯兹. 与幼儿教师对话：迈向专业成长之路[M]. 南京：南京师范大学出版社，2004：88.

正支持儿童文化的音乐教育得以实现；每个学前儿童的积极参与使儿童文化的独特性和多样性得以保存和创新。学前儿童通过不断扩大的音乐游戏世界，基于自主学习的音乐游戏为其创造了越来越多的了解、交流、亲近、学习和发展社会性的可能。在一种大胆的、创造性的、无法满足的好奇心的驱使下，学前儿童不断地探索，不停地发现，音乐成为他们生活的一部分，与他们相互赋予意义。他们在接触音乐，也在创造音乐。

3. 学会做事：责任与担当

从教师的角度出发，"共同成长"意味着音乐教育不仅仅是教师传承人类文化，通过各种技巧让学前儿童感受和表达真善美，引领他们不断自我超越的工作任务，更是教师自身感悟幸福，实现自身生命成长的过程；从学前儿童的角度出发，参与音乐学习不仅仅是其在教师引导下接触古今中外优秀音乐作品，认识人类文化的过程，更是他们与同伴、教师相遇，共同享受快乐、温暖、力量、成功，共同成长为具有积极乐观人生态度的人的过程。具有这种人生态度的个体在任何时候都能追求真善美，敢于负责任，在面对邪恶势力的时候有担当。"共同成长"是实现教师与学前儿童幸福生活的需要。对教师来说，学前儿童是其发挥社会作用、实现社会价值的关键因素。在幼儿园度过的每一天，都是教师和学前儿童互为依存的生命历程，是他们生命的自然延长和实实在在的展开。如果这种展开过程充满发现新奇的热情、充满分享交流的感动、充满自我超越的快乐，则这个音乐学习过程将会带给师幼生命成长。充满成长感的生命是自主的、向上的、热情的、使人年轻且有活力的，持久的成长感则带来个体的幸福感。因此，对个体的幸福生活而言，教师和学前儿童在幼儿园度过的每一天都应该充满生命热情，实现生命成长，否则将影响教师自己和每个学前儿童个体的生命质量。

"共同成长"意味着教师和学前儿童"一起做事"。因为只有教师将自己的生命和学前儿童的生命联系在一起的时候，教师自己才会成为一个主动的探索者，才会研究学前儿童的需要、发现学前儿童的问题和困难，也才会在和学前儿童"一起做事"的过程中，丰润彼此，共同成长。基于自主学习的幼儿园音乐课程就是要创设教师和学前儿童"一起做事"的、支持学前儿童自主学习的音乐教育环境，激发教师和学前儿童个体不断自我超越的内源性动力，促使他们在向着"完整生命成长"目标努力的过程中不断挖掘自身潜力、不断超越现实和实现自我。师幼双方通过生成音乐学习内容，丰富角色扮演经验，创造戏剧表演条件，展示戏剧演出魅力，从而在音乐学习中自我选择、自我规划、自我控制、自我调节，其自主学习、自主发展的意识和能力不断增长。在融入音乐学习的过程中，不论教师还是学前儿童，每一个个体都选择自己认可的价值，通过与音乐的对话，与同伴的对话，在音乐的学习活动中满足自己生命成长的多种需要，并向更高一层级发展。这种满足需要的过程，是个体朝着既定目标努力的过程。为了自己选定的目标，个体愿意付出努力和牺牲。在这个过程中，个体发现了自己的能力，自信心因此增强，身心愉悦。跟随音乐的活动成为一种享受，一种带给个体流畅感和愉悦感的心灵焕发过程，从而达到马斯洛所说的伴随审美等活动产生的高峰体验，即"自我实现"。

（二）融合多种学习经验的课程内容

为促进音乐学习的综合性，基于自主学习的幼儿园音乐课程借鉴了创意戏剧这种综合艺术活动形式。创意戏剧是一种教育戏剧，是儿童戏剧的一种类型，属于非正式的即兴戏剧活动，是学前儿童自发性戏剧扮演活动的延伸。基于自主学习的幼儿园音乐课程通过在课程实施中运用创意戏剧的一些技巧，鼓励学前儿童运用肢体、语言和动作扮演各种角色，在故事情境中感受和理解角色行为，体验角色特点，形成积极的自我认知，不断建构新的自我，从而改变当前幼儿园歌唱、舞蹈、打击乐器演奏等音乐学习经验割裂的局面，更好地恢复音乐的综合性，帮助学前儿童获得连续的音乐学习经验，使其"本能的缪斯"更好地导出。基于自主学习的幼儿园音乐课程以戏剧为载体，使学前儿童在故事的指引下明确自己的学习目标，学习与他人交往和管理自身行为，更好地激发他们音乐学习的兴趣，有利于他们自我意识和社会性发展。在参与扮演游戏的过程中，学前儿童不断趋向自我超越。

基于自主学习的幼儿园音乐课程强调学前儿童学习经验的连续性和有效性。在课程内容的选择方面，以《3～6岁儿童学习与发展指南》为指导，既重视按照学前儿童学习与发展的年龄特点、国家有关课程经验的要求，以及地方民族艺术学习经验来选择支持学前儿童学习与发展的关键经验，又重视在学前儿童主动的活动中随时生成新的经验。也就是说，课程内容来自生活，在生活中运用，并及时滋养学前儿童的生活，润泽学前儿童的生命。课程经验的起点呈现为两种方式：一种是以经典童话和绘本为起点的文本经验，另一种是基于学前儿童当前生活兴趣的日常经验。无论哪种经验，都只是开启学前儿童的自主学习，而其学习过程由于有了学前儿童的积极主动参与，有了教师和家长积极有效的自主支持，不断取得新的经验，体现出较大的开放性和连续性。

在课程经验的编排方面，基于建构主义知识观和学习观，基于自主学习的幼儿园音乐课程，强调通过提供支持性的学习环境来鼓励学前儿童自我选择，使学前儿童获得连续的有益的学习经验，强调经验与生活的相关性。以剧本创作作为起点，将学前儿童在幼儿园生活通过"戏剧"加以统整，实现了多维的课程综合与渗透。

一是各领域学习内容的整合与渗透。基于自主学习的幼儿园音乐课程对学习内容的整合策略是围绕戏剧表演任务，深入挖掘各种绘本和故事中的教育价值，综合使用艺术、语言、社会、健康、科学等多领域经验解决音乐学习中的问题，使学前儿童的学习结构与生活结构自然渗透。以《小红母鸡的面包》为例，围绕该舞台剧的演出，学前儿童要通过阅读《小红母鸡的面包》熟悉基本剧情，通过"石头人之舞"等18个小歌舞学习表现角色形象，通过舞台布置与演出材料等美术活动为表演提供舞美支持，通过"借面包""与朋友分享面包"等专门的社会活动和渗透整个戏剧游戏过程的社会学习体验角色情感，通过"面包知多少"等健康活动了解角色与面包的关系，通过道具与演员的对应等积累数学经验。这些领域的学习都是随着"演戏"的要求自然地生成和发起的，是学前儿童作为学习主体的行动需要，不是主题之下的拼盘，而是学习内容的有机整合。

二是将集体教学与区角游戏、生活环节有机整合。在这些内容中，有些是通过集体教学进行的，如绘本阅读、集体歌舞的学习、面包健康知识等，更多地向区角游戏和生活环节延伸。学前儿童在表演区复习各种小动物的动作和语言，在美工区分工合作完成演出道具"大石头"等的制作。

三是将幼儿园的学习向家庭延伸。从剧本创作开始，家长就成为教师的合作伙伴，一种基于教师、学前儿童、家长三方平等对话的伙伴关系得以建立。"戏剧游戏启程预告""学前儿童角色心愿单""学前儿童家庭角色体验记录"等，这些来自教师的温馨提示，有效沟通了家长和教师的关系，也使家长和教师双方真正达成共同关注学前儿童生命成长的共识。

基于自主学习的幼儿园音乐课程贯穿幼儿园一日生活。从晨间活动开始到午间活动、晚间活动，从领域教学、主题教学到户外活动，从区域设置、家长义工、亲子活动到环境创设等，都能够提供与戏剧相关的系列活动，让学前儿童在轻松、自由的环境中学习。

（三）开放、对话与自主的课程组织原则

从戏剧综合艺术的特点和学前儿童自主学习的需要出发，基于自主学习的幼儿园音乐课程通过开放性、对话性、自主性原则，给学前儿童机会生产创意、合作分享、探究思考和感恩担责，从而培养自主学习、自我超越的学前儿童。

1. 开放性原则

所谓开放性原则，是指在学习时空结构上开放，在学习内容上开放，在学习对象上开放，总之，向一切可能引发的学习开放。基于自主学习的幼儿园音乐课程秉持一种开放的态度，通过开放学前儿童音乐教学时空结构，指导学前儿童围绕一定的学习主题自己选择学习内容，自己规划学习目标和学习时间、地点，自己确定学习伙伴并自主发起学习活动。在建构主义课程观的指导下，"教"是教师在充分了解学前儿童的经验、兴趣及现实的活动背景的基础上，引导学前儿童投入活动并获得新经验的过程。因此，基于自主学习的幼儿园音乐课程中，教师的责任不是进行"好的教学"，而是要实现所有学前儿童的学习权利，尽可能提高学前儿童学习的质量。"学"是指学前儿童在多感官的参与下，以操作、交往和体验的形式，不断获得新经验的过程，是外在行动引发内在行动相统一的过程。基于自主学习的幼儿园音乐课程将学前儿童学习视为一种广泛意义上的学习，强调学前儿童的学习过程就是他们通过自己特有的方式与周围环境互动的过程，在游戏和日常生活中进行。学前儿童的学习以直接经验为基础，通过直接感知、实际操作和亲身体验进行，学习的重要结果是获取经验。

在基于自主学习的幼儿园音乐课程中，学习任务由学前儿童自由选择，并且不预先给予进度规定，而是根据学前儿童具体选择和执行的情况来决定进度。开放的教学时空结构观不再追求单位时间的工具性学习效率，而是将学习的时间和空间向生活延伸——在将学前儿童在幼儿园全天的生活看成一个整体的同时，还将学前儿童每一天的生活看成一个连续体。在时间上，学前儿童从绘本阅读→剧本创作→分角色体验→联排表演，需要经历一个较长的时期，相关学习必然从集体教学延伸到区角游戏直至日常生活环节，及至家庭生活。这种打破学习时间和空间的学习任务安排，使音乐真正融入学前儿童的生活，也使他们在生活中随时随处可以呈现自己的音乐感受和生命状态。

基于开放性原则，结合当前幼儿园音乐教育中教师高控制的现状，

基于自主学习的幼儿园音乐课程强调"给学前儿童机会生产创意",鼓励学前儿童大胆想象创造。语言表达是音乐学习中的重要环节。学前儿童的音乐感受和体验需要通过语言的表达得以确认和强化。教师鼓励学前儿童说出自己对剧本的想法、对角色的认识、对自己参与表演的想法、对如何使表演继续或进行下去的想法等。"让学前儿童说"是一个层次,"让学前儿童自己说"则不仅意味着给予学前儿童语言表达的机会,还要教师具有理解学前儿童学习特点、尊重学前儿童表达能力的视野,意味着教师要耐心等待"学前儿童说"。因为每个学前儿童表达的方式和角度都是有差异的,但都有自己存在的理由。教师对每个学前儿童的创意都应给予充分的肯定与信任。因此,在基于自主学习的幼儿园音乐课程中,学前儿童想说就说,想演就演,随时随处,身体的规训被解放,时间的限制被放松,生命活力得到绽放。

2. 对话性原则

所谓对话性原则,是指教师将学前儿童视为音乐学习主体,通过引导与教师、同伴、家长平等交流与对话,促使学前儿童自我决定、自主行动。对话是自由教育的前提,也是培养学前儿童自主性的重要基础。学前儿童在对话中反观自我、认识自我,在交流与沟通中理解他人、接纳他人。在基于自主学习的幼儿园音乐课程中,教师与学前儿童、学前儿童与学前儿童、教师与家长、教师与同事之间是平等信任的伙伴关系,这就使行为主体彼此之间的对话得以产生。只有具有对话能力的教师才能有效引导学前儿童与各类主体对话。对话能力是自主支持教师的核心能力,意味着教师要清楚地明白教师、学前儿童、家长这些角色在学前儿童生命成长中的意义和价值,并能够站在各种角色自身的角度看待教育情境中的音乐学习行为,从而悬置自我,换位思考,在尊重与信任的前提下与之更好地沟通。基于自主学习的幼儿园音乐课程通过营造交往各方平等对话的氛围,使班级具有家庭般的存在感与安全感,是学前儿童在班级中敞开自我,在交流与沟通中理解他人,在协商与合作中接纳他人,从而展现生命的活力。基于对话性原则,结合当前学前儿童音乐教育中教师高控制的现状,基于自主学习的学前儿童音乐课程强调"给学前儿童机会合作分享",重视鼓励学前儿童表达想法和意见。学前儿童的兴趣是不稳定、善变的,在创意戏剧游戏进行的过程中,他们随时会产生新的想法,这些想法也许会使表演更为丰富,也许会改变剧本的进程。当学前儿童有了自己的想法时,教师的态度是在表演的时间和内容上给予他们空间,允许他们按照自己的创意进行。

3. 自主性原则

对学前儿童来说，自尊来自被有特殊意义的人所爱、所接受、所重视。[①] 基于自主学习的幼儿园音乐课程将学前儿童看成有能力的学习者，其最终目标是要培养自主的学前儿童。因此，课程设计与组织均强调自主性原则。

所谓自主性原则，就是强调学前儿童的学习自主权，重视通过教师自主支持来创设容纳性的环境，支持学前儿童自我选择、自我规划、自我控制、自我调节，进而使他们实现自我超越。罗杰斯强调容纳性的环境对学习者的重要性。他认为，儿童在这种环境中的自我意识以及成长发展更顺利、更健康。这种容纳性环境以儿童为中心，尤为重视儿童情感。在学习环境中为儿童提供自主选择能增强幼儿学习动机，促使儿童自我超越。"自己编，自己演""小任务，大进步"是课程实验组教师对课程实施模式的高度凝练。这种模式以"合作"开启，以"自治"为运行保障，在引导学前儿童完成一个个自由表演、自由创作的"小任务"的基础上，通过班级自治、学习任务与管理自治，促使学前儿童在不断自我超越的过程中获得自尊、自治和自我实现。

（四）"层级递进"和"高激励"的课程实施策略

在不断探索的过程中，教师通过实践行动不断发现问题，反复进行尝试，探索出多种具有针对性的自主学习支持策略。

1. 以"学习需要研究"为基础的任务分析策略

基于自主学习的幼儿园音乐课程促使学前儿童自主学习的目标达成，是以对学前儿童多种音乐学习与发展需要的研究为前提的。在研究学前儿童音乐学习需要的基础上，通过完成"小任务"的学习任务分析和连续累加的激励策略帮助学前儿童自我规划、自我控制，学前儿童获得连续成长的完整经验，便成为课程实验的重要特色。基于自主学习的音乐活动开启的时候需要计划，而这个计划是由教师和学前儿童共同协商确定的。教师引导学前儿童在计划中将学习目标分解到每一天，确立好每天的活动目标，什么时间内要自己去单独练习，并在最后给予学前儿童一个集体观摩、分享和评价的时间。因此，在开启每天的幼儿园生活之始，学前儿童已经清楚自己今天的学习任务了。"全班一起演戏"是所有学前儿童达成共识的事情。要实现这一愿望，需要班级之中每个人的辛

[①] 埃利奥特，西尔弗曼. 关注音乐实践：音乐教育哲学[M].2版.北京：中央音乐学院出版社，2018：110.

苦付出和努力。"全班一起演戏"这样一个共同的"任务"无形之中把教师和学前儿童联结为一个学习共同体,这一"任务"中有外在显性的学前儿童能够直接感知结果,即最后的舞台表演,它由一个一个的"小任务"组成。从说出一句台词,到用动作表现角色,再到随着音乐表演,最后到化装正式演出,在此过程中,学前儿童通过不断完成"小任务"来享受支配物体的快乐,享受个体的"我"通过努力完成一件一件的"事情"带来的幸福感,来获得自我满足,从而体验到"我"是有用的、能干的个体。所以,学前儿童愿意表演,愿意制作道具,愿意参加集体活动。将外在的、需要教师调动的学习兴趣内化为学前儿童内在的学习需求,是支持自主学习的音乐课程最大的魅力。

2. 以"自我超越"为特征的反思学习策略

基于自主学习的幼儿园音乐课程注重通过反思引导学前儿童进一步明确学习目标和学习任务,检视自己的学习行为和学习策略,在此基础上,引导学前儿童控制自己的行为,调整不适宜的学习策略,在更好地完成任务的过程中,培养他们的自我控制能力和自我调节能力。在音乐教育活动开启之前、之中、之后,教师经常会通过直接提问或情境提示的方法,引导学前儿童对自己的学习计划、学习策略、学习态度、努力程度以及学习目标达成度等做出反思,并引导他们在反省的基础上自我评价,如果发现问题,就及时解决,帮助他们不断总结、提高。借用"专家外衣"引导学前儿童反思,是实验班教师常使用的策略。教师改变过去那种"无所不能"的权威形象,将"专家的外衣"交给学前儿童,请他们站在"专家"的角度帮助教师思考问题和解决问题,收到了意想不到的效果:活动前,教师请学前儿童"专家"告知活动目标;活动中,教师针对活动中的困难和问题请学前儿童"专家"提出解决办法;活动后,教师请学前儿童"专家"评价学习情况……在"专家的外衣"之下,教师退位,学前儿童自主,以"觉知问题→寻找策略→解决问题"为步骤的反思性学习产生了,作为"专家"的学前儿童主动控制自己的行为,为了维护高级榜样的形象而自我延迟满足,以反思为特征的自我发展追求彰显。作为主动的学习者,学前儿童通过不断的自我探究、与同伴合作以及自我反思,在矛盾与争论中、在讨论与协商中学习表达愿望、分享快乐,学习评价自己和他人的学习策略,不断积累新的学习经验,并不断调整自己的学习方法与策略,从而获得成长。

3. 以"协商互助"为特征的合作学习策略

基于自主学习的幼儿园音乐课程以合作开启,以自治为运行保障,在引导学前儿童完成一个个自由表演、自由创作的"小任务"的基础上，通过班级自治、学习任务与管理自治，促使学前儿童在不断自我超越的过程中获得自尊、自治和自我实现的成就。学前儿童需要与同伴合作、与教师合作、与父母和家人合作。这些合作最初可能由教师开启，但随着游戏的进程，学前儿童的自主意识不断增强，主动寻求合作伙伴，并从简单的合作解决具体问题发展至合作构思这样一个包含复杂环节的行动（如海报创作），随着合作的深入，共同体开始组建。合作的过程伴随着协商与争议，而学前儿童在争议中妥协、认同、学习控制情绪并最终达成一致。

（五）"价值多元"和"过程导向"的课程评价标准

以生命成长为首要价值的基于自主学习的幼儿园音乐课程注重课程实施对师生生命成长的多元价值，并关注课程实施细节，关注课程实施过程中发生在学前儿童与学前儿童之间、学前儿童与教师之间、学前儿童与家长之间的生命交往与互动实践，因此，其课程评价以教师和学前儿童共同的生命成长为标准，围绕学前儿童的自主学习，其课程评价体现"价值多元"和"过程导向"。

1. "价值多元"：让每个学前儿童都成为"小约翰"

当生命成长的价值成为课程的首要价值之后，一种基于"多元价值"的课程评价观被确立。基于自主学习的幼儿园音乐课程在评价教师和学前儿童参与音乐学习的效果时，不再秉持一种割裂的音乐教育价值观，仅仅关注音乐知识技能，或者仅仅关注学前儿童低层次的高兴情绪，也不再秉持一种功利取向的音乐教育价值观，唯知识技能至上，而是尊重每个学前儿童的独特性，关注每个学前儿童对音乐学习活动的理解，重视其在原有基础上所获得的以自主性为核心的积极人格的发展。这样的课程评价观可使幼儿园的音乐学习像大众广场舞那样，高度包容每一个个体的差异，促使他们在不同的基础上获得自主成长。用教师的话来形容，就是"让每个儿童都成为'小约翰'"。小约翰是《米格爷爷鞋匠铺》中的男主角，他光着脚丫来到米格爷爷的鞋匠铺，用自己辛苦积攒的一点点钱，请求米格爷爷为他光脚的妈妈做一双鞋。小约翰是一个自我控制、克己奉献的为他人幸福担责的儿童，他的形象代表了儿童所具有的真、善、美的集合体。教师"让每个学前儿童都成为'小约翰'"的呼声，彰显了支持自主学习的音乐课程对音乐学习价值的积极人格成长导向。在这种导向之下，一个任性的学前儿童通过参与创意游戏学会了体谅他人，我们就认为他的学习是有价值的；一个羞怯的学前儿童通过角色扮演锻炼了胆量，敢于表达了，在其中获得了成长，我们也认为他的学习是有价值的。当评价的标准多元之后，我们就不再将"音乐"当成鉴别和诊断学前儿童艺术能力的工具，而是作为支持学前儿童成长的载体。这种多元的学习发展价值，既让教师看到每一个学前儿童的独特与不可替代，也让家长从各个角度真正认识了自己的孩子。

2. "过程导向"：将每个细节都作为成长的契机

基于自主学习的幼儿园音乐课程同时秉持一种"过程导向"，强调"将每个细节都作为成长的契机"。这种课程评价观使教师不再仅仅关注自己预设的目标，常常置眼前的学前儿童于不顾，也不再使教师为了追求课程所谓"看得见"的结果而强化训练。在关注过程的评价观的指导下，发生在学前儿童学习过程中的每个细节都能进入教师的视野，研究学前儿童当前学习与发展的需要也就成为教师思考与交流的热点话题。教师重视在不同的戏剧游戏阶段激发学前儿童的创意，注重发挥每个课程实施环节的作用，课程评价也因而重视学前儿童作品收集和活动行为观察记录。教师通过随时随地地收集活动照片、学生作品、观察记录等动态资料，具体感知每一个学前儿童在课程游戏中的成长。在关注过程的课程评价理念指导下，基于自主学习的幼儿园音乐课程强调通过课程实施真实地促进学前儿童每一天的生命成长。过程导向的课程重视学前儿童对每一周具体学习任务的认知与理解，重视学前儿童在每一个学习细节中的成长，同时重视教师为支持学前儿童的自主学习而付出的努力，以及家长作为幼儿园重要的合作伙伴作用的发挥。

第二节　"体验式、情境化"学前儿童音乐教育模式

一、"体验式、情境化"学前儿童音乐教育的理论基础

（一）联觉理论

联觉理论认为，人们将来自听觉、视觉、触觉、味觉、嗅觉等不同感官通道刺激形成联系的能力称为联觉，这种能力对音乐知觉和理解的作用是不可忽视的。音乐除了表现自身结构的意义之外，还能表现音

之外的对象，如情绪性、视效性对象。3～4岁的儿童已经具备对音乐表现的理解能力，这一能力随着年龄的增长而逐渐加强。①

基于这一理论，一方面，幼儿园音乐教师要引导学前儿童关注上述五种音乐元素发生变化时所引起的音乐表现对象变化；另一方面，也要在音乐即兴和创造环节中，激励学生通过改变其中一些元素，体会随之而来的音乐形象的变化，进而感受审美的差异。因此，音乐教学模式的程序设计也应充分利用这一理论，将音乐形象与生活中的事物相关联，逐步引导学前儿童产生音乐的联想与想象，让他们在音乐情境中感受音响特征，关注音乐的发展。

（二）期望理论

期望理论中所描述的音乐是随着时间的推移逐渐展开的，欣赏者不断形成对即将到来的刺激（如乐音、和弦、节奏和休止等音乐要素）所产生的期望。② 音乐教师对学生的引导不能仅停留于关注音乐整体和要素上，而应启发学生关注那些能够激起期望的核心要素和关键点，使学生乐于去寻找音乐中引起情绪轮转的线索，进而增强音乐的审美感受。除此之外，音乐中的速度和力度的变化也是产生期望的重要因素。当它们的变化叠加时，往往预示着音乐情绪将要发生变动。从音乐审美教学的角度看，这些都应当成为教师在音乐课堂教学中挖掘的重点。近代音乐认知心理学的研究同样认为，音乐修养水平比较高的人，在欣赏音乐时，可以通过内隐性操作来达成期待的满足。而缺少音乐经验的人，只能通过外显性操作达到期待的满足。而欣赏主体期待的不断满足，则对提升欣赏热情起到催化作用。因此，只有欣赏主体期待的不断满足，才会产生欣赏热情，产生积极主动的欣赏行为。

依据期望理论，在设计学前儿童音乐教学模式的操作程序时应充分调动学前儿童对音乐发展的期待，让教师与学前儿童能够共同去听、去模仿、去体验音乐的乐趣，发现音乐中的"闪光之处"。教师与学前儿童共同以欣赏者的身份对音乐中即将到来的"惊喜"产生期望，进而激发学前儿童在音乐中不断探索的热情。

（三）达尔克罗兹的体态律动教学理论

达尔克罗兹音乐教学体系以体态律动作为其核心教学内容。他认为，

---

① 蒋存梅.音乐心理学[M].上海：华东师范大学出版社，2016：185.
② 许卓娅.欣赏活动[M].2版.南京：南京师范大学出版社，2016：3.

儿童主要通过身体或动作表现其对音乐的情绪的理解，并通过律动的形式表达自身的音乐感受。而关于音乐教育的目的，达尔克罗兹认为，应将引导学生体验音乐的情绪、理解音乐审美过程作为教育的根本目的。并且，他还将节奏感知作为"儿童自然发展"教学观的重点，提出：儿童的身体发展规律和特点在节奏之中，让儿童在贴近其现有生活经验的教学内容里获取直观的音乐体验。

依据这一理论，体验式的学前儿童音乐教学模式应当能够充分调动学前儿童的身体，让其通过身体或动作的表现理解音乐的情绪，表达自身的音乐感受。但学前儿童学习律动是一种循序渐进的过程，教师在教学活动的设计与内容安排上也应充分贴合学前儿童动作的发展，从而真正做到让学前儿童在节奏里获得最自然的发展。

（四）建构主义教学理论

建构主义教学理论最早由瑞士心理学家皮亚杰提出。他认为，儿童在与外界相互作用中逐渐建构自己的知识，从而适应环境。学前儿童的认知结构在与环境相互作用的过程中进行建构。因此，在这一教学理论中，学习是学习者在原有经验的基础上，主动、积极地进行意义建构的过程，其认知受到原有经验、文化背景的支持和限制。[①] 教学也不再是被动地接受、模仿与灌输，而应提倡弘扬学生的主体性、主动性。

建构主义教学理论还强调了学习的情境性，认为情境是经验建构的土壤，学习如果离开了情境，建构出来的意义就毫无生命力。因此，在建构主义教学观引导下的教师，应当改变传统教学中主导者的身份，转变为学生学习的引导者、合作者。作为"助产士"，教师准确把握学生的认知特点，创设适宜的学习情境，使师生双方处在一个和谐的共同体之中，充分调动学生的兴趣与学习潜能。

因此，建构主义教学理论也为解决幼儿园音乐教学重模仿轻表达的现象提供了有力的理论支持。而作为以提升学前儿童音乐素养为目标的教学模式同样应依据建构主义的教学理论，不论是从教学模式的程序设计，还是应用过程中的活动设计与实施都应体现以学前儿童为主体的教学思想，让学前儿童在原有经验的基础上，主动、积极地提升音乐素养。

---

① 桑新民.建构主义的历史、哲学、文化与教育解读[J].全球教育展望，2005, 34（4）：50-55.

二、相关概念阐释

20世纪80年代,美国组织行为学教授大卫·库伯率先提出了体验式学习的理论,并认为体验式学习是一种学习过程而非学习结果,是持续的过程而非暂时的瞬间,是适应环境并与环境不断交互作用的过程,是一个极具创造力的过程。[①]

由此我们可以看出,体验式教学强调的是教师需要通过创造与教学内容相关的情境,让学习者能够充分以自我为中心进行自主学习,并在此过程中将个人理解和个人经验进行建构,进而产生具有个人感知与理解的学习过程,这与传统教学观中强调以教师为中心进行知识的传递是不同的。

关于情境教学,《教育大辞典》中将情境教学定义为:"运用具体生动的场景以激起学生主动学习兴趣、提高学习效率的一种教学方法。"邵小佩认为:"幼儿园情境教学以思维为核心,以情感为纽带,通过各种符合幼儿心理特点和接近生活实际的真实情境的创设,巧妙地把幼儿的认知活动和情感活动结合起来,促进逻辑思维与形象思维协调发展。"[②]

三、"体验式、情境化"学前儿童音乐教育模式的应用

(一)在歌唱和乐器演奏型音乐活动中的应用

歌唱与乐器演奏作为学前儿童音乐教育的主要内容,其相同点都是教师教授学前儿童表现旋律、节奏、力度、音乐、结构等音乐要素。但相对律动对学前儿童声带和手部肌肉的控制能力要求较高。由于在行动的准备阶段,研究者在对幼儿园学前儿童音乐素养的评价中了解到,幼儿园学前儿童对歌唱更为擅长。为方便教师初步学习、运用该教学模式,所以将此类型音乐活动作为研究的开端。

(二)在律动型音乐活动中的应用

律动与音乐的联系非常紧密。音乐产生于时间和声音空间,律动则存在于时间和现实空间。尽管律动也可以发展出戏剧和体育的要素,但

[①] 石雷山,王灿明.大卫·库伯的体验学习[J].教育理论与实践,2009,29(10):49-50.

[②] 邵小佩.幼儿园情境教学模式构建[J].天津市教科院学报,2008(1):61-62.

在学前儿童律动教学中，教师要注意将律动体验的重心放在音乐学习上，并且应当把律动的学习贯穿学前儿童音乐学习的整个过程中。学前儿童随着音乐自由地律动是他们的天性，但一旦他们长大，有了较强的自我意识，就会认为身体随音乐舞动是愚蠢的，甚至和同伴一起律动会感到"尴尬"。为避免这一现象的产生，教师应让学前儿童的活动集中于特定的音乐和律动上，引导其持续地学习下去，这样就会发展出对音乐时间和声音空间的高度敏感性及其他的素质。[1]

（三）在音响探索型音乐活动中的应用

音响探索是认识音乐、表现音乐的一种特殊方式，它能发展并加深学生对音乐的理解，是学习音高的概念、扩展音色认知以及增加音乐感的良好方法。学生对音响的探索，也是一种令人愉悦的演奏练习过程。幼儿园常用的乐器包括鼓、节奏棒、铃鼓、响棒、沙槌、三角铁、小镲、钢片琴等，还有一些自制乐器，如水瓶、桶等。学前儿童在掌握乐器的基本演奏方法之后，在乐曲中探索什么情况下用节奏乐器奏出小节中的拍子或重拍、奏出旋律的节奏或特殊的伴奏音型，通过这一过程，学前儿童的音乐想象力和鉴别力也将得到进一步增强。[2] 同时，教师也应当引导学前儿童尝试用同一种乐器探索出不同种演奏方法。

（四）在"听赏"型音乐活动中的应用

"听"这种音乐体验渗透于作曲、演唱、演奏、指挥音乐活动中，就其本身来说，听音乐是一种愉快的体验。然而，有理解的"听"却需要时间进行学习。在学前儿童音乐教育中，教师让学前儿童在活动中单纯地听音乐是无效的，因为教师没有考虑到学前儿童理解音乐所需要的时间，也没有考虑为学前儿童熟悉音乐作品做出相应计划。学前儿童一般需要分出10或15个阶段去听，才能做到真正理解音乐作品。实际上，他们被音乐吸引后，会不断地要求再听，这种对音乐的了解和珍视，才是音乐学习的真正目的。依据戈登幼儿音乐教学的"听赏"理论，重点通过"听赏"来了解新音乐的活动，可以根据不同的理解程度，采取若干种形式，如可以通过律动或强化视觉形式，也可以通过故事的带入，使音乐的表现要素变

---

[1] 比尔.体验音乐：美国音乐教育理念与教学案例[M].杨力,译.北京：人民音乐出版社，2009：59.

[2] 韩宝强."想象力比技巧更重要"：介绍一种培养儿童音乐创造能力的方法[J].人民音乐，1992（1）：28-29.

得适于听，不论如何最后总是结束于听的体验上来，这个过程可以延续若干天完成。但是教师需注意，不能过分强调"听"音乐的重要性，听的过程必须是主动的，不断地用各种方式，引导学生去感受和理解音乐中的细微之处和联系，逐步让教师和学前儿童爱上"听"音乐。①

四、"体验式、情境化"学前儿童音乐教育模式的相关建议

（一）教学内容的整合应基于学前儿童音乐素养

音乐是抽象的艺术，教师会因幼儿音乐学习程度的不同，对其进行不同层次的解构与分析，进而设计出不同的教学活动。这也就造成了有些教师对音乐分析太过浅显，找不到音乐所具有的教学内容，或者想要教学前儿童某方面内容却找不到与其相匹配的音乐，这些都是教师在应用该音乐教学模式时存在的问题。

1.以审美为导向选取音乐

教师选取用来教学的音乐最重要的一点就是"美"，只有"美"的音乐才能启迪学前儿童的心灵。但教师对音乐的"美"，却是仁者见仁，智者见智，对"美"的标准不同，选择的结果也会不同，究其根本，就是要考察这首音乐能否经得起时间的检验。一些流行且传唱度非常高的音乐，因其结构简单易学，歌词重复率极高，教师认为学前儿童喜欢，便循环播放这类音乐。需要注意的是，学前儿童在生活中完全能独立学习这种音乐，不需再专门为其设计一节音乐活动，因此教师要防止因音乐素材选用不当而造成学前儿童音乐审美的停滞不前甚至倒退。

教师在确定音乐素材之后，可以根据音乐核心素养的三大方面对音乐中的教学内容进行分析。只要选用的音乐能从情感特征、结构、旋律、节奏、曲式等不同角度进行解构，并且能从中提炼出极具价值的教学内容、学前儿童音乐审美与体验的重点，各类型、各民族的音乐都可以作为音乐教学的素材。教师也可以选用具有明显音乐审美特点的音乐来激发学前儿童的音乐兴趣，使学前儿童能够在各类风格鲜明的音乐作品中，了解音乐文化差异，提升对音乐的感知与理解能力。

2.善于从学前儿童生活中汲取音乐教学内容

奥尔夫音乐理论认为，音乐教育的目的是培养人自觉接受音乐，捕

---

① 比尔.体验音乐：美国音乐教育理念与教学案例[M].杨力，译.北京：人民音乐出版社，2009：85.

捉生活环境中的音响，提高学前儿童对周围环境敏锐的观察力。因此，对音乐教学内容的选择不必局限于音响，还可以扩展到对周围环境的观察。例如，在教学活动中，教师可以利用"划船"中稳定的动作规律，引导学前儿童体验《小白船》中3/4拍节拍规律。教师同样可以利用自然现象，如下雨时和学前儿童倾听与分析雨滴落下时的声音特点，下雪时听脚踩在雪上的声音等。

依据音乐心理学中的联觉理论，对学前儿童来说不仅音响，而且学前儿童生活中的"大怪兽""花仙子""冰雪女王"，让嘴打转儿的绕口令，这些都能作为音乐教学内容的依托。例如，本研究中教师与学前儿童一同为《约克和吉尔》的故事伴奏，在不断尝试中探索符合故事情节的音色、节奏和旋律。在本次研究结束后，教师还设计了一节利用学前儿童对《西游记》中人物想象的已有认知，与学前儿童一起讨论"三打白骨精"可以用什么乐器进行表现的活动。随着音乐学习的更为深入，教师还可引导学前儿童给不同的角色编排旋律。在这一过程中，教师和学前儿童一同通过乐器演奏将对神话故事的想象变为"现实"。

3.依据学前儿童音乐学习顺序编排教学内容

学前儿童在音乐活动中需要将音乐当作一个整体进行感受，通过不同的体验方式，对音乐进行认识和理解。这就要求教师按照学前儿童音乐学习的顺序，有重点地对旋律、节奏、结构、力度、音色、曲式和风格等概念进行理解。例如，在研究"重点学习律动"音乐活动中，教师按照"探索原地和空间律动—节奏型—拍子—音区—速度"的顺序，引导学前儿童在不同活动中分别对节奏、节拍、音区、速度等概念进行理解。但需要注意的是，这些概念的学习不是循序渐进的，而是相互促进、互为补充的，这样学前儿童对音乐的认知才是整体而又全面的。

（二）教学方法的运用应依据学前儿童音乐学习方式

教师在使用教学方法时应先考查学生学习某一音乐内容的学习方法，再运用该方法进行教学。同样，在幼儿园中进行音乐教学也要先观察、思考学前儿童学习某一音乐内容的方法。笔者在对教学活动进行观察分析中发现一些教师在应用教学方法时存在一些问题，如单纯地使用训练法，只为使学前儿童娴熟地掌握某一技能，过度地运用讨论法，让学前儿童说出对音乐天马行空的想象而逐渐偏离教学目标。因此，教师需要运用适宜的教学方法指导学前儿童的音乐学习。

1. 在"听"中体验音响表现力的方法

一名优秀的音乐学习者，他的音乐欣赏能力要高于他的音乐实践能力。如果一名音乐学习者的音乐体验仅局限于表演或作曲，而没有欣赏，那么他学习音乐将毫无意义。解决这一问题的关键就是进行"听"的练习。那么仅让学前儿童"听"就可以了吗？笔者通过对教师的教学活动的观察发现，学前儿童音乐教学中常采用"先讲后听""多讲少听"的教学方法，这一方法严重违背了学前儿童"听"音乐的感知规律。还有"正襟危坐专心听音乐"的方法同样阻碍了学前儿童通过身体反应建立音乐体验的过程。

依据联觉理论，正确的"听"是引导学前儿童感受自己对声音的反应，从感受音响之间大而明显的差异到逐渐感受小而细微的差异。例如，在引导学前儿童感受音高时，不能从对比二度与三度音程的差异开始，而应该从对比自然界中"鸟鸣"与"狮吼"这种比较容易感受到的高低声响开始；在《小白船》表演活动中，教师引导学前儿童通过感受手臂上下挥动幅度理解音乐的渐强与减弱等方法，逐步提升学前儿童对音响的洞察能力，在对比中建立音高的概念，提高幼儿音乐分析能力。

2. 在"律动"中体验平衡与创造的方法

"律动"，即身体对韵律所做出的动作反应，是人们在音乐中体验"回归自然""找回失去的平衡与和谐"的重要形式。但幼儿园音乐教学中的"律动"常常是"做规定的动作并配以音乐"，使得"律动"变相成为"舞蹈动作训练"，学前儿童在此过程中没有因音乐而产生动作反应，只有"和老师做的一样"。这样的教学方法不仅不能提高学前儿童对音乐的感知程度，还会严重影响学前儿童对音乐学习的认识。教师需要意识到，"律动"是学前儿童"听"后身体的自觉反应，是音乐在学前儿童身体上的外化表达。同时，学前儿童在律动中发挥想象力，在音乐与动作两个不同符号系统之间进行模仿。在教学方法上，教师可以引导学前儿童模仿声势动作，如"拍手"感受较复杂的节奏声部，"跺脚"感受节拍的重音，用"走"感受四分音符，用"跑步"感受八分音符。在本研究中，教师则通过引导学前儿童表现"小兔被猎人追赶"，感受八分音符的急促。但需要注意的是，对学前儿童来说，这种动作的模仿应当是游戏式而不应是操练式的，教师在此过程中应当着重引导他们通过"听"来调动身体，逐步使动作融合于音乐，进而逐步培养他们的内心听觉。

3. 在"重复"中体验成功的方法

反复练习是学前儿童学习的一种重要手段，在对他们的行为进行观察时我们会发现一些有趣的现象,他们时常重复自己新学的话,有时把搭起来的积木推倒重来,他们在这一过程中不只是"炫耀"我会了,也是在不断的挑战中感受"重复"所带来的成功体验。因此,教师可以利用学前儿童在"重复"中对音乐发展的期望,平衡学前儿童音乐教学中学过的内容与新内容,在鼓励学前儿童发挥创造力的同时,也不能忽视"重复""模仿"对学前儿童音乐学习的必要性。

(三)积极探索音乐教学模式的新变式

对一个教学模式的应用,教师需要树立一个辩证的观念,应当意识到不论何种教学模式都有其适用与不适用的情况存在,这就意味着不能将一个教学模式的操作程序"生搬硬套"在所有教学活动中,要求教师在教学理论的指导下对教学过程及时反思,从学前儿童音乐活动兴趣、教学目标的达成程度以及教学模式各环节的衔接是否流畅等方面考查教学模式操作程序的适宜性。

1. 依据音乐教学形式与内容对操作程序进行适宜的调整

教师在教学模式一定的情况下,对操作程序依据教学需要进行适宜的调整,如应用"体验式、情境化"幼儿园音乐教学模式组织以"歌唱为主要内容的活动"时,由于一般儿歌都有明显的角色或主题,就可以"情境创设"作为开端。教师需要注意的是,学前儿童能够顺利地演唱需要以"歌词"作为基础,如果直接让他们跟唱,他们会因为听不清歌词、旋律而降低学习效果,所以在"情境创设"时潜移默化地让他们了解歌词的内容,在他们与教师的交流中初步记忆歌词,进而为后面的"审美感受"与"角色体验"中更好地感受歌曲的旋律与节奏做好铺垫。但以学习律动为主要内容的活动中,教师则可以减少"情境创设"这一步,因为律动更多的是身体的感受,教师过多讲解并不利于学前儿童体验音乐,所以对这类活动则可以"入'境'准备"作为开端,让他们在这一过程中由浅入深地体验音乐,为后面主要内容的学习做好铺垫。

2. 依据学前儿童实际音乐素养水平对操作程序进行适宜的调整

教师在对学生音乐素养水平较为了解的基础上应用教学模式,并在教学过程中依据学前儿童对音乐教学内容的掌握情况及时调整教学模式的操作程序,充分利用活动时间,激发学前儿童的活动兴趣。依据当代建构主义教学理论,学前儿童需要积极主动地建构音乐知识,并且音乐体验的形式与内容在学前儿童"最近发展区"之内,因此各操作程序在实际应用时不能超出学前儿童的实际音乐素养水平,也不能低于学前儿

童的实际音乐素养水平，而选用略高于学前儿童的音乐素养水平，他们能通过自己的努力获取音乐知识、发展音乐能力，达到"跳一跳摘桃子"的效果。

例如，学前儿童在歌唱活动中，教师如果发现学前儿童在教学过程中没有达成"掌握音乐旋律"的目标，那么在最后则可以减少"为旋律填词"的环节。因为在旋律没有被掌握时，即兴创编对学前儿童来说与其现有素养水平差距较大，应当在学前儿童熟练掌握旋律并能对原旋律进行准确的哼唱时，再引导学前儿童进行即兴创编，这样才能达到让学前儿童"体验创新"的效果。

（四）通过研培活动提升教师的音乐专业素养

教师是对学生影响最为直接的人，一举一动都被学生观察着、模仿着，教师的音乐表现直接影响着学生音乐概念的形成。在对本研究的活动观察记录中发现，相比单纯的播放音乐音频，学前儿童在教师的歌声中更容易投入音乐中，因此教师规范其音乐行为是十分必要的。

1. 严格而深入的听觉训练

由于大部分幼儿园音乐教师是非音乐专业出身，对音乐技能的掌握不扎实，常出现音不准、速度不稳、情感不饱满等问题，跟着伴奏就能进行演唱，离开伴奏后常出现"跑调"的现象，这也使得教师不能在音乐活动中自如地演唱，因此学前儿童对音乐的感受也就不够直观。教师可以通过用钢琴反复校对自己歌唱录音的方式来提高音准，并且用视唱练耳等听觉练习提高对音高、节奏的敏感度。另外，幼儿园还可以通过教师间定期进行合唱练习，在分声部的演唱中，提升教师音准与对和声概念的认知，也能有效扩展学前儿童音乐教学的内容。

2. 专业音乐教师定期进行授课与指导

幼儿园应设置音乐教学设备齐全的音乐教室，同时请专业的学前儿童音乐教学顾问与幼儿园音乐教师共同配合，每月为学前儿童组织 2～3 次音乐活动，其余时间则可由幼儿园教师独立负责教学。这样在保证音乐教学内容系统而又专业化的同时，也能保证幼儿园教师学习到专业的音乐教学，为培养学前儿童的音乐素质打下坚实的基础。

第三节 游戏化学前儿童音乐教育模式

一、游戏化学前儿童音乐教育的理论基础

(一) 学习动机理论

奥苏伯尔认为,成就动机是指向学习行为的主要动机,并将成就动机分为认知内驱力、自我提高内驱力和附属内驱力三种形式。认知内驱力指向学习内容本身,学习者根据已有经验对活动内容产生了兴趣,想要获得知识产生的内部动机,这取决于活动本身的刺激程度;自我提高内驱力指向学习者的个人能力,学习者认为自己能够通过努力获得知识并得到提升,这取决于活动的难易程度;附属内驱力指向外部的态度,如学习者为获得肯定或避免惩罚而产生的学习动机,这取决于教师如何有效利用奖惩。[1] 基于以上理论,对幼儿园教师的启示体现在三个方面:一是为学前儿童提供符合学前儿童已有经验的、具有趣味性的活动内容;二是在了解学前儿童发展水平的基础上,为学前儿童制定难度适宜的活动任务;三是重视对学前儿童的反馈,强调积极评价,合理利用奖励机制。

马斯洛在解释动机时强调了"需要"的作用,他认为所有的行为都是有目的的,这种目的来源于某种需要,正是因为"需要"才会产生"动机"最终引发"行为"。他认为人有七种需要,即生理需要、安全需要、归属与爱的需要、尊重的需要、求知的需要、美的需要和自我实现的需要,只有满足前四种"匮乏性需要",人才会去追求后三种"成长性需要"。要激发学前儿童的学习动机应先满足学前儿童的基本需要。为更好地激发学前儿童的学习动机,幼儿园教师要保障学前儿童的基本需求得到满足。基于学前儿童的发展特点,幼儿园教师应做到以下几方面:一是为学前儿童创设安全的物质环境以满足学前儿童的安全需要;二是为学前儿童营造自由民主的心理环境以满足学前儿童归属与爱的需要;三是充分尊重学前儿童的主体性以满足学前儿童的尊重的需要。

---

[1] 陈琦,刘儒德.当代教育心理学[M].2版.北京:北京师范大学出版社,2007:216.

（二）游戏的觉醒理论

觉醒是指中枢神经系统的机能状态，其与两个因素有关：一是外部刺激或环境刺激，二是机体的内部平衡机制。觉醒理论认为，外部刺激是觉醒的重要源泉，当外界刺激作用于感觉系统的时候，感觉系统会对刺激进行分析，如果刺激与过去的感觉经验不一致，那么主体的觉醒水平就会增高，随之带来紧张感。然而，身体内的中枢神经系统有维持最佳觉醒水平的要求，所以当觉醒水平因外界刺激高于个人已有经验时，主体就会采取一定的行为方式来降低觉醒水平，这个行为就是学习。[1] 基于这一理论，幼儿园教师应充分了解学前儿童的已有经验，并在此基础上适度地增加刺激，激发学前儿童觉醒水平的提高，并促进他们产生学习行为。

二、相关概念阐释

音乐教学游戏化是音乐教育与游戏相结合的产物，是促进学前儿童全面发展的途径。幼儿园音乐教学游戏化不仅仅是将音乐游戏简单添加到音乐教育活动中，而是真正将游戏精神融入音乐教学活动，使游戏因素渗入活动中。游戏化成功的关键不在于外部的游戏形式，而在于是否能使学前儿童在学习活动中占据主体地位，能否使他们真正产生以兴趣性体验、自主性体验、胜任感体验为主要成分的游戏性体验。基于此，幼儿园音乐教学游戏化界定为在音乐教育活动的设计与实施过程中增加可利用的游戏因素，使得学前儿童在活动过程中获得游戏性体验，并通过主动学习获得自身发展。

三、游戏化学前儿童音乐教育的特点

（一）游戏化的环境

音乐教学游戏化强调学前儿童的"学"，对教师"教"的任务就是创设能够激发学前儿童主动学习的环境和在学前儿童主动探索的过程中给予支持。基于马斯洛需要层次理论，幼儿园教师需要以满足学前儿童安

---

[1] 郑名.觉醒游戏理论对幼儿园多媒体教学的启示[J].电化教育研究，2005（11）：67-69.

全、归属与爱、尊重的需要为前提,创设充满自由民主的心理环境和安全合理的物质环境。幼儿园教师应尊重学前儿童,把学前儿童当作完整的人,一个能够积极主动地建构经验的学习者,重视学前儿童在音乐教学游戏化活动中的主体地位。给予学前儿童思想和行为上的自由并不代表无规则的约束,游戏的重要特征之一就是规则,音乐教学游戏化是以游戏的方式开展的一种音乐教育活动,学前儿童可以在一定的规则之下进行自由探索。每一个学前儿童都有游戏的权利和学习的机会,幼儿园教师需要尊重学前儿童的个性化和差异性,给予每一个学前儿童发展的机会,只有在保证公平的前提下,学前儿童才会感受到被尊重,主体性才会得到发挥,所以幼儿园教师应给予学前儿童均等的游戏机会。另外,有研究表明游戏场地的人群密度影响着儿童的游戏行为。音乐活动是动静结合的活动,需要在保障安全的基础上为学前儿童提供充分合理的空间。最后,创设能够激发学前儿童主动学习的环境,除了满足学前儿童基本需要之外,还需要给予他们一定的外部刺激。为激发学前儿童主动学习音乐的动机,将音乐元素巧妙地融入环境创设中,使他们自主地发现音乐,并产生主动学习的意愿。

(二)合理的活动目标

非游戏活动游戏化的根本目的是使学习活动主体化[①],音乐教学游戏化的目的是以游戏的方式开展活动,使学前儿童通过主动学习获得发展,活动目标应充分体现音乐教学游戏化主体性的内涵。音乐教学游戏化强调的是以学前儿童的"学"为主的"学习活动",而不是以教师的"教"为主的"教学活动",所以活动目标的制定是以学前儿童的现有水平为依据,并根据学前儿童整体的发展阶段和要求预设一个目标范围,为学前儿童创设一个科学的发展空间,也就是最近发展区。既然是以学前儿童主动学习为根本目的,那么教师就不能以学前儿童的学习结果为活动目标,所以音乐教学游戏化的活动目标是重过程轻结果的。

(三)趣味性的活动内容

音乐教学游戏化主张活动内容由学前儿童自主选择,是真正符合儿童兴趣的,具有生活性、生成性、趣味性的特点。学前儿童是通过与周围环境相互作用来建构经验并获得发展的,幼儿园教师应充分尊重学前

---

① 刘焱.儿童游戏通论[M].福州:福建人民出版社,2015:461.

儿童学习的特点，基于学前儿童已有的经验，选择和学前儿童生活息息相关的活动内容。为充分体现学前儿童的主体性，幼儿园教师可以根据学前儿童在活动中表现出来的兴趣和需要选择活动内容，善于发现他们的兴趣所在，抓住绝佳的教育机会。另外，基于学习动机的理论，幼儿园教师在选择活动内容时还应考虑趣味性，要为学前儿童提供新颖的、丰富的外部刺激，以激发学前儿童主动学习的动机。

（四）充分的活动准备

活动准备包括两方面，即物质准备和精神准备。音乐教学游戏化的教学环境具有多样性、开放性的特点，这就要求幼儿园教师能够根据不同音乐活动形式的特点，调整活动环境以辅助活动的有效开展。另外，具有教育性、音乐性的活动材料是学前儿童进行音乐教学游戏化的物质基础，一方面，学前儿童需要通过音乐器材来认识音乐，并在使用材料的过程中贴近音乐；另一方面，学前儿童需要通过适量的游戏材料来激发参与活动的热情，保持参与活动的注意力。觉醒理论强调了外部刺激的重要性，而恰到好处的刺激需要以学前儿童的已有经验为基础。因此，幼儿园教师不仅要重视对学前儿童已有经验的观察，不能忽略对他们进行一定的经验铺垫，而且要充分尊重学前儿童差异性和个性化的特点，保证每个学前儿童都能在活动中得到发展。

（五）生成性的活动计划

活动计划的设计有两种模式：一种是强调教学的计划性和目的性，以教师精心安排设计的教案为主要依据的预成性模式；另一种是强调学前儿童的主体性，以他们的学习兴趣和需要为依据，以他们的学习过程为主的生成性模式，音乐教学游戏化的活动计划倾向于后者。生成性模式是指教师在与学前儿童的互动过程中察觉到学前儿童的学习兴趣与需要，并根据这种兴趣与需要，引导和支持学前儿童展开相应的学习活动，帮助他们建构有关的学习经验。[①] 当然，生成性模式并不是完全没有目的性和计划性，而是幼儿园教师只对活动目标和内容范围整体的把控，不对活动过程进行细节的设定，如果把每个活动环节的细节都清晰地制定出来，那么教师在活动过程中会不自觉地被教案牵引，学前儿童则逐渐成为被动的参与者，活动也失去了应有的灵活性和适宜性。

---

① 刘焱. 儿童游戏通论[M]. 福州：福建人民出版社，2015：425.

（六）自主的活动过程

音乐教学游戏化活动的成果取决于活动过程，然而活动过程成功的关键不在于活动外在形式的游戏性和趣味性，而在于活动主体的情感体验，也就是说，学前儿童的游戏性体验才是检验音乐教学游戏化是否成功的标准。游戏性体验包括自主性体验、兴趣性体验、胜任感体验、幽默感、驱力愉快，其中自主性体验、兴趣性体验、胜任感体验是不可缺少的基本成分。[①] 幼儿园教师在活动过程中应注重与幼儿间良好的师幼互动，减少对幼儿的直接干预，给予幼儿充分的自主。在活动中，幼儿园教师应根据幼儿的需要来调整自己的角色定位，即树立灵活多变的教师角色。当幼儿需要教学材料时，幼儿园教师是提供者；当幼儿需要帮助时，幼儿园教师是引导者；当幼儿需要教师参与时，幼儿园教师是幼儿的伙伴。

（七）全面的活动评价

活动评价的有效开展有利于促进幼儿园教师充分认识、评价幼儿的发展，有利于幼儿园教师通过自我反思不断提升自我专业素养和教学能力，有利于学前儿童音乐教学游戏化活动的积极发展。适时地开展全面有效的活动评价是音乐教学游戏化不可缺少的一部分。传统的活动评价主要是对幼儿展开终结性评价，通常是表演所学内容，然而音乐教学游戏化对活动评价提出了新要求，强调幼儿在活动过程中的动态发展，所以要求幼儿园教师实施动态评价，在活动过程中对幼儿的观察进行详细的记录，最终形成一个纵向的幼儿发展档案袋，呈现出幼儿各方面的发展。幼儿家长可通过档案袋直观地了解孩子的发展阶段和水平，幼儿园教师也可通过对幼儿发展的记录，发现存在的问题，并有针对性地组织幼儿开展相关活动。

四、游戏化学前儿童音乐教育的应用

（一）提升幼儿园教师的专业素养

柯达伊曾说："一个歌唱教师要比一个歌剧指挥重要得多。因为一个蹩脚的指挥只会令听众失望（即使一个好指挥有时也会如此），但是一个

[①] 刘焱. 幼儿园游戏教学论[M]. 北京：中国社会出版社，2000：73.

糟糕的教师会在整整30年内将30个班级的学生对音乐的热爱统统扼杀掉。"[1] 幼儿园教师的专业素养影响幼儿认识和学习音乐的积极性，音乐教学游戏化要求幼儿园教师具备的专业素养包括正确的教育观念、基础的音乐素养、专业的教学能力等。

1. 加深幼儿园教师对音乐教学游戏化的理解

幼儿园教师是实现音乐教学游戏化的"主力军"。在传统的教育观念中，游戏与教学处于分离状态，而随着教育学理论的不断发展，幼儿园教师对教学游戏化在观念上存在普遍认同，但对教学游戏化的具体内涵在理解上存在不足。教学游戏化是为实现"幼儿园以游戏为基本活动"而存在的，其倡导游戏与教学的关系应是相互交融的，教学活动以游戏的方式开展，游戏的内容离不开教学目的。音乐教学游戏化的目的是促进幼儿在音乐教学活动中主动学习，实现音乐教学活动主体化。实现音乐教学游戏化不是将音乐游戏"加入"教学活动，而应将游戏活动的要素"渗入"音乐教学活动，使音乐教学活动游戏化。正确理解音乐教学游戏化的前提就是正确处理游戏与教学之间的关系，切忌走极端，音乐教学游戏化是想寻求音乐教学活动和游戏活动相互交融、幼儿主体性和活动目的性相互平衡的理想状态，不倡导为了过分追求游戏活动的自由性而忽视教学活动的教育性，反对不顾幼儿发展特点和需要而单纯把游戏作为教学手段的做法。

2. 重视对幼儿园教师音乐素养的培养

音乐教学活动具有专业性、创造性、开放性等特点，这就要求幼儿园教师不仅需要具备扎实的教学能力，还需要具备一定的音乐素养。幼儿园教师的音乐素养需要从以下几方面获得提升：

其一，尊重幼儿园教师的个性化和差异性，有针对性地组织音乐培训。每一位幼儿园教师在音乐素养上都有所长也有所短，我们要规避片面鼓励幼儿园教师发挥长处而放弃短板或一味强调短板而不发展长处的两个极端，应当全面关注幼儿园教师的特点，取长补短。在调查过程中，笔者发现幼儿园音乐培训内容存在单一化的倾向，音乐培训变成了专门的技能培训，这样不仅无法促进幼儿园教师音乐素养的全面发展，还在潜移默化中导致幼儿园教师对音乐素养构成的片面认知。根据当前幼儿园教师音乐素养的现状，其在音乐理论知识、音乐技能上存在不足，幼儿园园长和管理人员应当根据不同教师的不同需求组织音乐培训，如此

---

[1] 曹理.普通学校音乐教育学[M].上海：上海教育出版社，1993：88.

才能使幼儿园教师的音乐素养获得有效提升。

其二，丰富幼儿园教师音乐学习的途径。随着信息化的发展，音乐在我们的生活中可以说无处不在，幼儿园教师学习音乐和接触音乐作品的方式越来越多，如电视、电影、广播、音乐剧、音乐软件以及与音乐相关的公众号等都可以是幼儿园教师进行音乐学习及获得音乐资源的途径。只有在热爱艺术、亲近音乐、多感受、多欣赏的过程中，幼儿园教师的音乐价值观和音乐能力等内隐性的音乐素养才会获得提升。而幼儿园园长和管理人员应当尽可能为幼儿园教师提供丰富的音乐知识，拓宽其音乐视野，如在幼儿园群或者公众号中定期推送与音乐相关的内容，可以是音乐理论知识、优秀音乐作品、音乐鉴赏文字，也可以是优秀音乐教学游戏化案例等，让幼儿园教师的音乐学习不局限于线下的集体培训，将音乐学习渗透幼儿园教师的日常生活中；还可以组织幼儿园教师走进音乐会，让他们在接触高雅音乐的过程中，潜移默化地提升其音乐素养。

其三，定期对幼儿园教师的音乐素养进行评估。随着时代的发展，社会对幼儿园教师专业能力的要求也越来越高，音乐素养作为其中之一难免会被幼儿园教师忽视或者因倦怠而搁置，但幼儿园教师音乐素养的高低对学前儿童音乐学习的质量有着密切影响，所以幼儿园教师音乐素养的提升不可懈怠。音乐素养中内隐性的素养需要通过个人感悟和实践积累获得提升，而外显性的素养却是需要通过实践练习获得提升。对外显性的音乐素养，如音乐技能、音乐理论知识、音乐教学能力，可以将其可视化，定期组织音乐技能评估，给予幼儿园教师一定外部压力，促使其完成练习以获得能力提升；另外，还可以定期组织音乐教学游戏化交流，以公开课的形式展开，并伴随教师的专业探讨，互相答疑解惑。在评估后，幼儿园教师要跟进自己的学习情况，如此形成一个正向的循环，促进幼儿园教师获得音乐素养的提升。

（二）增加幼儿园音乐教学活动设计的游戏因素

幼儿园以游戏为基本活动就是要以游戏活动的主体性活动为中心，把这种主体性活动的主动性、独立性、创造性的特征呈放射状扩散到教育活动体系中的所有活动上去，按照主体性活动的特征和要求来设计与组织幼儿园的教育活动，使主动性、独立性和创造性成为学前儿童在幼儿园所有学习活动的特征。非游戏活动游戏化的前提是从游戏活动中提取可利用的游戏因素，使之与非游戏活动有机结合，使学习过程积极化。[①] 在音乐教学游戏化活动设计环节，幼儿园教师要尽可能地调动可利用的游戏因素。游戏因素主要包括操作、动机与体验、人际关系、外部条件。根据以上观点，幼儿园教师在活动设计环节应做到创设游戏化的环境，确保活动目标的科学性、活动内容的趣味性以及为幼儿提供丰富的活动形式和方式。

1. 创设游戏化的环境

幼儿园环境是一个包括物质环境和心理环境在内的综合环境，游戏化的幼儿园环境包括自由开放的心理环境和安全适宜的物质环境。

（1）自由开放的心理环境。首先，幼儿园教师应尊重每一个幼儿，把他们当作独立的个体、一个完整的人，重视他们在音乐教学游戏化活动中的主体地位，在尊重他们的基础上，重视自由与平等。幼儿是音乐教学游戏化的主人，幼儿园教师要给予他们自由选择的权利，因为自由选择的权利是游戏的前提和基础，在游戏中，他们是自由的——想玩什么就玩什么，想怎么玩就怎么玩。另外，幼儿园教师应让每一个幼儿获得学习和发展的机会，保障均等的教育机会和游戏时间。其次，幼儿园也应当重视对幼儿园教师自由民主的心理环境的创设，从管理层面来说，应充分尊重幼儿园教师的教育想法，支持幼儿园教师的教育自主权。从教师的合作方面来说幼儿园应营造公开、共享、互助的积极氛围，教师与教师之间不再是单打独斗、相互竞争的关系，而是一个为促进幼儿发展而凝聚的共同体。最后，无论是对幼儿还是幼儿园教师，幼儿园都应重视并尊重个体的个性化和差异性。

（2）安全适宜的物质环境。创设安全适宜的物质环境一是要提供安全合理的空间。有研究表明，游戏场地的人群密度影响着儿童的游戏行为。音乐教学游戏化是动静结合的活动，需要在保障安全的基础上，为幼儿提供充分合理的空间。目前，幼儿园组织音乐教育活动大多在室内，幼儿在进行游戏和律动时经常会碰到别的幼儿，为避免因空间对音乐教学游戏化开展带来的消极影响，幼儿园教师一方面可以充分利用教室的空间，如调整整体格局和桌椅的摆放等；另一方面可以充分利用户外空间，在培养幼儿良好规则意识的基础上，尽可能将艺术与大自然、艺术与生活相结合，让幼儿更多地亲近大自然、贴近生活。二是要提供适宜的活动材料。音乐教学游戏化的活动材料包括游戏材料和音乐材料两部分。为激发幼儿参与活动的积极性，幼儿园教师可以提供幼儿感兴趣的

---

① 刘焱.幼儿园游戏教学论[M].北京：中国社会出版社，2000：293.

游戏材料。首先，游戏材料要丰富多样，这样幼儿就可以根据自身兴趣和需要来选择；幼儿园教师也可以开展不同类型的游戏活动，以达到不同的教育目的。其次，要提供一定的音乐材料，如小乐器、音乐软件、奥尔夫音乐教具等，使幼儿在操作音乐材料的过程中感受、创作、欣赏音乐。最后，需要注意的是，提供材料的数量要适宜，过多的活动材料会分散幼儿的注意力，阻碍音乐教学游戏化的顺利实施，适量即可。

2. 制定合理的活动目标

音乐教学游戏化活动是兼具教育性和游戏性的幼儿园教育活动，活动目标是教师进行教学设计、实施活动过程、组织活动评价的依据，所以为达到预期的教育目的，幼儿园教师要制定正确的活动目标。第一，活动目标要具有科学性。幼儿园教师应根据幼儿的身心发展水平和特点，站在幼儿已有的发展水平上，创设最近发展区，寻求科学的发展空间，有效地达到促进幼儿全面发展的目的。另外，幼儿园教师的活动目标应是循序渐进的，每一个教育活动的目标都是根据总的周目标、月目标、学期目标而来，做到每个教育活动目标都有其独特的教育目的，而不是独立存在的。第二，活动目标要具有游戏性。音乐教学游戏化的目的是促进学前儿童主动学习，所以活动目标应突出学前儿童的"学"。幼儿园教师要从幼儿的角度出发，注重幼儿的情感体验与学习意愿的表述，这就侧面提醒教师在活动过程中要注重幼儿是否主动学习、是否产生愉悦感等。这种以确立目标—实现目标—评估目标为路线的教学设计模式是以"目标为本"的教学设计模式。然而，活动目标的制定并非一定是具体的目标表述，还有关注发展的"状态变化"教学设计模式，在此模式下的活动目标是具有生成性的，活动目标是伴随着活动的展开而不断形成的，这在音乐教学游戏化中也是适用的。幼儿园教师可以将两种活动设计模式相结合，以确保音乐教学游戏化活动教育性与游戏性的相互融合。

3. 选择有趣的活动内容

音乐教学游戏化主张活动内容由学前儿童自主选择，主要体现在学前儿童可以自主决定活动内容，包括自主参与准备和自由选择活动材料等，即音乐教学游戏化的活动内容是具有生成性、开放性、动态性的，是真正符合儿童兴趣的。同时，音乐教学游戏化也是以促进学前儿童全面发展为目的而组织实施的活动，所提供的活动内容要尽可能丰富、全面。选择的活动内容要具备直接经验性、开放性、生活性、创新性和综合性的特点。[①] 第一，幼儿园教师应基于幼儿的直接经验来选择活动内容，这就要求幼儿园教师在一日活动中对学前儿童进行细致观察；第二，幼儿园教师应尽可能选择更为丰富、多样的活动内容，不局限于所处环境，应放眼世界，将国外优秀的、有趣的、适宜的活动内容带给幼儿；第三，幼儿园教师应选择和幼儿生活息息相关的活动内容，帮助他们获得生活经验；第四，幼儿园教师要具有创新思维，每一次的活动内容都应包含新的因素，发展幼儿的个人经验和能力；第五，幼儿园教师应尽可能将五大领域相互渗透，促进幼儿各方面和谐发展，切记不可将各领域的活动相互割裂和独立存在。

（三）重视学前儿童在活动过程中的游戏性体验

游戏性体验是游戏活动不可或缺的重要心理成分，学前儿童游戏性体验的获得成为音乐教学游戏化实施是否具备游戏性的重要标准。以学前儿童为主体，游戏性体验可分为兴趣性体验、自主性体验、胜任感体验（成就感）、幽默感、驱力愉快等，在任何一种游戏活动中，兴趣性体验、自主性体验和胜任感体验都是不可缺少的基本成分。

1. 兴趣性体验的获得

兴趣性体验是一种为外界刺激物所捕捉和占据的体验，是一种情不自禁地被卷入、被吸引的心理状态。学前儿童是否能够产生兴趣性体验取决于幼儿园教师是否能够给予幼儿准确的刺激。现代心理学认为，兴趣的产生来自个体在与外界环境的相互作用中对外界事物的主观评估，而不是真实情境下客观的事件本身。基于此，幼儿园教师应思考两方面因素：一是刺激本身的新颖度，二是刺激要符合幼儿的能力。这就要求幼儿园教师善于观察、发现和积累，能够站在幼儿的角度给予其新鲜的刺激，并且在活动过程中要根据幼儿的反应及时做出调整，使之符合幼儿的能力。

2. 自主性体验的获得

自主性体验是由游戏活动自由选择、自主决定的性质所引起的主观体验，是"我想玩就玩，不想玩就不玩"和"我想怎么玩就怎么玩"的体验。[②] 幼儿是否产生自主性体验取决于幼儿园教师是否在教育活动中恰当地给予幼儿自由和自主权，在不影响教育目的的前提下使幼儿在非游戏活动中获得自主性体验。

从心理学的眼光来看，自主性是个性的一个方面，主要是指独立性

---

① 王秀敏.幼儿园游戏教学研究[J].好家长（创新教育），2019（6）：41.
② 刘焱.幼儿园游戏教学论[M].北京：中国社会出版社，2000：76.

和主动性,即不依赖他人,自己主动负责的个性特征。[①]自主性包括认知上的自主和行动上的自主。认知引导着行动,在行动中获得的自主性或非自主性体验会反馈到认知中,从而形成新的自主性。幼儿园教师应重视以下三个方面的自主性:一是培养幼儿在认知层面的自主性,让他们认识到自己的角色以及在教育活动中的主体地位;二是给予幼儿在行动层面的自主性,给予他们在活动中自由选择游戏、自主学习的机会;三是对幼儿的自主性行为做出积极的反馈,注重在活动中的师幼互动,对幼儿自主学习的行为要给予一定的积极评价,以鼓励和激发幼儿参与活动的积极性。

3. 胜任感体验的获得

胜任感体验的产生在于主体知觉到当前任务与自己的能力之间有合适的差距。在游戏中,由于学前儿童可以自由选择、自行决定游戏的内容和方式,可以通过尝试错误、反复选择找到适合自己能力与兴趣的活动内容和方式方法,不担心失败而招致他人的评判,因此游戏可以让学前儿童获得胜任感(成就感)。

幼儿园教师在活动过程中应注重观察幼儿的反应,充分考虑幼儿的已有经验和能力,如果发现幼儿完成起来较困难,要对活动进行及时的调整,过于困难会使幼儿无法产生胜任感体验。另外,在活动过程中,幼儿园教师应给予幼儿充分的游戏时间和试错机会,允许幼儿在游戏中多次尝试,如果受活动时间限制,幼儿园教师可以加以引导,但不可剥夺幼儿游戏的机会。

(四)注重幼儿园音乐教学游戏化评价的全面性

1. 不同的评价主体

幼儿园活动评价的主体指的是活动评价的实施者,教育行政管理部门工作人员、幼儿园园长、幼儿园教师、幼儿、家长等均可以成为评价的主体。不同的主体评价活动的视角和目的有所不同,所以不同角色的评价主体能够为音乐教学游戏化的评价增添不同的角度,从而更好地促进音乐教学游戏化的发展。

各级教育行政管理部门人员根据《幼儿园工作规程》和当下政策的精神对全国或地区的幼儿园课程进行评价,其目的是评估幼儿园执行国家和地方幼儿园政策的情况,通过行政管理部门工作人员对幼儿园音乐

[①] 乔雪玲. 谈谈对幼儿自主能力培养的探讨[J]. 中文科技期刊数据库引文版教育科学, 2016(5): 91.

教学游戏化的评价，可以从宏观的层面指出相关问题。幼儿园园长的评价是为了了解本园的教育活动实施情况，整体把握本园的教育质量和幼儿园教师的不足之处，以便有针对性地组织师资培训。幼儿园园长应走进教室听课、评课，定期组织幼儿园音乐教学游戏化公开课的展示和讲评活动，积极促进幼儿园教师改进教学设计、提升教学能力，并针对幼儿园教师反映的问题及时给予帮助。幼儿园教师是教育活动的实施者，也是评价的对象之一，幼儿园教师运用专业的学前知识审视教育活动，发现、分析、研究、解决教育问题，了解幼儿的发展水平，发现活动的优点与不足，改进教育活动，从而促进幼儿和教师自身的成长。教师应把幼儿的行为和变化作为重要的评价信息，重视对幼儿在活动过程中的动态评价，不仅可以根据幼儿的发展情况及时调整活动计划，更好地实现音乐教学游戏化，还可以将幼儿的发展可视化，获得幼儿家长的支持。幼儿也可以作为评价的主体参与评价过程，他们通过自己的行为反应和发展变化进行"评价"。家长是幼儿园教师的重要合作伙伴，他们对活动的评价反映着幼儿园对家长需求的满足状况，家长的评价关系到学前教育的生存与发展，所以家长已成为评价教育活动的重要影响因素。幼儿园的家园合作是非常重要的，如果能在音乐教学游戏化中将家长的评价加入进来，不仅能够使幼儿家长了解幼儿在幼儿园的发展情况，更好地促进家园合作，还能使幼儿家长参与到幼儿的教育中，无形中影响家长的教育观念及态度，促进家庭教育的和谐发展。

2. 丰富的评价内容

音乐教学游戏化的活动评价内容涉及学前儿童的"学"与教师的"教"。基于音乐教学游戏化的内涵，评价内容的第一个方面是关于学前儿童的"学"，主要包含学前儿童是否在活动中表现出主动学习的意愿和行为、学前儿童在活动中是否自主选择游戏、学前儿童在活动中的动态发展、学前儿童在活动中呈现的音乐作品。评价内容的另一方面，就是教师的"教"。这里的"教"不仅仅是活动实施过程中的表现，而且是从活动设计到活动评价的综合能力，主要表现在活动的准备、活动目标的制定、活动过程的引导、活动结束后的评价四个方面。

（1）学前儿童的"学"。

①学前儿童主动学习的意愿和行为。学前儿童唯有在获得兴趣性体验的前提下才有可能产生主动学习的意愿，并且只有在活动内容和难度在其最近发展区之内，学前儿童才能够产生主动学习的行为。所以，学前儿童是否产生主动学习的意愿和行为是评价音乐教学游戏化的重要标

准之一。

②学前儿童自主选择游戏。学前儿童在活动中的主体地位能否实现、幼儿园教师的主导作用能否发挥，取决于幼儿园教师对幼儿自主性的重视。幼儿园教师在实施音乐教学游戏化的过程中切忌重形式轻过程，片面地认为幼儿只要是在游戏中就一定会获得愉悦感，实则忽视了音乐教学游戏化的有效性，这不仅会导致幼儿学习动机的下降，还会导致幼儿自主探索能力的降低。如果学前儿童无法在活动中自主支配而是受人支配，则表示在活动中学前儿童没有主体性的地位，也就是音乐教学游戏化实际与传统的音乐教学活动无异。所以，学前儿童是否自主选择游戏是评价音乐教学游戏化的标准之一。

③学前儿童在活动中的动态发展。在音乐教学游戏化中，活动过程就是教学目的，学前儿童在活动中的动态发展是音乐教学游戏化应关注的重点。基于对学前儿童在学习中的观察、尝试、思考等自主探索过程，评价学前儿童在活动过程中情感、认知、创造力、想象力、解决问题的能力、音乐能力等方面的发展，是音乐教学游戏化活动评价的重点。

④学前儿童在活动中的音乐作品。音乐教学游戏化要求体现学前儿童主体性这一具体特点，侧面反映尊重学前儿童个性和差异性的原则。基于此，幼儿园教师应用多元开放的态度评价幼儿的音乐作品。这里的音乐作品不仅指幼儿创编的旋律、节奏等，还指幼儿对音乐的情感表达，教师切忌用成人的标准来评价幼儿。另外，评价不仅观念上需要多元，方式上更需要丰富，然而当前幼儿园教师普遍选择的评价方式就是技能表现，如一场舞蹈表演，或是一首歌曲演唱。幼儿园教师在评价幼儿音乐作品时标准和方式上的单一，都局限了幼儿在音乐教学游戏化中获得的发展。

（2）教师的"教"。

①创设游戏性的环境。幼儿的学习是在与环境的相互作用中进行的，幼儿园教师需要通过对环境的利用和创设来引导并促进幼儿主体性等多方面的和谐发展。游戏性的环境是由宽松、平等、和谐的心理氛围和适宜的物质环境共同组成的。第一，创设宽松、和谐的心理氛围对幼儿学习音乐的主动性有促进作用，这有利于幼儿自信心的建立，所以教师要了解幼儿、尊重幼儿，切忌不合理的批评和限制。第二，幼儿生来具有探索世界的积极性，丰富的活动材料为幼儿提供了感知和探索的物质条件，要想更好地激发幼儿学习音乐的主动性，就应为幼儿创设充满音乐元素的物质环境，如音乐区（角）、乐器、音乐玩教具等。

②制定游戏性的活动目标。音乐教学游戏化的活动目标是幼儿园教师教育行为的依据，如果活动目标重能力的获得，那么必然导致幼儿园教师重结果轻过程；如果活动目标重幼儿的主动学习，幼儿园教师则会重过程轻结果。所以，基于教学游戏化的内涵要求，游戏化的活动目标应内隐于活动过程当中，要通过幼儿的个体发展过程和主题活动来呈现，活动过程即活动结果，幼儿的具体发展即活动的目的所在。

③活动过程中的引导。在音乐教学游戏化中，每个学前儿童都是独立的个体、活动的主体，都具有发挥主体性、发展个性化的需要。第一，教师必须在观念上承认和尊重学前儿童学习与发展的个体差异性，只有在尊重学前儿童差异性的基础上，才能合理安排教学内容、选择教学方式，使学前儿童的学习主体化；第二，教师在活动中要少控制、少干预，多观察、多引导。

④活动结束后的评价。活动评价是音乐教学游戏化活动中必不可少的环节，实施活动评价有利于促进学前儿童的发展。一方面，通过活动评价能够引导学前儿童回顾活动内容，帮助学前儿童加深记忆，重视对学前儿童在活动过程中的评价能够侧面激发学前儿童主动学习、积极参与活动的兴趣；另一方面，幼儿园教师可以通过对学前儿童的活动评价，了解学前儿童的兴趣、发展水平、情感态度等，有利于今后根据学前儿童的实际情况合理地进行活动设计。

3. 多样的评价方式

当前，幼儿园在音乐教学活动中对幼儿的评价方式较为单一，多表现为歌唱表演、舞蹈表演等，这一方面忽视了幼儿在活动过程中的发展评价，另一方面局限了幼儿对音乐表现的认识。幼儿园教师应充分利用信息化的环境，运用多样的方式对幼儿的音乐发展进行评价，如将幼儿创编的歌曲录下来，放置班级平台进行投票比赛；或者将学前儿童在音乐活动中的情感表达记录下来，并制作成册等。这样不仅可以激发学前儿童主动参与活动和学习音乐的兴趣，拓宽学前儿童的音乐视野，让学前儿童真正喜欢上音乐，还可以让家长看到音乐教学游戏化的作用，认可并支持幼儿园教师的工作，更好地促进家园共育、家园合作。

第四节 互动式学前儿童音乐教育模式

一、互动式学前儿童音乐教育的理论基础

（一）交往教学理论

交往教学理论是 20 世纪初德国兴起的一种教学论流派。交往教学理论认为，教学过程是一个交往的过程，是教师与学生通过认知、情感、态度、价值观等中介进行人际沟通与互动的过程。在这一过程中，师生之间的交流是师生互动在教学过程中的结合。[①] 教学活动构建了教师与学生在教学活动中相互作用的多方位、多形式的人际网络。在这个网络系统中，认知与沟通紧密结合，成为一个不可分割的整体。

交往教学理论对音乐互动教学模式的启示有两方面：一方面，在教学中，师幼关系平等。教师与学前儿童应平等沟通，加强教学合作，注重个性发展，培养学前儿童各方面的能力。教学过程是一个交往过程，是一个给予、形成和创造价值的过程。在这一过程中，学前儿童是有生命的个体，在学习活动中，学前儿童是主动参与者。虽然教师与学前儿童在知识、能力和综合素养等方面存在差异，但由于师幼是平等的、和谐的交往关系，学前儿童在自由平等的交往中积极主动、不断地自我提高和发展，从而获得各种能力的发展，而教师不会因为自身的主导优势来强迫学前儿童服从。另一方面，在教学中，教师与学前儿童互为主体。两者的对话、理解和沟通是以与自己互动、交往对象的主动性和自主性为前提的。换句话说，交往意味着交往双方都是具有独立人格的自由主体。而在教学中，学前儿童的主体性发展必须通过合理的交往来实现。因此，教师在教学活动中要营造交往的氛围，发生交往行为，以促进学前儿童的主体性发展。

（二）接受美学理论

1967 年，德国康斯坦茨大学文艺学教授姚斯提出"接受美学"这一概念。20 世纪 80 年代，"接受美学"这一概念传到我国，对我国文艺理论和美学研究产生了重大影响，对我国当代艺术教育有着非常重要的借

---

① 顾明远，孟繁华.国际教育新理念[M].海口：海南出版社，2006：240.

鉴作用。"接受美学"理论对学前儿童音乐互动教学模式的启示如下。

1. 重视学前儿童在音乐教育中的本质地位

"接受美学"理论认为,教育应从"接受者中心"出发,即接受者才是文艺活动中真正的主体。一部文艺作品的历史生命如果没有接受者的积极参与,必将走向死亡。换句话说,只有通过接受者,文艺作品才能在一代一代的接受之链上被丰富和充实,并展示其价值和生命。那么,学前儿童音乐教育要求教师尊重学前儿童个体对音乐的感受、表现和创造,倾听、了解学前儿童对音乐作品的感受和理解,不能以教师的想法、做法替代学前儿童的想法、做法。

2. 了解学前儿童的"期待视域"

任何一个接受者都是在怀着先在理解或先在知识的状态下理解文艺作品的,新的东西之所以能被经验接受,正是建立在这种先在理解或先在知识的基础之上的,这种先在理解就是审美的"期待视域"。学前儿童音乐教育应建立在学前儿童已有经验之上,只有那些既和学前儿童的"期待视域"有交集,能满足学前儿童的需要,又能带来惊喜的音乐作品或形式才能引起学前儿童的兴趣,使学前儿童获得审美愉悦。

3. 引导学前儿童对音乐作品形成自己的认识

"接受美学"的研究者认为,没有与接受者发生联系的作品叫"第一文本",接受者解读以后的作品是"第二文本"。对学前儿童音乐教学来说,"第二文本"就是经过了学前儿童主观的认识和重组,透露着学前儿童的思想感情的作品。"接受美学"认为,经过接受者的领悟、解释,将"第一文本"转化为"第二文本",才算是实现了自己的价值。因此,教师应在"第二文本"上拓展学前儿童音乐教育。

二、相关概念阐释

互动,意为交往、交互,是人与人之间相互作用、相互联系的过程。它把这种作用和联系指向他人,又从对方处获得信息。犹如"互"的字形,这一过程必须是双方完成的,单方是不能构成互动的。另外,互动除了"互"——双方,还必须存在"动"来构成完整的互动过程。教学环境下的"互动"是指"使某一教学主体与其他教学主体和教学环境全面地建立信息、情感、思想、人格等方面的交往关系,以保持教学的活力和培养学生自主活动的能力"[1]。

"互动教学",即以教学环境下的"互动"含义为基础形成的教学方式。简单地说,它是既能充分调动师生"教"与"学"的积极性、提高课堂教学效能的教学方式,又能培养学生情感态度、促进学生主体性发展的教学方式。互动教学对教学进行了三方面的改变:一是将学生的被动学习变为主动学习,提高学生的参与度和意识,鼓励学生发挥他们的学习主体性,使他们通过自己的主动参与、积极思考、自由探索将所学知识转变为内化发展;二是转变教师的教学方式,即由知识传授转向启发引导。教师的教学重点由知识的传授转变为调动学生的学习主动性和启发学生自主、能动地掌握知识这两个方面;三是使"教"与"学"互相效力,充分调动教学过程中的各种交互行为与作用,缩小师生间距离,从而使教学双方达到最佳的积极状态。

三、互动式学前儿童音乐教育模式的特点

(一)双向性

双向性是互动教学模式的一个重要特征。学前儿童音乐教育互动教学模式的双向性主要表现在学前儿童与音乐作品之间的双向流动和学前儿童与教师之间的双向互动。教育必须有一定的信息量,如果教学中没有信息,也就没有所谓的教学内容,教学信息主要是基于受教育者发展的需要。学前儿童音乐教育的信息主要是通过音乐作品来表达的,音乐作品作为一种听觉艺术,不能自我"演说",但并不妨碍作品思想的传达、作者情感和创作意图的流露。艺术是心灵之间的对话活动,因此在音乐作品与学前儿童的无声互动中,产生了经验分享、智慧撞击、心灵契合和理性升华,从而完成了信息的流动。在音乐互动教学中,师幼互为主体,其教学过程是一种交互的影响过程,且是链状的、循环的连续,师幼正是在这样一个连续的动态过程中不断交互、相互影响,从而获得自身发展。

---

[1] 田汉族.教学交往实践:现代教学的本质[J].河北师范大学学报(教育科学版),2000(2):54-59.

（二）开放性

学前儿童音乐教学活动的开展有着明确的目的、内容与预期目标。它是为完成特定教育任务、有目的地进行的，具有组织化特征，但它是开放的。学前儿童的年龄特点和心理特点决定了教学活动的多样性。对音乐作品来说，教师预设的解读往往被学前儿童不同的想法和丰富的想象力打破。教师需要尊重、倾听和理解学前儿童对音乐作品的感受、表现和创造，不能用预先设定的想法去替代学前儿童的想法和实践。随着教学实践、教学观念和教学理论的不断发展，互动教学模式也将不断丰富、创新和发展，教师应根据开放性这一特点，不断改进教学模式，在开放中生成教学活动，使幼儿拥有自由发展的空间。

（三）动态性

互动不是一个机械的、静态的过程。"互"的意思就好比它的汉字结构，像双手握在一起，包含着双方的意义。也就是说，互动必须有两方，单方是不能构成互动的。互动的概念中还要有"动"。因此，互动教学并不总是和谐的，往往存在偶然性和脱轨性。虽然教师可以确定师生互动的性质、内容和形式，但教学过程中互动内容和形式会随着学前儿童的特点、参与程度、环境和内容的变化而变化。师生之间是否存在互动、如何互动，往往是教师事先无法预设的。互动的频率和方式也很难确定和标准化。教师要经常根据学习内容和主题改变互动的内容和形式，根据学前儿童的言语和非言语行为判断学前儿童的状态，及时调整互动的内容和形式。

四、互动式学前儿童音乐教育模式的构建

（一）教学目标

1.通过多种形式的互动，促进学前儿童形成积极的情感态度

音乐学习应成为学前儿童感兴趣的事，使他们对音乐学习形成积极的情感态度，这样才能促使学前儿童在学习中进行知识构建，发挥其主体作用。另外，建构主义提出学习是在与别人的对话和交流中进行建构的。因此，在教学中，师生交往互动成为激活学前儿童潜在智慧的有效形式。教师对学前儿童满怀深情，运用多种有趣的互动形式，帮助他们

树立自信心和培养自尊感，促使他们以最佳的情绪状态投入教学活动。

2.通过参与体验，提高学前儿童音乐素养

音乐素养学习是学前儿童音乐教学的主要内容，包括基本节奏、基本音符的学习。一个缺乏音乐素养的人是无法表达音乐、理解音乐的。因此，通过引导学前儿童体验和参与教学活动，可以帮助他们真正理解和掌握基本的音乐元素，从而提高他们的音乐素养。这不仅满足了艺术教育的需求，还对学前儿童音乐能力的发展具有十分重要的意义。

3.通过实践探索，发展学前儿童音乐能力

学前儿童音乐能力的发展建立在对音乐实践探索的基础上，学前儿童通过音乐实践活动实现体验的内化、知识意义的生成，达到真正意义上的学习。在音乐互动教学中，教师通过给学前儿童提供丰富的实践材料、时间和空间，帮助和引导学前儿童自由探索，在实践中寻求各种可能性的答案，以此来推动学前儿童的音乐感知能力、音乐表现能力和音乐创作能力的发展。

（二）实施流程

1.暖身

在音乐互动教学中，教师只有激发学前儿童音乐学习的兴趣，调动其学习积极性，才能顺利地开展之后的音乐互动活动。因此，暖身环节是整个教学活动的基本环节，是激发学前儿童情感和思维的启动阶段，它会影响后面教学活动的实施与质量。在此环节，教师根据学前儿童的年龄特点和音乐互动教学模式的教学目标，设计简单、有趣的音乐游戏，调动学前儿童的注意力，激发他们的兴趣，让他们主动、积极地参与到教学活动中。例如，教师在《音乐王国里的小精灵》的教学活动中，先和学前儿童玩藏小手的游戏，激发学前儿童的兴趣，接下来过渡到小手童谣"小手小手拍一拍，小手小手挥一挥……"此时学前儿童已经在这个小游戏中玩得不亦乐乎。教师继续引导，让学前儿童的注意力从自己的小手转移到感受音乐速度的快慢上。在整个暖身环节，教师与学前儿童都处于游戏互动的状态，激发了学前儿童对音乐学习的兴趣和主动性。

2.创设情境

创设学习情境不仅能使学前儿童更有效地掌握新的知识和技能，还能使他们更好地体验教学内容中的情感，使枯燥、抽象的知识更加生动、有趣。教师在创设情境的时候，应考虑到学前儿童的已有经验、个别差异、现实的教学条件和教师自身素质，确保教学活动的有序开展。教师应充分激发学前儿童在情境中的想象力和好奇心,搭建有意义的学习桥梁,渲染和营造一种适合学前儿童的学习心理氛围,使学前儿童的注意力高度集中,全心全意享受音乐。

3. 启发学习

启发学习是音乐认知学习的关键。在此环节中,教师要发挥教育机智的作用,启发学前儿童在互动中产生音乐想象,在与教师、同伴、音乐作品和环境的互动中习得音乐知识,提高音乐素养和音乐能力。例如,在《睡着的小音符》的教学活动中,在学前儿童认识四分音符 ta 和八分音符 titi 的基础上,教师创设情境,不仅让学前儿童在轻松的氛围中学习了四分休止符,并且让学前儿童理解了四分休止符的含义。启发学习这一环节对教师的要求较高,教师既要在教学过程中理解、肯定学前儿童的想象,又要引导学前儿童向正确的方向发展。

4. 实践探索

建构主义强调教师要为学生提供体验与实践的机会,通过互动、协作、讨论等一系列活动,使教师和学生、学生和学生的知识与思维可以共享交流,学生在互动中完成对所学知识的意义建构。学前儿童音乐教育并没有对学前儿童音乐技能有很高的要求,但引导学前儿童对已习得的音乐知识进行再创造,并用小乐器进行演奏,让学前儿童成为音乐创造的积极参与者、表演者,从而完成知识的意义建构是非常有必要的。在实践探索这一环节,教师是设计者、帮助者,通过让学前儿童对音乐进行再创造,唤起他们潜在的音乐本能,引导他们去探索,帮助他们掌握音乐学习的内容和规律,使音乐成为学前儿童自发的要求和需要。例如,欣赏课《拉德斯基进行曲》,让学前儿童谈谈对这首音乐作品的感受,教师应尊重、理解学前儿童对音乐作品的解读,并将自己的感受与学前儿童分享,给他们更多的选择,并引导他们分析与发展;在此基础上,让学前儿童与音乐作品进行配器合奏;同时将学前儿童分成4组,与家长合作,进行节奏创编,并选择合适的小乐器进行演奏,最终达到四种乐器、四个声部的合奏。本环节让学前儿童在与音乐作品、同伴、家长的互动中感受美、发现美、创造美、表达美,并将已习得的音乐知识内化、发展,从而达到"能动"的目的。

(三)实施原则

1. 主体性原则

在学前儿童音乐教育互动教学模式中,教师与学前儿童共同构成了教学活动的主体，因此主体性原则应是互动教学实施过程中的首要原则。教师在教学活动过程中充分发挥教学的主体作用，创设适宜的互动情境，发挥学前儿童的主体作用。只有当教育能够促进学前儿童真正成为自己学习和发展的主体时，教育的既定目标才有可能实现，教育的理想效益和最优化才有可能达成。在教学实施过程中，教师遵循主体性原则需要做到以下几点：第一，教师应平等对待学前儿童，尊重他们的独立见解。学前儿童是在主动探索、自由创作、自我表达的过程中发挥其主体作用的，教师应给予学前儿童充足的时间与空间，让他们自主探索、自主学习，鼓励并肯定他们大胆表达自己内心的想法。第二，教师要关注学前儿童的个体差异，尊重他们的个性发展。学前儿童在兴趣爱好、学习习惯、个性特点和发展水平等许多方面都存在客观差异。在教学过程中，教师要关注学前儿童的个体差异，为学前儿童学习主体作用的发挥提供各种可能性，促进他们形成良好的个性品质。

2. 发展性原则

发展性原则是指在互动教学过程中，教师与学前儿童的互动应建立在学前儿童原有基础和能力水平上，以此来促进学前儿童对音乐学习的积极情感态度和音乐能力的发展。在本教学模式中，发展性原则主要体现在两个方面：一方面，教师在组织实施音乐互动教学的时候，应将学前儿童原有的基础水平和发展目标联系起来，无论是教学活动的具体内容还是形式都必须建立在学前儿童的发展水平和已有经验上。比如，在教学活动《认识四分音符》中，教师创设情境，让学前儿童随着音乐逛动物园，模仿动物走路的样子。在这之前，教师需与学前儿童在互动中了解学前儿童有没有相关的知识经验、是否能够完成模仿创编等。因此，互动教学能否顺利进行，学前儿童的音乐学习各方面能否得到显著提高，教师掌握发展性原则是非常重要的。另一方面，学前儿童音乐互动教学应促进学前儿童全面发展，在互动教学过程中不能只关注学前儿童的音乐知识的获得和音乐能力的发展，还要关注学前儿童在身体、情感、个性和社会性等方面的整体、和谐、全面的发展。

3. 动态生成性原则

美国课程论专家多尔认为，课程是通过参与者的行为和交互作用生成的，而不是通过教学计划预先设定的。在后现代主义视野中，教学过程是教师与学生互动、学生与文本互动、学生与学生互动的过程，在这种互动中，学生是处于积极状态的。这样，传统教学中对教学过程进行严密预设的行为就值得怀疑了。因为在教学过程中，各种因素在互动都处于主动积极的状态，因而教学过程中就不存在纯粹的线性因果关系，课堂教学的生成性体现也就在所难免了。① 由此来看，互动教学应是一个动态生成的过程，学前儿童在这个过程中可以实现知识的建构和自我发展的飞跃。虽然互动教学模式是较为稳定的教学范式，教学活动的实施具有整体的计划性，但这并不能限制它的动态生成。另外，学前儿童音乐教育互动教学模式因学前儿童的年龄特点，原本就具有动态性。因此，在互动教学过程中，教师并不是按照预定的教育目标，机械地单线走完整个教学模式的操作流程，而应灵活多变，随时生成新的课堂教育资源。这对教师也有了更高的要求：第一，教师在教学过程中要善于观察和发现新的知识增长点。动态生成并不是学前儿童无目的、自发、随意的活动，而是师生共同学习、共同建构的动态过程。教师要善于观察和发现，引导学前儿童在已有的经验中产生新的知识，通过师幼、幼幼互动进行知识共享、情感交流。另外，教师应倾听并肯定学前儿童的想法，进一步丰富互动内容，促使知识、情感的动态生成。第二，教师应提供丰富的学习信息，创设动态生成的教学氛围。学前儿童知识、情感的动态生成依赖于师幼和谐的互动关系，教师应创设轻松自由、互相启迪、共同发展的教学氛围，给学前儿童提供自由表达的舞台，促使学前儿童新知识的生成和知识体系的建构。

（四）教学实施策略

教学策略是指在教学过程中教师和学生所采用的教学方式、方法、措施的总和。本教学模式的核心是"互动"，要产生真正意义上的互动，需要教师通过教学策略调动学前儿童的学习积极性，让学前儿童在情感上有主动、积极参与教学活动的意愿。同时，教学氛围应轻松活跃，师幼关系应融洽、轻松，教学过程中有可供学前儿童参与的多种形式的活动。由此，根据互动教学的目标和学前儿童的年龄特点，笔者提出以下几种教学策略。

1. 情境创设策略

从学前儿童音乐教学来看，"情境"实际上就是一种以情感调节为手段，以学前儿童的生活实际为基础，促进学前儿童主动参与、整体发展的音乐学习与生活环境。情境创设策略是指从教学需要出发，在教学过程中，教师创设与教学内容相关联的情境来吸引学前儿童的注意力，激

---

① 朱志平. 课堂动态生成资源论[M]. 北京：高等教育出版社，2008：11.

发学前儿童学习的主动性，使其在教学活动一开始就形成良好的互动心向的策略。恰当的情境创设能够激发学前儿童的学习兴趣，吸引学前儿童的注意力，从而使学前儿童积极、主动地参与到教学活动的交往互动中，也易于学前儿童更快地进入音乐的世界。情境创设可通过以下几种方法进行：

（1）环境创设情境。学习环境是学前儿童最直接、最具体的审美对象，教室的环境，教师的仪表、语言、情感等都是构成育人环境的重要因素，正如蒙台梭利所说，教师要给学前儿童提供有准备的环境。音乐教室的环境布置能有效地激发学前儿童的兴趣和学习动机，提高学生的学习积极性，唤起学前儿童的情感，以积极的情感促进学前儿童音乐活动的开展。因此，音乐教学应创设良好的物质环境，如宽敞、明亮的教室，吸引学前儿童眼球的布置，适合活动的场地，等等。另外，教师也需注意自己的仪表、语言、情感等。

（2）故事引发情境。故事情境是学前儿童教学中运用最为广泛的一种情境创设方式之一。学前儿童都喜欢听故事，一个小小的故事情节就会引起学前儿童的注意。教师以故事渲染情境，让学前儿童在故事中进行学习活动，不仅能调动学前儿童对音乐学习的兴趣，还能让学前儿童在互动中提高音乐素养。

（3）表演体验情境。在学前儿童音乐教育互动教学模式中，学前儿童不是被动的听众，而是作为表演者参与其中。根据教学内容，教师要创设表演情境，让学前儿童从事小小指挥家和小小音乐家的活动，体验音乐带来的快乐。比如，学前儿童都喜欢玩小乐器，教师可以通过模仿某一典型情境或截取某一生活片段，让学前儿童担任一定的角色，在情境当中完成小乐器的独奏、合奏、轮奏等，并在即兴创编中，丰富情感体验，发展想象力，培养学前儿童的创造能力。

2. 游戏互动策略

游戏互动策略是指在音乐互动教学中，教师根据教学内容和学前儿童的身心发展特点设计各种游戏活动，通过游戏的形式来激发学前儿童兴趣，提高学前儿童的参与积极性，形成良好的互动教学氛围。以游戏的方式进行学前儿童音乐教育是很多教育工作者所提倡的，对采用恰当而合理的游戏形式进行学前儿童音乐教育仍然是教育工作者不断探索的。游戏性是学前儿童音乐教育的主要特点之一，利用游戏互动策略进行学前儿童音乐教育可以充分调动学前儿童参与学习的主动性和积极性，促进学前儿童主体性发展，使学前儿童形成活泼开朗的个性。

3. 正面管教策略

教师的语言、情绪、态度对学前儿童形成积极的情感态度有很大影响。学前儿童在一个积极和谐的氛围中，树立自信心，增强成就感，这样才会更加愿意参与活动、进行互动、积极学习，因此正面管教策略对学前儿童的音乐学习是非常重要的，也是非常有必要的。正面管教策略是由美国教育家简·尼尔森创立的，其核心理念是不惩罚、不骄纵，温和与坚定并行。它以相互尊重和合作为基础，把和善与坚定融为一体，并以此为基石，在学前儿童自我控制的基础上，培养学前儿童的各项能力。简·尼尔森认为，学前儿童只有在一种和善而坚定的氛围中，才能培养出自律、责任感、合作以及自己解决问题的能力，才能学会使他们受益终身的社会技能和人生技能，才能取得良好的学习成绩。[①] 另外，正面管教策略是以阿尔弗雷德·阿德勒和鲁道夫·德雷克斯的思想为基础的，他们提出应注重发展学前儿童的内在驱动力，在接纳和尊重的前提下，既不惩罚也不骄纵地进行"管教"。正面管教策略要求教师在尊重学前儿童的前提下，时刻以温和而坚定的态度来组织教学活动，以正强化来引导学前儿童的行为，使整个教学过程在正面、积极、轻松的氛围中进行。

4. 综合实践策略

德国作曲家、杰出的音乐教育家卡尔·奥尔夫认为，学前儿童音乐教育不应是单纯的音乐形式，而应是综合性的音乐教育，与运动、语言相结合，通过谈话、运动、玩耍、歌唱和演奏等一系列不断深化的活动来学习一些基本的节奏与音乐词汇。另外，学前儿童音乐学习还应是实践的、必须自己参与的音乐教育，让学前儿童通过接触一些简单易操作的乐器去体验音乐，使其愿意并能够把自己的想法融入音乐当中。在本教学模式中，教师组织音乐教学活动应运用综合实践策略，使音乐与语言、运动相结合，让学前儿童在综合的音乐形式中，运用小乐器进行音乐实践。每个学前儿童都是表演者，教师要引导学前儿童去体验音乐、创作音乐、表达音乐。比如，学前儿童习得了一些简单的音乐元素后，教师引导学前儿童将古诗、童谣等和音乐元素结合在一起创编表演动作，然后再将小乐器加进去，通过互动合作，就可以形成一个完整的表演。这个过程整合了多元音乐形式，让每一个学前儿童都接触音乐实践，亲身体验音乐的创作与表达。

---

① 尼尔森，坦博斯基，安吉. 正面管教养育工具[M]. 北京：北京联合出版公司，2017：108.

5. 教学评价

教学评价是以多种评价方式对教学的不同方面进行价值判断，评价者的思想角度不同，所运用的评价方法也不同。依据建构主义理论的主张，对学前儿童音乐学习的评价应以学习中学前儿童主动参与的程度、协作学习的能力与贡献、意义建构的水平等来综合衡量。学前儿童音乐互动教学模式强调通过激发学前儿童的音乐学习兴趣，引导学前儿童自主、积极地参与教学互动，发展学前儿童的主体性，培养学前儿童音乐学习的积极情感与态度，从而提高学前儿童音乐素养与能力。因此，本教学模式的教学评价中心是促进学前儿童音乐学习的情感态度，肯定学前儿童参与课堂互动的积极行为，关注学前儿童音乐素养、音乐能力的发展。由此，本教学模式倡导的教学评价是强调在音乐互动教学过程中对学前儿童的表现进行定性评价，且关注学前儿童音乐学习结果的定量性评价。

（1）定性的形成性评价方法。定性的形成性评价方法在学前儿童音乐教育中应用非常广泛。由于学前儿童的年龄特点，定性的形成性评价方法是学前儿童教育的主要教学评价方法，它是在互动教学活动进行之中展开的，本教学模式主要运用的定性的形成性评价方法有以下几种：

①互动观察。在教学互动过程中，学前儿童会参与很多不同形式的互动教学活动。学前儿童在教学活动中，具体参与互动的情况、活动效果，教师可以通过观察后进行评定。一般来说，教师开展教学互动观察需要从学前儿童在教学互动中的参与情绪、在互动中的活动频率、是主动参与还是被动参与、在互动参与过程中出现的各种问题等方面进行。教师通过在教学活动中观察学前儿童参与互动的情况，了解学前儿童在互动教学中的兴趣、情感态度及所出现的问题，以助于发现问题，及时调整教学方案，促进学前儿童更好地参与到教学互动中。另外，互动教学注重双主体，为有效提高互动教学的质量，在互动观察过程中，教师不仅需要对学前儿童的互动情况进行观察、记录，还需对自身的互动能力进行反思、改进。在音乐互动教学中，教师是学前儿童的帮助者、引导者。因此，学前儿童与环境的互动、师幼互动和幼幼互动是评价教师互动能力的重要表现。互动观察的具体内容有：教师是否为学前儿童创设一定的活动环境，以引发学前儿童的主动学习，激发学前儿童的学习欲望；是否注意调动各种手段充分激发学前儿童的音乐学习兴趣；是否关注与学前儿童情感的交流以及为学前儿童之间的情感沟通创设机会和条件等。

②表现性评价。表现性评价是指教师让学生在真实或模拟的生活环

境中，运用先前获得的知识解决某个新问题或创造某种事物，以考查学生知识与技能的掌握程度，以及实践参与、问题解决、交流合作和批判性思考等多种复杂能力的发展状况。表现性评价又分为限制式的表现性评价和开放式的表现性评价。在本教学模式中，教师主要采用开放式的表现性评价，也就是对评价者完成任务的材料、方法、结果不做限制要求。学前儿童作为表演者参与到教学活动中是本教学模式的重要互动形式之一，通过教师引导学前儿童分小组进行创编，并将创编的内容用不同的方式展示给大家。在这个过程中，教师可以通过学前儿童的表现、小组之间互动情况能否用已习得的内容进行创编、能否正确使用小乐器、小组能否合作完成创编表演等进行评价。表现性评价强调评价应在完成表现性任务的过程中进行，不仅要评价学前儿童知识技能的掌握情况，还要通过对学前儿童表现的观察与分析，评价学前儿童的参与能力、创造能力、合作能力以及音乐学习情感态度等方面的发展情况。

③音乐学习成长记录袋。音乐成长记录袋是重要的质性评价方式，它渗透在学前儿童的每一次音乐活动中，用来记录学前儿童整个音乐学习成长的过程。音乐成长记录袋是提供学前儿童音乐学习情况的资料夹，它包括学前儿童音乐学习过程中的感受与体会，学前儿童对音乐的表现与创造，学前儿童的音乐学习态度、兴趣及学习过程中的"成果"与"闪光点"等。学前儿童的发展有很强的阶段性特征，建立音乐成长记录袋可以帮助学前儿童记录他们的成长过程，也能够让家长了解学前儿童在音乐学习过程中各方面的发展情况，为学前儿童将来的音乐学习提供参考。

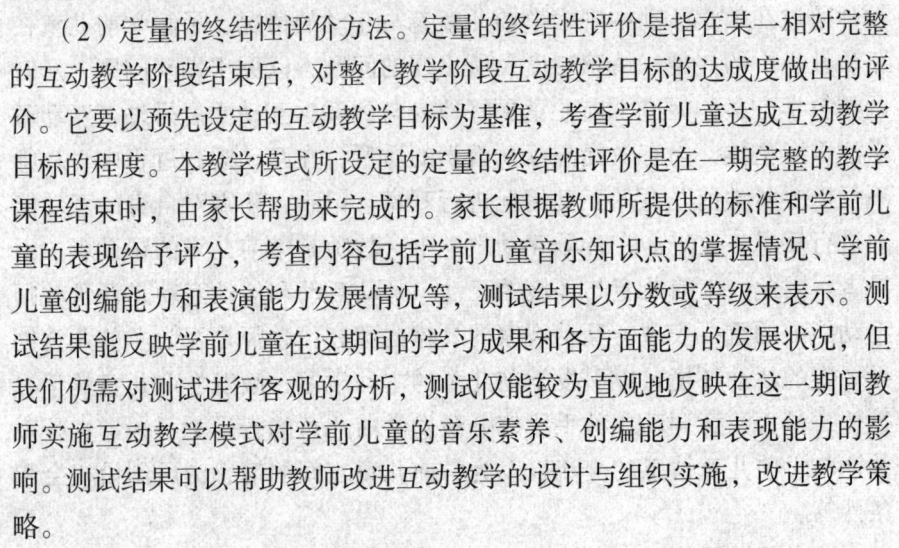

（2）定量的终结性评价方法。定量的终结性评价是指在某一相对完整的互动教学阶段结束后，对整个教学阶段互动教学目标的达成度做出的评价。它要以预先设定的互动教学目标为基准，考查学前儿童达成互动教学目标的程度。本教学模式所设定的定量的终结性评价是在一期完整的教学课程结束时，由家长帮助来完成的。家长根据教师所提供的标准和学前儿童的表现给予评分，考查内容包括学前儿童音乐知识点的掌握情况、学前儿童创编能力和表演能力发展情况等，测试结果以分数或等级来表示。测试结果能反映学前儿童在这期间的学习成果和各方面能力的发展状况，但我们仍需对测试进行客观的分析，测试仅能较为直观地反映在这一期间教师实施互动教学模式对学前儿童的音乐素养、创编能力和表现能力的影响。测试结果可以帮助教师改进互动教学的设计与组织实施，改进教学策略。

第四章 学前儿童音乐教育实践活动的开展

第一节 学前儿童歌唱活动

一、歌唱活动对学前儿童歌唱能力的培养

（一）良好歌唱习惯的培养

很多教育家认为，歌唱是学前儿童音乐学习的一个必要活动。学前儿童可以通过歌唱来表达自己的思想感情，同时可以通过歌唱建立起与美的内在联系和创造美的意识力量。[①] 因此，在学前儿童音乐教育活动中，培养学前儿童良好的歌唱习惯尤为重要。歌唱活动中良好的歌唱习惯主要包括正确的歌唱姿势和科学用嗓两方面。

1. 歌唱姿势

正确的歌唱姿势是对学前儿童歌唱最基本的要求，歌唱时无论采取站姿还是坐姿，均应保持头部自然平视前方，颈部放松，四肢也要放松，手臂自然垂放在身体两侧。良好的姿势不仅有利于歌唱，还能使体态美观、大方。

2. 科学用嗓

学前儿童的"乐器"是十分娇嫩的，因此我们一定要保护好它。要做到科学用嗓，首先，选择适合学前儿童音域的歌曲；其次，在演唱过

---
① 弗洛尔.儿童音乐生活[M].南京：南京师范大学出版社，2016：38.

程中引导学前儿童控制唱歌的音量，杜绝大声喊唱；再次，把握好用嗓的时间；最后，注意天气的变化和歌唱时的环境卫生，不要让嗓子过冷、过热或过于干燥，同时要预防感冒生病。我们需要了解学前儿童各年龄段合适的音域范围，以助于为学前儿童选择适合的歌曲。

（二）正确歌唱技能的培养

1. 培养学前儿童歌唱的呼吸

歌唱的呼吸有别于日常呼吸，它是歌唱的动力，起到调节、支持、推动发声器官发声的作用，需要根据歌曲旋律音的高低、乐句的长短、情绪的变化等加以调节。成人的歌唱呼吸要通过单独训练才能具有一定的控制能力。学前儿童的歌唱呼吸技能不必像成人一样进行专门的复杂训练，但可以在歌唱活动中逐渐培养。教师可以在以下几个方面加以引导：

（1）口鼻换气方式。歌唱时，教师应时刻提醒学前儿童使用自然、均匀的口鼻换气方式，并引导其呼吸时不要提胸、抬肩膀等。

（2）按乐句换气。教师应引导学前儿童在演唱时尽量不要在乐句的中间换气，以便保持乐句的完整流畅。

（3）有表情地歌唱。歌唱时，教师应培养学前儿童对快慢、强弱、连贯、跳跃以及活泼、抒情等表情的感知，这些情感及表情的理解感知对培养他们歌唱的呼吸有很大帮助。

2. 培养学前儿童科学的发声方法

培养学前儿童科学的发声方法是比较艰巨的任务，因为学前儿童的发声器官、感知、理解能力等都处在一个稚嫩的时期。第一，教师在音乐活动中应强调学前儿童用自然的声音唱歌。所谓自然的声音，就是在平时说话发声的基础上有感情地歌唱。训练时音量用弱（p）或中弱（mp）最为合适，教师可以设计强弱对比的歌唱练习让学前儿童感知什么是弱声演唱。例如，《大鼓小鼓》《山谷回音真好听》等儿童歌曲都非常适合设计音量的对比练习。第二，教师应多注重学前儿童朗读能力的训练，如念歌词、儿歌、童谣等，良好的朗读能力的培养可以为学前儿童科学的发声方法做好铺垫。

培养学前儿童歌唱技能不能急于求成，学前儿童的理解能力低，但模仿能力强。所以，正确引导是非常重要的，教师应该注重在学前儿童面前的示范作用，并秉承循序渐进的原则进行引导与培养。

那么，教师如何引导学前儿童准确地歌唱呢？准确地歌唱主要包括歌曲中音准、节奏、节拍、歌词、速度等音乐要素演唱的准确性。儿歌曲具有篇幅短小、旋律简单、歌词易懂的特点，但不能因歌曲易学、易记便忽视歌唱技能而随意学习。相反，正因为儿童歌曲的以上特点，才为学前儿童准确地歌唱提供了可执行的条件。

3. 引导学前儿童准确歌唱

（1）准确地范唱。学前儿童主要靠聆听与模仿的方式来学习歌唱，教师范唱的效果与准确性直接影响学前儿童歌唱的准确性。具备良好范唱能力的教师应该把"言传"与"身教"紧密结合，为学前儿童树立一个良好的模仿对象。准确地范唱可以帮助学前儿童理解音乐作品塑造的形象与表达的主题，如《小蜜蜂》是一首动物主题的歌曲，塑造了一个勤劳采蜜的动物形象；《过年歌》是一首有关节日、生活主题的歌曲，讲述了大家忙碌开心地过新年。

准确地范唱可以帮助我们培养学前儿童良好的节拍感、节奏感与音高感。例如，《小青蛙，你唱吧》中有模仿小青蛙歌唱的拟声词"咕儿呱"与休止符结合的节奏，教师在范唱时能表现好空拍的存在，会更形象生动地让学前儿童感知到小青蛙叫声的短促与欢快。

对歌曲合理的情境设计与音乐表现可以帮助学前儿童对歌曲情绪与情感的理解。例如，《迷路的小黄鸭》，我们可以用深情而略带伤感的音乐情绪表达歌曲情感，也可以为歌曲设计一个故事情境来加深学前儿童对歌曲的理解。《祖国祖国我们爱你》在情境设计中介绍祖国的强大，表达对祖国的热爱之情。

（2）和谐地伴奏。教师伴奏或利用其他多媒体手段辅助歌唱也非常重要。在伴奏乐器的选择上，教师应该先考虑具有固定音高的乐器（如钢琴、电子琴等），具有固定音高的乐器对学前儿童音准的培养是有帮助的。教师的伴奏应正确、清晰、流畅、和谐，通常在初学歌曲阶段，教师适合使用带主旋律的伴奏。如果选择多媒体或音视频伴奏要尽量选择音质清晰、音效自然、画面和谐的音乐材料，教师应尽量为学前儿童提供优质的视听审美感受；播放时还要注意音量的协调，不宜过响或过轻。

（3）及时纠错。在歌唱活动中，教师要及时发现学前儿童在演唱中出现的问题，并加以纠正，以帮助学前儿童建立良好的歌唱习惯。例如，学前儿童在参与歌唱活动时喜用大声歌唱来吸引老师与同伴对自己的关注，或者没有良好的站姿与坐姿等，教师都应及时发现并加以纠正。

（三）音乐能力的培养

在幼儿园歌唱活动中，我们经常会听到"唱游"一词，"唱游"即歌唱游戏，就是跟着歌曲做。它是在歌唱的基础上加入了动作、表演、游戏等元素，是一种让学前儿童一边歌唱、一边游戏的综合性音乐活动。歌唱游戏是幼儿园歌唱活动中最为常见的形式，也是学前儿童易于接受和喜爱的歌唱方式。游戏性的幼儿园歌唱活动符合学前儿童心理与音乐能力的发展，为培养学前儿童音乐能力带来更多的可能性。

（1）音乐表现能力的培养。唱游中，学前儿童音乐表现能力的培养主要渗透在歌唱、游戏这两个层面中。在歌唱时，教师可以在节拍、节奏、力度、速度、咬字与吐字、语气等基本要素与表现性要素上提出要求，让学前儿童加以表现，指导学前儿童有感情地演唱，注重歌唱时的表情，并把符合歌曲本身的意境和思想准确地加以传达。在游戏中，注重音乐表现力的培养也是尤为重要的。例如，动作设计要符合歌曲内容，游戏形式要合理等。又如，歌曲《我也骑马巡逻去》，在歌唱中，教师可以利用二拍的强弱规律，突出强拍位的演唱，帮助学前儿童找到骑马的律动感，配合简单的骑马、扬鞭等符合歌曲情景的动作或赛马的游戏等，加深他们对歌曲的理解与情绪的表现。

边唱边游戏的方式不仅让幼儿乐于接受，还可以帮助他们更好地表达情感。当然，学前儿童对音乐表情的运用是很粗浅的，教师应该根据他们的年龄特征和音乐发展特征来选择适合的曲目及提出适合的要求，做到循序渐进，不要急于求成。

（2）协调性及协作能力的培养。唱游活动的特点使学前儿童在活动中可以很好地发展协调性及协作能力。唱游时，为了确保学前儿童完成歌唱与动作的配合，教师可以选择歌词本身就很适合动作表现的歌曲，也可以选择问答歌歌词创编等形式的歌曲，利用齐唱、轮唱、合唱等多种形式，保证学前儿童完成与同伴或教师之间的合作与交流。例如，儿童歌曲《山羊踩痛小公鸡》中有叙述者、山羊哥哥、公鸡弟弟三个不同的角色，教师可以让学前儿童分组进行角色扮演的游戏来演唱，演唱中可对每个角色的演唱音色提出要求，以符合歌曲角色的形象；也可以鼓励学前儿童用肢体与动作来展现每个角色不同的语言和心情来完成与同伴的表演。歌曲的故事性与角色的产生必定会对每个参与的儿童提出协调能力、合作能力的要求，并使这些能力在歌唱游戏中得到进一步的发展。在唱游活动中，学前儿童不仅能学会协调自己的歌唱与动作，还能学会倾听别人的声音，配合集体的速度、节奏、动作等，在自己和他人的协作中对音乐产生更多内心体验。

（3）创造能力的培养。有音乐的地方，就会有欢乐。音乐给学前儿童带来欢乐的同时，还能激发他们创作音乐的兴趣。唱游活动对学前儿童创造能力的培养主要体现在歌词的创编、动作的创编、旋律的创编、节奏的创编、情境的创编、乐器的创编等方面。学前儿童进行创编时，教师的引导同样要遵循从简单到复杂、从个别到整体的原则。

歌词的创编和动作的创编是唱游活动中最常见的创造活动形式，歌词创编不但可以丰富学前儿童的想象等能力，还可以丰富学前儿童的词汇、语言表达等能力，帮助学前儿童体验创造和成功的乐趣。但并不是所有的歌曲都适合创编歌词，往往那些富有韵律感、歌词内容紧凑、中心词突出的歌曲才能给学前儿童提供想象、发挥创造的空间。例如，歌曲 music man 的歌词中出现了乐器"钢琴"，在演唱过程中，教师可以鼓励学前儿童自己加入不同的乐器单词进行演唱，当然这个不同乐器单词的加入会涉及单词音节与节奏的融合，对学前儿童来说也是歌词创编的难点与挑战。动作的创编可以选择节拍清晰、节奏感强，适合律动、动作的歌曲来引导学前儿童大胆进行动作的创编。创编时教师要引导学前儿童充分发挥想象力，把他们的生活体验在音乐中用肢体动作加以提炼。例如，歌词中若出现劳动、睡觉、炒菜、煮饭、蒸馒头等儿童熟悉且语言很容易被学前儿童捕捉的词语，可以鼓励学前儿童用动作加以表现。

学前儿童具有丰富的想象能力，他们能创造很多我们意想不到的惊喜。所以，教师可以在唱游活动中尽可能多地给学前儿童提供创编的机会，提高他们创编能力的同时，也让他们体验到创编成功后的快乐。

二、学前儿童歌唱实践活动的开展

（一）提高教师的音乐教学能力

教师是歌唱活动的参与者，教师的专业能力影响着歌唱教育活动的有效性，课堂观察结果表明教师的专业能力还有待提高，本节从以下几个方面提出提高幼儿园教师专业能力的建议。

1. 树立正确的儿童观和音乐教育观

（1）教师需要树立正确的儿童观。卢梭提倡教育要遵循儿童的本性、遵循自然原则和儿童中心原则。但是，在歌唱教育活动中，教师将歌曲的情感和歌词以灌输的形式授予学前儿童、教师"包办代替"的情况依旧存在，这就忽略了学前儿童学习的主动性和主体性，表明教师并不相信幼儿是一个具有学习潜能和主观能动性的个体。帮助教师树立正确的儿童观是提高歌唱活动有效性的途径之一。有些教师虽然能吸收理论层面的儿童观，但并不能将其付诸教学活动中。所以，教师需要将正确的儿童观落实到实际的教学当中，如教师可以通过微格教学的形式或者听取同事和领导的听课意见来修正自身的教学行为，在歌唱活动中应当好引导者、合作者、组织者，适当"退位"，给予学前儿童自主学习的空间，做到在教学中尊重学前儿童、欣赏学前儿童、帮助学前儿童。

（2）教师需树立正确的音乐教育观。音乐是听觉的艺术，它与语言不同，语言可以表达具体的事物或者抽象的概念，而音乐的音响没有语义性，音乐教育最重要的特点是表达人们内在的情感。学前儿童音乐教育用歌曲激发学前儿童的内在情感，唤起学前儿童的情感共鸣，让学前儿童在每一次的歌唱活动中都能得到情感教育和美的感受，以歌曲之美浸润学前儿童的心灵，启迪学前儿童的智慧，陶冶学前儿童的性情与品格，而不是注重学前儿童学会了多少首歌曲、每首歌曲的休止符有没有掌握、表情到不到位等。

2. 提高教师分析歌曲内容的准确性

音乐能力不仅需要熟练的音乐技能，还需要一定的音乐理论知识。所以，教师的职前教育和职后培训都应该注意对教师音乐知识的培养。教师应意识到音乐理论知识的重要性，因为它影响到其能否正确地理解歌曲的情感和思想。教师可以通过多看有关音乐艺术和歌唱艺术的书籍，如《音乐发展史》《艺术审美简史》等了解音乐的发展历史和每个年代歌曲产生的背景，提升自己的文化涵养和审美情趣，做到准确分析歌曲的结构和歌曲的内在思想，并在歌唱活动前仔细分析歌曲内容，明确歌唱活动要给予学前儿童什么样的情感体验，准确把握歌曲的重难点。教师不仅要对歌曲的结构进行分析，还要准确判断歌曲的内在价值，以及歌曲能否给予学前儿童正确的价值观和道德观，能否向学前儿童传播积极正面的生活态度。

3. 增强教师的音乐表现力和创造力

如果教师在歌唱活动中的音乐表现力较弱，教师的歌声平淡，容易使学前儿童失去学习歌曲的兴趣，感受不到歌曲的美好。所以，教师应增强自身的音乐表现力和歌声感染力，让歌唱活动富有活力，让歌曲中的事物变得鲜活。首先，在歌唱活动中，教师要用歌声的强弱和速度的快慢突出歌曲的情节和情感变化；其次，要用生动的形象和夸张的动作吸引幼儿的注意力，如表现"小老鼠"的形象时，要做出轻脚步、小心翼翼、东张西望的动作，这样才能调动学前儿童的学习兴趣；最后，教师还要多接触学前儿童的绘本和学前儿童喜欢的动画片，从中寻找能吸引学前儿童的人物特点，进行学习和模仿。

学前儿童在生活中会听到许多动听的歌曲，它们旋律优美、节奏舒缓、曲调悠扬、歌词充满着美好，但歌曲的音域不适合学前儿童的生理发展水平，或者歌词难以被学前儿童理解，这就需要教师有较强的音乐创造力，对歌曲进行改编，如《雪绒花》中音域比较高不适宜学前儿童歌唱，但是它的歌词优美，能给予学前儿童美的体验，教师可以改编歌曲的音域，使得学前儿童能接触到更多不同题材和不同国家的歌曲。音乐创造的能力不是一蹴而就的，需要教师多听音乐、多看艺术作品、多思考创编的方法，随着时间的积淀，教师才能具有较强的创造力。

4.科学合理使用教学设备

在教学活动中，教师不应对多媒体过度依赖。多媒体设备集文字、图形、声音、动画于一体，可以将教学内容清晰、生动地表现出来，给予学前儿童听觉和视觉的体验，为学前儿童营造充满活力的教学氛围，但教学设备的不合理和不科学不仅会影响学前儿童学习，还会影响教学效果。所以，教师需要合理运用教学设备，科学运用教学设备前应做到以下三点：

第一，教师需要意识到教学设备是辅助教师教学和学生学习的工具，它不能替代教师的教学和教师的歌声给予学生自然的情感体验，所以教师要用自己歌声帮助学生获取美好的情感体验。

第二，教师需要根据学前儿童学习歌曲的情况科学使用教学设备。当学前儿童初步学唱歌曲时，教师可以通过清唱或者钢琴伴唱帮助学前儿童熟悉歌曲的节奏和主旋律；可以通过多媒体发出人难以发出的声音和动图来吸引学前儿童的注意力，如在学习歌曲《顶顶顶》时，教师可以用多媒体放"狼嚎"的声音，营造活动氛围，让学前儿童充分感受"小羊"的角色。

第三，教师需要考虑学前儿童的身心特点，合理控制教学设备的色彩、音量、时间和次数，如学前儿童的听辨能力还处于初步发展阶段，外界的声音过大容易影响学前儿童监听自己声音的效果，容易出现走调的情况，所以钢琴的琴声和多媒体的声音不能过大，应让学前儿童听到自己和同伴的声音，保持自己的声音与同伴协调一致。

（二）选择合适的歌唱活动内容

选择适宜的歌唱活动内容是提升幼儿园歌唱教育活动有效性的前提。

学前教育专家朱家雄提出:"幼儿园课程内容应适合儿童发展特征、贴近社会生活、顾及活动内容的基础性。"

1. 歌词科学合理,符合学前儿童的认知发展水平

教师需根据学前儿童已有的认知水平和学习经验选择适宜的歌词。选择的歌词要富有趣味性,并易于学前儿童理解。歌词富有形象性和趣味性才能吸引学前儿童的注意力,激发学前儿童对歌曲的兴趣。兴趣是促进学前儿童学习的动力,它的存在让学前儿童产生吸收信息、扩展自己的倾向。凡是学前儿童感兴趣的事物都能让他们记忆深刻,从而提高他们的学习效果。学前儿童对带有拟声词的歌曲尤其感兴趣,他们喜欢模仿,如"小鸡叫叽叽""小猪睡觉呼噜噜"。

歌词内容富于教育意义。歌唱活动不仅要让学前儿童有快乐有趣的体验,还应培养学前儿童正确的道德观和正直的品格。例如,《劳动最光荣》教育学前儿童养成从小热爱劳动的优良品德;《我爱我的幼儿园》能培养学前儿童关心、热爱集体的意识和团结友爱的好品质;《我爱你》能让学前儿童知道"爱"是需要表达的,"爱"是温柔美好的。歌词的形式与内容适于用动作来表现。3~6岁的学前儿童思维还以直观行动思维和具体形象思维为主,他们的思维离不开对具体事物的直接感知,同时思维不能离开学前儿童自己的动作,歌词的内容要适于用动作来表现,让学前儿童能用自己的动作记忆歌词,如歌词"我爱你"可以用拥抱表示,"小花"可以用手势表示,"小鱼"可以用手当鱼尾巴来回摇摆等。

歌词有重复句,有创编歌曲的余地。歌词的适当重复,便于学前儿童记忆。学前儿童能根据前一段的歌词,想象后一段的歌词,如在"两只小小鸭,亲亲小嘴巴,说啥悄悄话,说啥悄悄话"中,幼儿可以把"说啥悄悄话"替代成"一起抱抱呀"。

2. 歌曲结构难度适宜,符合学前儿童实际歌唱能力

歌曲的音域、节拍、旋律和歌曲的结构特点都应是学前儿童在教师的帮助下所能及的。选择适宜的音域,教师需要全面分析歌曲的音域是否符合学前儿童的音域发展水平,歌曲的最高音是经过音还是持续音,较高音的个数多不多,较高音持续节拍较长容易造成学前儿童叫喊的现象;如果较低音较多,容易造成学前儿童的声门肌肉疲劳,所以教师应选择以自然音为主的歌曲。

选择适宜的节拍。随着学前儿童的年龄增长,其掌握的节拍型也不断增多,幼儿园小班的学生还不会唱歌,多以说歌和念歌的形式唱歌,所以幼儿园小班学生唱的歌曲应是节奏平稳缓慢,节拍以4拍子和2拍

子为主；幼儿园中班的学生可以初步掌握3拍子的歌曲；幼儿园大班学生唱的歌曲节拍型可以有3拍子和6拍子，大班的幼儿能掌握节奏较快的歌曲。选择结构短小工整的歌曲可以按一下标准：4岁以下学前儿童的歌曲一般在8个小节左右，含2～4个乐句为宜，并且结构不能过于复杂，以结构工整为主，如乐句与乐句之间长度相等，节奏相同或者相似，没有间奏和尾奏，歌词的段数以一段为宜；4岁以上的学前儿童的歌曲可以含有6～8个乐句，含有16～20个小节，并且歌曲里可以有间奏和前奏，也可以唱一些不工整的乐句，有些简单的歌曲，歌曲的段数可以增加到两段或者三段，但主要以一段体为主。

选择适宜的节奏。幼儿园小班的学生呼吸比较短和浅，歌曲的速度快或者慢都需要较深的呼吸或者较长的气息支撑。所以，幼儿园小班的学生的歌曲应是平稳缓慢的速度，幼儿园中班学生的歌曲是中等速度同时是活泼欢快的，以满足幼儿园中班学生容易兴奋的特点。幼儿园大班的学生控制发音器官和呼吸器官的能力相对小班学生来说已经有所进步，可以选择一首歌曲中有快速也有慢速的节奏，让学前儿童从歌曲的速度中感受情节和情感的变化。

3.歌曲的题材贴近学前儿童的生活

学前儿童的生活赋予他们丰富的知识经验和感知经验，教师在选择歌曲时，应多与学前儿童的家长沟通，走进家庭和社区，了解学前儿童喜欢的动画片的主题曲和具有传统文化色彩的儿歌。这些歌曲的题材是贴近学前儿童生活的，是学前儿童熟知的歌曲，能充分调动学前儿童对歌曲的学习动力和创造力，甚至有的教师还能在一日生活中对歌曲进行创编，如学前儿童最爱看的《萌鸡小队》的动画片，一位有心的教师将这部动画片的主题进行了改编，以亲子歌唱的形式进行歌唱活动。让教育源于生活并高于生活，这样才能提高学前儿童的学习质量和教师的教学质量。

（三）幼儿园歌唱活动的组织

1.创设"有准备"的环境

（1）营造轻松自然的歌唱环境。轻松自然的环境能给予幼儿所需的学习安全感，幼儿在具有安全感的歌唱环境中，会产生想唱歌的愿望、敢唱歌的自信、爱唱歌的情感。首先，充满童真的音乐可以渗透在幼儿的一日生活中，如幼儿在进餐时可以放节奏平稳的歌曲，幼儿准备睡觉时放温柔的音乐，在幼儿离开幼儿园时放欢快的音乐，让幼儿的生活浸润在歌曲的美好之中，激发幼儿想唱歌的愿望。其次，良好的师生关系和良好的同伴关系为幼儿营造一种平等、民主、和谐的歌唱环境，让幼儿感受到同伴和老师的关爱和宽容，这样幼儿才能唱出自信的歌声，并敢于对歌曲进行创编。最后，教师与家长需对幼儿多鼓励和多引导，评价幼儿歌唱能力时多以正面积极的方式，鼓励幼儿用歌声表达对父母、老师、同伴、自然的热爱，注重保护幼儿爱唱歌的天性。

（2）提供科学合理的活动材料。活动材料有辅助教师进行教学和帮助学前儿童学唱歌曲的作用，科学合理的活动材料能提高教师的教学质量和学前儿童的学习效果。活动材料的科学合理不代表活动材料的种类和数量越多越好，活动材料的色彩越亮丽越好，许多教师都会走进这样的误区。过于复杂的活动材料会使学前儿童失去操作的兴趣，活动材料颜色过于鲜艳则会分散学前儿童的注意力，所以教师准备歌唱活动的材料时，应注意以下三点：第一，应注意材料的种类不能过多，数量不能过少。第二，活动材料应具有观赏性和操作性，在歌唱活动中，教师制作的图谱和图片要精美，学前儿童对美的事物会产生用手去感知的想法，这与学前儿童的思维发展特点有关，所以教师在选择活动材料时也需要考虑操作功能，如在《小青蛙》的歌唱活动中，教师准备的"荷叶"背后都藏着一只"小青蛙"，教师在学前儿童感知歌曲后，让认真回答问题的学前儿童在"荷叶"里找"青蛙"，这样的活动材料不仅生动形象，还能让学前儿童体验学习。第三，教师应在教学前对教学材料进行合理的规划，对教学材料出现的时机和使用的时长都需要进行设计，以确保教学有序进行。

2. 增加活动环节的趣味性和梯度性

（1）增加活动环节的趣味性。通过对幼儿园歌唱活动的课堂观察发现，教学环节基本是完整感受欣赏歌曲、图谱学唱歌曲、学生齐唱歌曲这三个步骤。歌唱活动的教学环节缺乏趣味性，教师的教学方式单一，这些都容易让学前儿童失去歌唱的兴趣，使教学活动沉闷无味。具有童趣的事物能引起学前儿童的兴趣，而"兴趣是最好的老师"，所以歌唱活动教学环节需要富有趣味性，教师可以用游戏的方式进行歌唱活动。正如席勒所说："幼儿只有在游戏的时候，才是最自由、最解放的，才是感性和理性统一协调的人。"游戏是儿童的本性。在游戏中，他们可以调动一切的能量，全感官地投入其中，学前儿童在游戏的快乐情境中不需要教师的重复便能记住歌词和曲调，游戏的过程主要利用无意注意记住歌词，这样能减少学前儿童对有意注意的使用，学前儿童的注意力不容易被分散。建构主义提倡创设教学情境，让学前儿童在情境中进行学习、解决问题和以"学习共同体"的形式组织学生合作学习。教师可以为学前儿童创设一个有趣的故事情境，以故事情节为主线设计教学环节，让学前儿童在故事情境中学习歌唱和体验歌曲情感。观察中发现，幼儿园教师组织的歌唱形式过于单一，多为学生齐唱和分组唱。教师可以变换歌唱形式来增加活动趣味性，如分声部演唱歌曲，教师可以唱"一闪一闪亮晶晶"，学生接着唱"叮叮叮"，或者学生轮流歌唱。教师在教学中应充当组织者的角色，如教师可以组织学前儿童互相讨论替换歌词演唱歌曲，给予学前儿童与同伴互动的机会，培养学前儿童合作学习的能力。

（2）增加活动环节的梯度性。学前儿童歌唱活动环节不仅要有趣味性，还需循序渐进，下一个环节的开展以上一个环节学前儿童习得的经验为基础，环节之间具有连续性。同时，下一个环节比上一个环节难度需高一点，环节之间像台阶一样具有梯度性，这样才能维持学前儿童的注意力，如歌曲《春天里》有"朗里格朗"学前儿童喜欢模仿这种象声歌词，教师可以把"朗里格朗"留给学前儿童唱，教师唱剩余的歌词，教师与学前儿童一起配合完整演唱一首歌。学前儿童熟悉歌曲的歌词和旋律后，教师可以与学前儿童交换歌词，提升活动的难度，因而难度的起伏能集中学前儿童的注意力。

3. 提高提问与反馈的有效性

（1）运用适宜的提问方式。运用适宜的提问方式不仅能唤起学前儿童的已有经验，还能促进学前儿童思考。从观察中发现，教师在教学中主要以封闭性问题为主，封闭性问题的优势在于教师可以快速地在教学活动中掌握学前儿童对歌曲的理解情况，有利于教师达成教学目标，但其劣势在于教师的使用过于频繁，容易让学前儿童产生依赖，阻碍学前儿童思维发展。开放性问题的优势在于能有效地激发学前儿童的思考，促进学前儿童想象力和创造力的发展，但其劣势在于，学前儿童的思考需要较长的时间，若频繁地使用此类问题，容易使学前儿童在活动中产生长时间等待和教学进度缓慢等消极影响，相比之下封闭性问题较为高效。教师应使两种提问方式相结合组织教学过程，在适当的时机运用开放性问题，如教师可以在活动导入环节提出开放性问题，开启学前儿童"天马行空"的想象力。学前儿童的大脑处于活跃的状态，这样才能在活动中积极思考，如《月亮去哪里》歌唱活动，在导入环节，教师问幼儿："你们猜一猜小狗为什么要吃月亮呢？"引导学前儿童思考。教师在教学活动中需要适当地使用封闭性问题，掌握学前儿童的已有经验和活动中的学习情况。

（2）给予学前儿童积极有效的反馈。在歌唱活动中，教师不仅需要运用多样的提问方式，还需要给予学前儿童有效的反馈。在歌唱活动过程中，教师仅用"好棒""你真厉害"等简单的语句回应学前儿童，这种反馈方式虽然对学前儿童具有鼓励的作用，但不能有效支持学前儿童感知歌曲的情感和学唱歌曲。有效的反馈可以支撑学前儿童理性地思考和维持学前儿童的学习状态。教师不仅可以运用语言回应学前儿童，还可以运用牵手、拥抱、抚摸等肢体触碰回应学前儿童，给予幼儿被教师关注和关爱的感觉，满足幼儿对爱的需要，如《我爱你》是一首表达爱意的歌，教师在活动过程中可以用富有情感的拥抱的方式回应学前儿童；对需要学前儿童思考的环节，教师可以用追问的方式，启发学前儿童进一步的思考；对在歌唱中大声喊叫的学前儿童，教师可以用抚摸的方式安定学前儿童的情绪。

4.组织幼儿园教研活动

教研活动有利于提高教师素养和教学质量。为了提高幼儿园歌唱活动的有效性，幼儿园应针对歌唱活动的教学过程组织教研活动，以听课或微格教学的形式对歌唱活动中教师的教学行为、教学内容、学前儿童的学习情况、幼儿园环境的创设进行研讨和交流，共同发掘活动的亮点和查找活动的不足，对活动的亮点进行优化和推广。例如，教师会组织学前儿童进行二声部演唱歌曲《小星星》，又如《请记住我》这个活动是在幼儿即将毕业的时候进行的歌唱活动，教师在适宜的时机选择相应的教学内容，这样幼儿的情绪情感体验会更加饱满。教研活动还需针对教师的不足进行研讨，教师有些行为是自己无意识表现出来的，在教学反思时容易忽略，这就需要专家和同事发现其教学过程中的不足，与教师共同反思、共同成长、共同提高幼儿园歌唱活动的有效性。

（四）帮助学前儿童积累音乐知识和养成良好的音乐学习习惯

丰富的知识经验是提高学前儿童学习的基础，良好的学习习惯是提高学前儿童学习有效性的关键，教师"教"的有效性和学前儿童"学"的有效性相辅相成，共同影响着幼儿园歌唱活动的质量。

1.帮助学前儿童积累音乐知识经验

学前儿童的原有知识经验是幼儿园歌唱教学的基础，学前儿童拥有的丰富的身体感知经验和完整、连续的知识经验能提高学前儿童在活动中的情感体验和审美感受，并能让学前儿童充分感知歌词的有趣和歌唱的快乐。

（1）丰富学前儿童的感知经验。梅洛·庞蒂提出具身认知理论，他说："身体始终是和我们在一起的，因为我们就是身体，应该用同样的方式唤起我们呈现的世界的体验，因为我们通过我们的身体在世界上存在，因为我们用我们的身体感知世界。"① 这里所指的身体是感性的身体，它表现为灵敏的感觉和旺盛的生命力，是学前儿童进入世界、认识世界的基础。因此，教师和家长应让学前儿童多与自然环境和生活中的事物接触，用肢体感受阳光的温暖、用鼻子感受花儿的芬芳、用耳朵聆听鸟儿的鸣叫、用眼睛看四季的不同、用嘴巴品尝各地食物的美味等，家长可以多带孩子到科技馆、美术馆、古建筑等地方，让他们感知科技的进步、艺术的美好、传统文化的珍贵，丰富学前儿童的感知经验和促进感性身体的发展。

（2）丰富学前儿童的知识经验。学前儿童需要得到全面适宜的发展，所以教师组织的歌唱活动应给予学前儿童完整的、连续的、与学前儿童生活有联系的知识经验，如歌唱活动与语言结合，教师在组织《小树叶》的歌唱活动前，可以先组织语言活动《秋风》，让学前儿童了解秋天的美，然后再进行《小树叶》的歌唱活动；歌唱活动与数学教育活动相结合，如在小班《数豆豆》的歌唱活动中，可以边唱歌边锻炼学前儿童的点数能力，这样的活动组织形式能帮助学前儿童迁移知识经验，提高学习效率。

2. 培养幼儿良好的音乐学习习惯

《3～6岁儿童学习与发展指南》中提出，拥有良好的行为习惯是考量幼儿身心健康的重要指标之一，也是学前期需要学习和发展的关键内容。养成良好的学习习惯需渗透在学前儿童的一日生活和学习活动中，学前儿童只有拥有良好的倾听习惯和歌唱习惯才能有好的歌唱学习效果。

（1）培养良好的音乐倾听习惯。音乐是一门听觉艺术，倾听是音乐教育的主要途径，学前儿童拥有良好的倾听习惯，音乐教育的价值才能得以实现。班杜拉提出"幼儿通过观察模仿他人而进行学习"，并强调榜样的作用。家长和教师作为学前儿童学习的榜样，在生活中应认真倾听学前儿童说话、不打断学前儿童说话，并及时给予回应，及时强化学前儿童表现出的良好的倾听行为。教师运用教育策略帮助学前儿童养成认真倾听的习惯，如教师在学前儿童听完故事前，提出让学前儿童听完后复述故事内容的要求；在日常生活中组织学前儿童听辨自己与同伴声音的不同；在播放歌曲前让学前儿童闭眼倾听歌曲；歌唱活动中教师可以

---

① 易晓明. 寻找失落的艺术精神：儿童艺术教育的人文化建构[M]. 北京：高等教育出版社，2007：102.

运用"听我唱""认真听"等提示语提示学前儿童认真倾听。

（2）培养良好的歌唱习惯。学前儿童拥有良好的歌唱习惯不仅能唱出优美动听的歌声，还能保护学前儿童稚嫩的发声器官。良好的歌唱习惯包括正确的歌唱姿势、适度的声音、保护发声器官等。正确的歌唱姿势是学前儿童唱歌的基础，姿势正确才能唱出动听的歌声。正确的歌唱姿势包括站立时挺胸收腹，双手自然下垂；坐着时身体放松，双腿并拢，头部保持平正，身体不靠在椅背上等。在歌唱活动中，教师可以靠近学前儿童倾听他们的歌声，对大喊大叫的学前儿童，教师需要及时提醒。教师应在一日生活中强调学生对嗓音的保护，如不在运动时叫喊和歌唱，不在感冒生病时歌唱，在唱歌时保持身体、心情、嗓音的舒适状态等。

第二节　学前儿童韵律活动

一、学前儿童韵律活动的设计原则

（一）音乐选择的原则

在学前儿童韵律教学活动中，音乐的选择是十分重要的，音乐活动通常选择优秀的音乐作品尤其是富有民族特色的音乐作品或者儿童歌曲。

1. 旋律舒适，富有节奏感和韵律感

不论人们在什么年龄阶段，只要听到舒适、熟悉的音乐总会忍不住哼唱或舞动身体部位，学前儿童也是如此。不论是中国风还是异域风情的歌曲，只要是内容健康向上、富有节奏感的音乐，都能丰富学前儿童对音乐节奏的感受和体验，帮助学前儿童理解和联系动作与音乐情绪、音乐节奏之间的关系。

2. 曲式工整，富有鲜明的音乐形象

在学前儿童的韵律活动中，学前儿童的身体动作和音乐是密不可分的。但由于学前儿童的生活和动作经验有限，鲜明的音乐形象能让学前儿童更多地用生活动作和模仿动作来表现其音乐节奏；而结构工整的音乐都具有一定的重复性，便于学前儿童用身体动作来表现不同曲式结构的音乐节奏，也有利于学前儿童获得与同伴交流的愉快体验。

（二）动作编排的原则

1. 满足学前儿童的兴趣需要

身体动作是体验音乐节奏最好的媒介，学前儿童对律动是充满兴趣的。开展学前儿童音乐韵律互动要创设许多故事情境让学前儿童能够身临其境，激发学前儿童参与韵律活动的兴趣。有时学前儿童关注的不是动作本身，而是动作所表现出的事物，适当的夸张一些的律动动作会使学前儿童收获更多的快乐。

2. 考虑学前儿童的动作发展水平

学前儿童的动作发展一般符合以下三条规律：一是从大的整体动作到小的惊喜动作，二是从单纯动作到复合动作，三是从不移动动作到移动动作。[①]

3. 符合学前儿童的年龄特点

许卓娅在《韵律活动》一书中提出5～6岁的幼儿在幼儿园韵律活动中的主要学习内容是模仿动作和舞蹈动作。并且，富有民族文化特性的中外舞蹈动作深受5～6岁幼儿的喜爱。另外，5～6岁幼儿的合作和协调意识发展得越来越明确，该年龄段的幼儿开始享受与同伴一起律动所带来的快乐，他们会努力地运用已有的动作和生活经验来创造和别人不同的动作，创编动作的能力也进一步提高。

（三）道具及环境准备的原则

1. 道具准备的原则

韵律活动中的道具有利于学前儿童的律动动作表现，以及增加活动的趣味性体验，让学前儿童能身临其境，帮助学前儿童展开联想并投入到活动情境中。活动道具要遵循安全、美观、牢固、便于学前儿童操作等原则。在有角色扮演的韵律活动中，一些代表该角色的头饰或胸饰道具有利于学前儿童分清自己的角色并沉浸在角色中，便于学前儿童更好地运用身体动作来表现富有该角色意义的律动动作。

2. 环境准备的原则

环境准备是指创设适应的环境，使韵律活动能够顺利开展。例如，教师要避免在水泥地这样过硬或铺着地毯这样过软、过滑的场地开展韵律活动；同时，要给学前儿童充足的场地空间来让他们理解音乐、融入音乐、诠释音乐，避免学前儿童因为场地空间的限制造成相互之间的碰撞或摔伤。

---

① 许卓娅.幼儿园音乐教育[M].北京：人民教育出版社，2004：147.

二、学前儿童韵律活动的开展

（一）韵律活动课程的设计

1. 组织课程内容

在学前儿童韵律活动课程设计中，教师应当融合更多的学科，使韵律活动的课程内容更加丰富多彩；在韵律活动中可以加入我国的传统文化，如加入戏剧表演的形式、加入绘画的元素、加入中国的古诗词等。音乐韵律活动要体现适应性，在当前的社会环境下，音乐韵律活动设计的教案应当符合学前儿童的韵律活动课程。

音乐教育和其他教育一样，是一门系统性的学科。既然是系统性的学科，它就必然要遵循一定的规律，如由浅到深、由易到难。音乐韵律活动的设计目标和方案也要遵循一定的设计规律和原则，在深入了解了当今音乐教育的整体发展趋势后，教师要做适度的调整，使韵律活动既适应当代儿童的发展特点，也适应当今音乐教育的发展潮流。幼儿园音乐韵律活动设计应当既要考虑 6 岁以下儿童的音乐教育目标，又要考虑为 6 岁以上部分儿童接受正规的音乐培训打下基础，让教育不断层，教育资源不浪费。

2. 制定课程目标

近几年国内外大大小小的早教中心如雨后春笋般涌现，教学法多种多样，如著名的奥尔夫音乐教学法、柯达伊教学法、蒙台梭利音乐教学法。很多幼儿园的音乐活动课程甚至远远不如一些实力较强的早教中心，因此，幼儿园应当制定出合理、长远的教育目标。

教师应当运用多样化的教学模式。儿童韵律活动涉及儿童的歌唱、乐器教学和音乐欣赏。教师需要知道韵律活动实施应当教些什么。这就需要教师制定实施细节，如在奥尔夫韵律活动的设计方案中可以融合有歌词和无歌词的吟唱、大、小肢体运动，乐器体验以及随乐而舞等环节。

（二）幼儿园韵律活动课程实施的建议

幼儿园韵律活动课程的实施主体是各幼儿园的音乐教师，每个音乐教师的教学理念会体现在他们所教授的具体对象身上。优秀的韵律活动课程实施主体能让学生正确习得音乐基本知识，这不仅能为儿童今后的音乐学习打下基础，还能对每一个个体在今后的音乐发展中起到了深远的影响。因此，如何正确地实施韵律活动课程对每一个教师来说都显得十分重要。

1. 推进专业化课程实施

（1）音乐教学应当充满音乐性的元素。教师可以以歌唱的方式引导儿童把自己想要表达的内容以歌唱的形式唱出来，而不是说出来，具体的操作方式可以参考奥尔夫音乐教学法在教学实施中的步骤。例如，课程的开头和结尾环节都有固定的形式，这两个环节可增加课程的仪式感，让儿童知道课程开始和结束的信号。并且，在此过程中，教师会唱出每一个学生的名字。在课程的每一个环节的结束和回收乐器的时候教师都会唱出 Bye Bye（1a do），之所以采用这两个音，是因为儿童对这两个固定音比较熟悉。同样，我国的教师在课程实施环节可以设计专门的提示歌曲，也可以根据不同的情境创编相应的歌曲。

除了歌唱性的引导方式外，教师的眼神、肢体动作都能够被运用到韵律活动的实施中。韵律活动本身就是以肢体动作表达音乐的一种方式。教师应当更多地以肢体表达代替口语表达。

（2）提高教师专业技能。教师要明白韵律活动实施的原则，解决韵律活动为什么而教的问题。儿童的音乐基本能力是指儿童获得准确音高及节奏的能力。我们应当从宏观的角度去理解3～6岁儿童音乐教育的特点，对幼儿园的儿童来说，他们正处于"音乐最佳发展期"。教师了解为何而教之后，所要做的就是要提升自身在相关领域的专业能力，如节奏感、各种拍号所代表的意义、每一个不同节奏的强弱特点以及正确的专业指挥手势等。另外，教师的音准能力也需要培养。只有教师具备扎实的专业技能，韵律活动课程的教学质量才能得到保证。

学前儿童韵律活动不仅要传授学前儿童音乐知识，还要培养学前儿童的音乐能力。在学前教育阶段就获得了良好音乐能力的儿童在今后的正式音乐学习中将能够更快、更好地投入音乐学习当中。而在学前教育阶段，由于错误的教学方式导致儿童未能获得良好的音乐能力，将阻碍儿童今后音乐水平的提高。幼儿园的韵律活动是较全面的综合性音乐活动，教师如果能够采用科学的教学步骤、专业的教学方式来培养儿童的音乐能力，挖掘儿童的音乐潜能，让儿童在自己的引导下获得良好的音乐能力，对教师而言也是一种专业上的成就和实现自身专业价值的途径。

2. 拓宽教师培训通道

（1）合理利用社会资源，输送教师参训。要拓宽教师专业技能培养的渠道，需要学前教育机构和相关职能部门的互相配合，合理利用社会资源，具体包括以下两个方面：第一，应当合理设计和利用学前教师国培项目，提高音乐教师的教学技能。我国的幼儿教育专家应当设计出一些具有针对性和专业性的音乐教师技能培训项目，在这些项目中可以把韵律活动和其他音乐活动进行专案的设计，讨论如何有效地利用国培项目，设计出在短期内有针对性的音乐教师培训。比如，对教师音乐基本能力的培训（音高、节奏），只有教师掌握了正确的音乐基本能力之后，才有可能在课程实施中教授正确的与音乐相关的知识与技能。第二，各地幼儿园应当积极输送音乐教师参训，并且要求教师带着问题去参训，在这个过程中不仅能够提高教师的专业素养，还能解决在实际课程教学中存有的一些疑惑问题。

幼儿园还可以利用当地的学校资源，幼儿园教师不仅可以去当地的早教中心观摩优质课程，还可以和小学展开音乐活动。对幼儿园教师来说，他们应当了解自己在学前儿童音乐教育中起着承上启下的作用，了解当今社会音乐教育的变化，让自己的专业眼界和技能得到进一步提升。另外，各地的高校音乐教育资源也是一个宝库。各学前教育机构和音乐教师应当和地方高校的音乐学院和学前专业的专家保持联系和交流，利用当地的资源输送专业教师参加一些专业性的技能培训和理论提高课程。除此之外，幼儿园教师还要了解一些当地的民间音乐和国际上最新的音乐教育资源和模式，以大大提升自身的专业技能。

（2）合理利用园内资源，由竞争性向共生性转化。各幼儿园（所）内的教师关系应当由竞争转向共生，这样才能实现园内资源的合理配置。音乐教师的教学模式应当遵循"一体化"的原则。当今很多幼儿园音乐教师的专业水平参差不齐，虽然幼儿园的课程设置是一样的，但是落实到各个音乐教师身上所呈现的课程质量却大不相同。要想做到教学模式的一体化，每个教师的备课和授课都必须做到流程化和精确化。幼儿园的管理者不仅应该对教师课后的表现给予评价和管理，还应当对音乐教师课前准备做更多的制度上的要求。因为音乐教师的每一节课，对学生来说都是仅有的音乐知识学习时间。幼儿园教师评比制度应由"竞争性"转向"共生性"，这样才能实现教师互助一体化，为此幼儿园管理者要做好以下工作：第一，在音乐储备教师任职前，专业的音乐教师应当为新人提供前期培训，这个培训涉及音乐教育理念、音乐心理学、课程内容设计原理以及相关乐器操作技能。第二，对结对帮扶的教师应适时给予物质及精神上的奖励，在老带新的模式中实施绩效考核制度，促进新教师的成长和进步，新教师落后和退步都应与老教师的绩效挂钩，只有这样，老教师才会真正愿意花时间和精力在新老师身上。当地各园所之间也应当由传统的竞争模式转向共生模式以优化教育资源。一般情况下，每个城市各区都会定期举行公开课比赛。幼儿园之间课程互相保密，也不愿意分享优秀教师的教学经验和精品课程，这对学前儿童教育的大环境是十分不利的。"教会了徒弟饿死了师傅"这句老话就是在竞争体制下产生的。

如今，国外的很多教育行业都采取"共生体制"的模式，即便是徒弟超过了师傅，师傅的利益也不会受到损害。只有在"共生性"的机制下教师才能毫无保留地互相帮助，教师的专业技能才能逐步实现共同进步。要想真正落实上述音乐课程体系的构想，幼儿园就必须建立全方位的教师培训体系。对大多数幼儿园来说，最大的困难有两点：其一，幼儿园音乐教育专业师资力量薄弱，教学水平参差不齐；其二，幼儿园教师的专业提升较难。基于这两点，各幼儿园（所）之间应建立相应的联系，成立"音乐教育工作坊"，每隔一段时间所有音乐教师相互交流经验，分享优秀成果。

（三）幼儿园韵律活动课堂管理建议

专注于师生机体论的学者研究表明，教师和学生存在着一种内在动态的关系，而发展性和共生性是其本质特征。教师在教授学生的过程中，自身也在成长。学生掌握的知识和能力也是教师自身价值的实现途径之一。其结论同样存在于韵律活动教师的课堂管理中。韵律活动课堂管理在课堂实施中有着举足轻重的作用，一个温馨的课堂环境会让儿童享受活动带来的快乐，从而不由自主地喜爱这门课程。相反，一个压抑的课堂环境以及教师某些不当的言行会对儿童的心理产生一定的伤害，甚至某种程度上会导致儿童对该课程排斥。学前儿童教育之所以重要就是因为在特定年龄所受到的教育会影响其一生。因此，本着对儿童负责、对活动课程负责的态度，教师有必要学习儿童的音乐心理学知识，夯实自身的课堂管理能力，以有效且温和的方式建立起一个良好的课堂互动机制及积极健康的音乐环境。①

1. 调整心态：加强幼儿音乐心理学教研建设

幼儿园应当鼓励教师加强音乐心理学的教研建设。一是针对音乐活动课，教师的积极心理干预；二是让教师了解到儿童在音乐活动中的心理活动，这有助于教师更好地进行课堂管理。在调整心态方面，幼儿园

---

① 凯兹.与幼儿教师对话：迈向专业成长之路[M].廖凤瑞，译.南京：南京师范大学出版社，2004：36.

（所）、教师等各种资源应相互协助，园（所）应当积极采取实时的心理干预，对教师的工作量进行合理的安排，去除一些形式上的管理，让教师能够有更多的时间专注于自身专业的成长和心灵的成长。对教师而言，心态的调节主要掌控在自己手上，大部分产生职业倦怠的教师其原因大致归为两点：一是在相关领域很少能够产生成就感；二是大部分教师都没有掌握学前儿童的心理，不懂得正确处理"问题儿童"的有效方法。因此，教师有必要深入研究和探讨学前儿童在音乐活动中的心理动向，了解儿童反应背后的心理因素。教师也能从中获得更好的方式进行课堂管理，获得在相关学科中的价值。

美国奥尔夫音乐教学法基于儿童音乐心理学的理论基础，提出了一套韵律活动的"纪律哲学"。儿童在音乐活动中分为视觉、听觉、动觉三种类型。视觉型和听觉型的儿童常常善于用眼睛看或用耳朵听的方式去吸收音乐，这种类型的儿童在音乐活动中可能会不那么主动去跟随教师的肢体示范动作。而动觉型的儿童常常在运动中学习和吸收音乐知识，有时候在韵律活动中可能会出现过于兴奋的状态，显得失控或是让教师觉得他们是在故意破坏课堂纪律。教师只有懂得了儿童的音乐心理模式，知道他们表现的背后原因并采取相对宽松的音乐环境和特殊的纪律哲学，才能真正地享受和儿童共同创造音乐的时光。目前，国外的很多专业机构提出音乐混龄教学和非正式环境下的音乐教学，值得我们参考。

海恩斯·莱恩伯格曾提出一套"整体学习法"的概念：教师以一种稍慢的模式从头到尾完整地重复一首新歌，直到儿童也开始跟唱。这种教学方式是让儿童在重复"插嘴"的状态下自主学习一首新歌。有学者曾提出逐句教唱歌曲并不是一个好的教学方式，对某些儿童来说，他们会觉得学习新歌是一件让人畏惧的事情。布鲁尔曾提醒我们，新歌教学并非要求一节课内完成，可以持续几天、几周甚至更长，直到儿童能够愉快地演唱这首歌。法伊尔阿本德、桑德斯、盖特尼克、霍拉汉等提出，在一段时间内反复地听歌，有助于儿童对单词和音乐的长时记忆与整合。这是一种通过运动、看、听、身体的协调的多感官法，是与儿童自我认识的提高相结合的产物。

2. 调整角色：培养儿童自我管理能力

培养儿童自我管理能力是保障教师课堂管理的一种最有效的方式。每一个人的天性中都潜藏着自我管理的能力。有研究发现，往往有着较强自尊的儿童拥有较高的自我管理能力，而低自尊的儿童则存在较低的自我管理能力。教师往往会通过指责和惩罚去控制儿童旺盛的精力，但是教师显然忘记了指责和惩罚往往是最能培养出低自尊儿童的手段，这样做的后果往往只是一段时期的有效性，如果教师较多地利用这种手段则会培养出更多低自尊儿童，而这些儿童往往自控能力会变得越来越差。既然是这样，教师何不把精力放在培养高自尊儿童的教育方式上？高自尊儿童具有良好的自我管理能力，如果每一个儿童都能做到有效的自我管理，教师也就不用费时、费力且收效甚微地进行课堂管理。蒙台梭利早就找到了锻炼儿童自我管理的独特方法并成功运用到了蒙氏幼儿园中。在蒙氏幼儿园你看不到一个疯跑的儿童和吵吵嚷嚷的教师，每一个儿童都在专心地做着自己的事情，他们不干预别人也不被别人干预。所以，去过蒙氏幼儿园的教师和家长都会惊叹儿童的自我管理能力。因此，我们应借鉴蒙氏幼儿园的方法，并将其运用到韵律活动中。

教师须为儿童提供安全舒适的音乐课堂环境——"有准备的音乐环境"和"非正式音乐环境"，这是最符合儿童音乐能力发展天性的音乐环境。两者是基于儿童和成人不同的音乐习得方式。前者来自意大利蒙台梭利的教育理念"有准备的环境"：由教师、环境、教具三大要素组成。蒙台梭利认为，在传统的教学中，大家往往只关注教师和学生，却忽略了环境的作用。她认为，教育不是自上而下的"教"，而是教师借助教育和环境的作用协助儿童自下而上的"自我发展"。蒙台梭利教育中提到的"精神胚胎"这一概念，就好像人身体的胚胎需要在子宫这种环境下才能生存一样，儿童的"精神胚胎"也需要一个适合它的环境。[1] 后者则来自美国的奥尔夫音乐教学法的改良。两者的共同目的都是为儿童提供一个适合的音乐教学环境。例如，我们可以运用蒙台梭利听觉训练课程中的"肃静游戏"和"音感钟练习"。肃静游戏能让儿童安静下来，能培养儿童的注意力和自我控制能力，同时能充实儿童的内心，强化儿童的听力，十分适用于音乐课程的开头或者结尾。而音感钟练习由两组具有相同音高的音感钟构成，第一组由 8 个白色音感钟与 5 个黑色音感钟构成，黑白色与钢琴键盘一一对应，音程以 C 大调音阶为主，附带教具有木槌、止音棒、排列音长键板台。基本操作由找出相同的音和音阶构成。前者是通过找出相同音来训练儿童对音高的敏感度和准确度，而后者是让儿童从低音到高音分别找出排列的音高，增强儿童对音程的理解。[2]

---

[1] 蒙台梭利.童年的秘密[M].北京：北京理工大学出版社，2015：165.
[2] 段云波.蒙台梭利幼儿教育法[M].北京：科学技术文献出版社，2016：126.

（四）幼儿园韵律活动课程评价与监管的建议

课程评价的价值取向分为目标取向、过程取向和主体取向三种，不管是基于哪种取向，其目的都是更好地实现课程的价值，以及为今后课程的提高起到一个系统化的参考作用。教师必须严格遵守课后反思的时效性和客观性等因素，这样才能真正实现课后评价和反思的价值。

1.建立时效性、多元化的课程评价制度

建立时效性、多元化的课程评价制度能有效保障教学反思的及时性和有效性，具体做法如下：第一，应当确保每一次课程评价的时效性。教师应当在每节课后做当堂的课程评价及反馈，只有在有效的时间范围之内，教师的课程反思才是有价值的。如果教师当时因为某些原因不能做到随堂评价，至少应当记录下当堂课的灵感以及不足，而且应当在当天工作结束前借助简短的提纲回忆当堂的教学情况并完成教学反思，切不可拖到周末甚至学期末完成。幼儿园主管教学领导应当至少一周检查一次教师的教学反思，严格制定、遵守教学反思记录的原则。第二，课程评价除了教师自评之外，还应当包含同行评价、领导评价、学生评价等其他的主、客体评价，这样就保证了课堂评价的多元性，从而提高了课程评价的客观性。除此之外，课程评价还应当包括当堂课的评价、课程的学期评价、课程的年度评价。一以贯之，逐步建立体系化的课程评价，旨在帮助教师对自己课堂和自身专业水平的监督与提高，从而提高教师的教学质量。

2.建立可视化影像下的课程评价制度

建立可视化影像下的课程评价制度有助于更好地实施课程评价制度。大多数幼儿园对课程评价都是以管理者或同事的看课、评课为主，教师自评也是以对当堂课后儿童的反应和自身的感觉为主。这种评价机制仅仅对当堂课程有效，很难起到实质性的作用。教师可以利用手机将每节课的内容记录下来，在课后做课程评价的时候能够以第三人的角度去回看当堂课中自己的表现，这时候的评价更具体、更写实、更客观。

运用手机录课可以让教师自评更全面。教师课后对自己的课程评价往往基于教师对授课中学生的观察反应，而对自己在教学中的具体实施则是基于自己主观的感觉和经验的判断。用手机录课的方式能够让教师在课后更加直观和具体地观看自己在课程中的表现，同时可以帮助教师捕捉在教学过程中忽视的一些细节。手机录课的方式能够让教师反复观看和琢磨一节课，不存在时效性。手机录课还可以方便幼儿园对教师做

全面的课程质量的随堂抽查,让教师带着上好每节课的心理去备课。手机录课可以捕捉到教师课堂教学中的每一个精彩瞬间,也能放大教师课堂教学中的每一个失误环节。同样,对教学管理者来说,采用录课的方式进行评价,可以对比出一个教师在教学上的成长,相对纸质的报告来说,录下来的教学视频更能直观地体现教师的专业成长。对每一个教师来说,手机录课具有"监督"和"警示"作用,也是提高教师教学积极性的一种有效手段。

第三节 学前儿童音乐欣赏

一、培养学前儿童音乐欣赏能力的重要性

(一)有利于提高幼儿高级认知的水平

幼儿的高级认知包括想象和逻辑两个方面,并在很大程度上影响着幼儿对感性以及理性的认知。而合理有效的音乐欣赏活动有利于激发幼儿的想象能力,切实提高幼儿的音乐综合素养。

目前,经过大量的调查研究发现,在音乐欣赏活动中形成的幼儿想象力,在很多方面都存在着十分重要的影响,如基础理论知识、创造研究、社会实践活动等。尤其值得一提的是,德国著名的物理学家爱因斯坦,在其幼儿时期就已经开始练习拉奏小提琴,这样的音乐欣赏活动对他日后的物理研究具有十分明显的作用。而且爱因斯坦也认为,想象能力的培养比学习知识更重要。因此,也可以这样说,想象力作为一切学习的动力而存在。立足于大部分幼儿园开展的音乐欣赏活动可以发现,当幼儿接触到他们所耳熟能详的音乐时,通常会表现得十分陶醉,引起十分强烈的情感共鸣。

在提高幼儿音乐欣赏能力的同时,音乐欣赏活动还能够有效地提升幼儿的逻辑能力。从幼儿的心理特征来看,逻辑能力被合理地分为三个有效部分,即直觉行动逻辑、具体形象逻辑、抽象概念逻辑,并能够很好地体现在实际的音乐活动过程中。第一,直觉行动逻辑与幼儿的日常行为密不可分,无论是对理论知识的学习还是在对音乐的模仿过程中,只要幼儿看到有其他人在唱歌或是跳舞时,幼儿就会积极模仿,直到完全掌握。第

二，幼儿能够在模仿过程中慢慢养成具体形象逻辑能力，并有助于提高幼儿音乐辨别能力。教师让幼儿在听到某一音乐作品时，通过作品的音调辨别该作品属于哪一种风格、想要表达什么样的思想感情等，还能够帮助幼儿理解音乐作品所包含的深刻含义。以上就是具体形象逻辑所涉及的内容，它能够将音乐作品的创造有效地分为三个创作步骤，即作品创造、作品演出、作品赏析。音乐作品的实质性意义在于能够很好地体现创造者的逻辑思维水平，能够将人们没有头绪的情感详细地表达在音乐作品中。从这一点不难看出，观众能够真正从音乐作品中感受到创作者强大的逻辑思维能力。同时，音乐作品本身就是抽象的，观众听到后的感觉也是各种各样的，也正是由于这一因素才能够扩大幼儿的想象范围。因此，在培养幼儿音乐欣赏能力时，幼儿自身的发展特点、生理特征都有利于其思维逻辑的培养和想象能力的提高，教师要充分认识到这一点，并积极创设更多适合幼儿培养音乐欣赏能力的环境，让幼儿有更多的机会接触音乐作品，培养幼儿的想象能力，切实提高幼儿音乐欣赏的综合能力。

（二）有利于培养幼儿的创新能力

新课标改革后的幼儿园音乐教学课堂，要求更多地重视幼儿创新能力的培养，同时这也是国家高素质人才培养计划中的明确要求。音乐欣赏教学改变了一贯的模仿音乐作品的手法，而更多地关注于幼儿已经掌握的知识基础，再加上幼儿自身对音乐作品的理解，进行反复提炼，进一步拓展音乐作品的详细内容。音乐作品的赏析主要分为体验、想象、意会等环节，这有利于提高幼儿的创新能力。事实上，幼儿最初对音乐作品的赏析仅仅停留在聆听、观察的基础之上来了解这个丰富多彩的世界，音乐作品本身对幼儿就有很大的吸引力，幼儿能够在音乐活动中将自身的体会用肢体语言表达出来，如唱歌、跳舞。在实际的音乐赏析过程中，教师可以积极组织幼儿进行跳舞、歌唱表演。[①] 幼儿园的教育计划明确提出，幼儿园的教育核心要能够放在端正幼儿的行为习惯上，重视耳濡目染的作用，并能够在各个教学环节中有所体现。对幼儿园教育来讲，音乐是幼儿对现实生活的一种回归，具有潜移默化的作用。例如，在学习歌曲《小蚂蚁找妈妈》的过程中，教师可以通过对上篇歌曲《两只小小鸭》的复习来引入新课的教学，此时教师完整地演唱一遍《小蚂蚁找妈妈》让学生欣赏歌曲的旋律，并提问学生："这首歌中小蚂蚁是如

---

① 季湘.幼儿音乐欣赏活动多通道参与策略初探[J].天津市教科院学报，2008（4）：86-87.

何寻找妈妈的？"引导学生回到歌曲中的内容。同时，教师还可以与学生共同进行歌曲的编舞，加入一些扭腰、伸腿的舞蹈元素，激发学生对音乐作品的赏析欲望。[1] 以此为基础，教师带领幼儿进行全篇音乐作品的演唱，并及时鼓励幼儿，在无形中培养了幼儿对音乐作品的学习兴趣，提高了幼儿的音乐赏析能力，帮助幼儿养成了良好的音乐学习习惯。

（三）有利于提高幼儿道德情感水平

音乐欣赏能力的培养是幼儿园音乐教学过程中的重中之重，是教育体制改革后所提出的明确要求。音乐欣赏能力是幼儿在情感上对音乐作品的认知，并能够通过欣赏的途径来提高幼儿的道德情感水平，对幼儿自身情感发展具有十分重要的影响。

根据调查研究发现，凡是有音乐学习经验的幼儿，除特殊情况以外，他的想象能力、创造能力都稍强于其他幼儿。在幼儿拥有一定的欣赏能力之后，他就能够用欣赏的眼光发现日常生活中的美的一面，区分真正的善恶，具有明辨是非的能力，从而能够更好地表达内心的真实体会，挖掘幼儿的内在欣赏潜能，有利于切实提高幼儿的道德情感水平。[2]

（四）有利于幼儿的个性化发展

幼儿园音乐教育要能够着眼于帮助幼儿端正学习态度、培养良好的学习习惯上，特别是要加强对幼儿个性化发展的重视。个性化发展是人类自主进行活动的关键因素，也是个性结构中必不可少的元素，集中体现在对事物的认知过程中，包括心理需求、爱好特长、意向决心等多方面。0~6岁是幼儿个性化发展的重要阶段，教师应充分认识到这一点，并主动为幼儿创造个性发展的环境，而幼儿音乐欣赏能力的培养十分有益于幼儿自身的个性化发展。根据研究发现，音乐欣赏能力的提高有利于幼儿感受到参与实际活动带来的愉悦。同时，在实际的活动过程中，幼儿能够将自我完全地展现出来，有助于提高幼儿的整体音乐素养。所以说，在开展音乐欣赏教学课堂时，教师不宜固定幼儿的表演方式或学习方法，而应该根据幼儿自身的发展情况，引导幼儿更好地展现自我。同时，对幼儿丰富多样的表达方法，教师都要给予大力赞赏，鼓励学生

---

[1] 袁晓琳.浅谈舞蹈教学中培养幼儿创造性的意义与作用[J].中国校外教育，2014（10）：154.

[2] 周白玉.浅谈幼儿音乐欣赏中的情感体验培养[J].中华文化论坛，2008（S1）：115-116.

更好地进行自我表现。教育的目的不是培养出一模一样的人才，而是要在教育理念的范围内允许人才的个性化发展。

（五）有利于提升幼儿的合作能力

现代文明的快速发展使人们的合作意识显得越发重要。合作是人们在社会生活中的必备技能之一，人们只有提高自身的合作能力，才有可能获得成功。当一个人在幼儿时期没有获得合作意识的培养，则在其长大的过程中将会体会到孤独感和自卑感。然而当今社会，父母溺爱孩子的现象十分严重，再加上大多数幼儿都是独生子女，缺乏合作意识，这就导致了幼儿合作能力不高。幼儿园音乐鉴赏课具有加强幼儿与他人之间的联系、促进幼儿沟通交流的重要作用，从而建立幼儿间的融洽关系，有益于培养幼儿的合作意识，提高幼儿的合作能力。同时，教师在教学过程中也要重视幼儿合作能力的培养。音乐鉴赏课需要课堂纪律的辅助，它要求幼儿在参与的过程中必须遵守相关准则。① 在实际的课堂教学中，教师既要及时地帮助幼儿与音乐建立良好的关系，又要教导幼儿处理好与同学间的关系。例如，在集体大合唱的过程中，幼儿要能够与同学合作，尽量使自身的音量与他人相适应；在弹奏乐器的过程中，幼儿要能够根据他人节奏的快慢适当地对自身节奏做出调整；在音乐动作教学的过程中，幼儿要控制自己的身体，尽量与他人的动作相一致等。只有亲身经历过音乐鉴赏课，幼儿才能真正意识到合作的重要性，才会懂得相互沟通、交流是成功道路上的必要条件。所以说，在提高幼儿音乐欣赏能力的过程中，教师要打破传统的教学模式，采用音乐欣赏的教学方式来培养幼儿的合作意识，提高幼儿的合作能力，促进幼儿未来更好发展。相关研究发现，凡是接受过音乐欣赏教育的幼儿，在未来的生活、学习中都比没接受过音乐欣赏教育的幼儿表现出更强的毅力和更高的目的性。

二、学前儿童音乐欣赏能力实践活动的开展

（一）将倾听音乐视为欣赏音乐的前提

作为一种视觉艺术，音乐对幼儿感觉器官的发展有着积极的促进作用，欣赏音乐必须建立在听觉感知的基础之上。幼儿音乐学习的前提条

---

① 林淑湘，周洁. 幼儿音乐欣赏教育的意义与原则[J]. 基础教育研究，2008（1）：47-49.

件为倾听，它是幼儿音乐学习最先经历的阶段，也是音乐审美教育早期灌输的主要内容。在《怎样欣赏音乐》一书中，作曲家艾伦·科普兰认为，作为一种表演艺术，音乐的基础应当是听，让学生学会倾听是音乐最先需要解决的问题，在形成倾听习惯的基础上培养学生的音乐能力。若想更加深入地了解音乐，最为核心的便是学会倾听。从培养幼儿倾听能力的角度分析，学会倾听对其终生音乐能力而言都是不可缺少的基础。然而音乐表达不如文字和语言那般直接，音乐的艺术呈现是以声音传播为主的，这也是听觉存在的重要表现。在聆听音乐的过程中加深对音乐的理解，达到心灵悸动和情感共鸣的目的，这显然是文字和语言不可比拟的艺术魅力，也是音乐欣赏能力培养的目标所在。

（二）重视音乐欣赏过程中对幼儿创造性与自主性的培养

当前，幼儿园音乐教学最为棘手的问题莫过于对幼儿音乐欣赏能力的培养，这一由内而外的输入过程借助音乐活动加深幼儿对音乐内容的理解，并以此为基础促进幼儿音乐审美能力的拓展。然而，当前幼儿园在音乐教育方面普遍存在对欣赏活动回避的问题，这就使得幼儿音乐欣赏能力的培养一度陷入误区，忽略了幼儿参与音乐欣赏活动的重要性。光听不动的教学现状使得幼儿被动地接受音乐教学的实施，这一固定教学模式自然很难达到培养幼儿音乐欣赏能力的目的，不仅压抑与幼儿正常音乐情绪和情感，还忽略了幼儿在音乐教学中创造性与自主性的发展。为此，培养幼儿音乐欣赏能力要做好以下三个方面工作：

第一，在多种感官通道的辅助下提高幼儿音乐欣赏活动的参与度。对具体事物的认知是一个由浅入深的过程，这一过程中感官通道的开放程度直接关系到幼儿对事物的认识程度，其中音乐教学的开展也遵循着相同的规律。在开展音乐欣赏活动的过程中，教师除了引导幼儿倾听音乐外，还需要培养幼儿的音乐表演能力，在语言的辅助下提高幼儿对音乐表演的直接体验。欣赏活动并非单纯依赖于听觉活动，而是需要在多种感官辅助下提高语言知觉的参与度，其中运动觉参与是指在音乐伴奏下肢体随之摆动，在各种打击乐器伴奏下加深对音乐的整体感知；视觉参与则是通过美术作品创作的方式来表现与感知音乐；语言知觉则是利用文学语言表演和创作的方式加深对音乐内容的理解。在对《土耳其进行曲》进行欣赏时，教师可采用打击乐器演奏的方式辅助音乐欣赏活动的开展，而《梦幻曲》的欣赏则可通过讲故事或是诗歌朗诵的方式来开展，至于《欢乐颂》则可通过舞蹈和歌唱的方式积极展开，而《森吉德玛》则通过运动的方式提高音乐舞蹈本身的律动感。借助多种感官实现对音乐欣赏能力的培养不仅有助于提高幼儿主动参与的意识，还有助于强化其对音乐作品的整体感知。

第二，在音乐欣赏活动中创设广阔的想象空间。在开放和自由的活动中展开音乐欣赏教学，依据其中的不确定性和开放性特征对幼儿的兴趣进行管理，提高活动组织的合理性。在欣赏一段舒缓和安静的音乐时，教师可引导幼儿依据音乐的内容展开合理的想象，对音乐内容进行描述，不必刻意强调答案的标准化，要肯定幼儿的想象力，在不断生成的音乐场景中引导幼儿积极分享对音乐的切身感受，这对提高幼儿的音乐欣赏能力有积极的促进意义。

第三，通过自主表述和自我表演的方式展开对音乐的自由联想。值得注意的是，音乐欣赏活动是自由和民主的，教师不应过多地限制幼儿的想象空间，在自由联想中激发幼儿对音乐欣赏的兴趣。对幼儿内心深处"缪斯"的唤醒依赖于教师在音乐欣赏教学中有效的组织，任何不良因素的产生都可能阻碍音乐激发，不利于幼儿内心深处"缪斯"的唤醒，这就需要教师摒弃以往千篇一律的教学风格，切忌用模仿和重复来压制幼儿内心的音乐情感，这是提高幼儿音乐欣赏能力必须关注的重要方面。音乐欣赏课教学需要依据幼儿自身想象与联想的特点实施教学，鼓励幼儿大胆想象，通过各种方式进行音乐表演和情感表达。一些幼儿在音乐的辅助下能够各抒己见，一些幼儿依赖动作表演能够激发音乐联想，也有一些幼儿习惯通过舞蹈动作的表演来阐述对音乐的理解。这就需要教师采取多样化的方式合理激发幼儿对音乐的情感，切忌利用固定的标准来限制幼儿的音乐情感表达，应该通过多样化的音乐欣赏活动提高幼儿在音乐学习中的积极性和主动性。

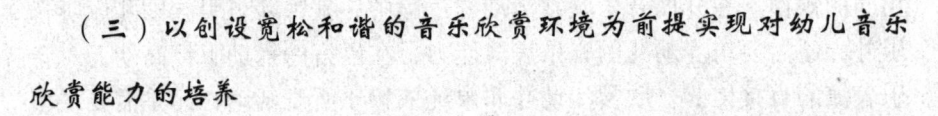

（三）以创设宽松和谐的音乐欣赏环境为前提实现对幼儿音乐欣赏能力的培养

音乐氛围宽松与否对幼儿音乐欣赏能力的培养有着重要影响，它是主观性思维活动开展的重要依据。然而由于幼儿在生活背景、性格特征以及审美情趣方面存在差异，因此对音乐作品的理解自然也有所不同，这是幼儿区别于成人的一个重要方面。这就需要教师从幼儿的兴趣需求和实际个性特点出发，在尊重幼儿个性差异的前提下合理组织音乐欣赏活动，在和谐融洽的氛围中引导幼儿欣赏音乐、享受音乐。这一环境不仅能够促进幼儿主体学习意识的发挥，还有利于其音乐创造性的发展。教师要在和谐宽松的音乐氛围中鼓励幼儿敢于表达自身的音乐情感，在合理的想象中表现幼儿的音乐审美能力，从而有效促进幼儿音乐欣赏能力的提高。

第一，与音乐内容相匹配音乐环境的创设。音乐环境的创设，即对音乐意境的描绘，置身于音乐环境中如闻其声、如临其境，这是丰富音乐情境的重要途径。比如，《摇篮曲》在幼儿园小班中的教学，教师便可在教学前通过对教室窗帘和墙壁的布置营造良好的音乐情境，在地垫上放置正在熟睡的洋娃娃，配之以教师自然的体态和慈爱的目光，这是对音乐内涵的一种阐释，也是培养幼儿音乐欣赏能力的有效路径。

第二，与音乐相契合的音乐画面的绘制。作为想象力培养的重要手段，图画对幼儿音乐兴趣的培养以及欣赏能力的提高也有积极的促进作用，在丰富的情感体验过程中发掘音乐中存在的美感，通过对与之相契合的音乐图画的绘制，与幼儿的认知特点和理解能力相符合，这对幼儿音乐情绪的调动有积极影响。[1] 比如，《墨西哥舞曲》在音乐欣赏课教学中的实施可由教师事先完成两幅挂图的绘制，即雨点和花儿相互对视的场景以及花儿与小雨点之间亲密舞蹈的场景。第一幅图可通过对图画的描绘来阐述乐句之间的关系；第二幅图在描绘时则可通过对幼儿肢体动作的指导来阐述音乐与图画之间的关系，进而丰富幼儿对音乐内容的理解与感受。

第三，多媒体教学在音乐欣赏环境构建中的有效运用。除了对音乐情感和情境内容的表达外，动态化的视觉形象对幼儿音乐视线的把握以及音乐节奏的掌控也有积极影响，这是动感素材的有效利用过程。比如，《动物狂欢节》在幼儿园大班教学中的实施可以从与之相对应的动漫作品中吸取灵感，通过动漫作品与幼儿的音乐情感相结合，借助音乐快慢和高低变化加深幼儿对音乐内容的理解，并在教师动作和语言的指导下促进音乐欣赏活动的有效开展。需要注意的是，教师在引导幼儿进行音乐欣赏过程中应当尽可能避开横向化比较与形式化说教，这极易对幼儿发展性评价产生不良影响，应当通过发展的眼光来肯定幼儿的进步，注重在音乐欣赏教学中加强对幼儿体验和创造能力的培养。此外，在音乐欣赏课教学中，幼儿与教师之间的关系更多地应是朋友和伙伴的关系，而不应表现为教师对幼儿的管理和干预，应尽可能地在和谐融洽的音乐氛

---

[1] 周白玉.浅谈幼儿音乐欣赏中的情感体验培养[J].中华文化论坛，2008（S1）：115-116.

围中鼓励幼儿对音乐内容进行交流,在宽松的教学环境中发掘幼儿身上的闪光点,合理培养幼儿的音乐想象力,让幼儿在感受成功喜悦的同时也促进自我音乐欣赏能力的提高。

(四)突出幼儿音乐欣赏能力培养中教师的引导作用

在幼儿音乐教学中,师幼互动的开展需要教师时刻关注幼儿在表现及反应方面的变化,并以此为基础并依据其实际学习需求合理展开音乐教学,肯定幼儿在音乐欣赏教学中取得的进步,促进幼儿音乐欣赏能力和音乐体验能力的提升。这是因材施教在幼儿音乐欣赏教学中的体现,同时对满足幼儿的个性差异也有积极的促进作用。由此不难分析,幼儿音乐审美教育的实施与教师自身能力发展情况有着密切联系,教师的引导是幼儿音乐欣赏能力培养的重要影响因素。

第一,幼儿教师音乐表现及鉴赏能力的提升。对音乐审美活动的设计与组织是完成幼儿音乐审美教育任务的关键环节,这对审美目标的实现有积极的促进意义。在这一过程中,教师除了需要了解基本的乐器知识和音乐理论知识外,对音乐作品背景知识的了解以及音乐舞蹈表演知识的掌握也不可缺少,这对幼儿音乐教师自身素养而言也是重要的考验过程。教师只有切实了解音乐作品的背景知识才能实现对幼儿学习发展的有效鉴别,进而更好地提高对音乐审美活动的驾驭能力,在指导幼儿完成相对应音乐欣赏活动教学目标的同时,也实现对幼儿音乐分析能力和音乐感受能力的培养。教师音乐表现力的形成和自身的应用分析与鉴赏能力有着密切关联,同时借助对应的音乐表演也能够在培养幼儿音乐审美素质的同时拉近教师与幼儿之间的距离,丰富幼儿对音乐作品的理解和情感体会。值得注意的是,幼儿对音乐表现力的理解有着显著差异,接受不同音乐熏陶的幼儿在音乐表现力方面也有所不同,越丰富的音乐价值对应的能力培养过程也将越深刻。这就需要教师在不断扩展自我知识面的同时形成对文化艺术更加深刻的理解,促进自身文化素养的提升,这对幼儿音乐审美目标的实现是不可缺少的支撑和保障。

第二,促进幼儿教师自身沟通能力的完善。平等沟通意识与有效沟通技能是教师沟通能力的重要组成部分,然而在组织幼儿活动时一些教师能够做到井然有序,体现师幼的互动性,也有一些教师在组织活动时缺少师幼之间的互动,影响幼儿交流和组织能力的提高。从活动教学角度分析,非语言沟通和有声语言沟通都是幼儿园音乐审美活动开展需要关注的方面,然而在和幼儿相处的过程中有声语言沟通是教师主要采用的一种方式，依据特定文化背景下幼儿对语言的理解能力展开活动，既能让幼儿在可接受的语言中达到灵活运用的目的，也能够使幼儿更好地掌握简约型的语言，依据实际的音色和节奏变化来掌握音乐的起伏变化，这一过程中对特定情绪语言的讲解也是不可缺少的。除了有声语言的运用外，对非语言沟通技巧的掌握也是幼儿园教师在自身沟通能力完善时需要考虑的问题，其中就涉及手势、姿势、目光以及面部表情等内容，这对加深幼儿对教育信息的理解有积极影响。[1]需要注意的是，若是教学过程中幼儿的情绪过于兴奋也会对教学效果产生不良影响，这时教师就可通过将食指置于唇边以示意幼儿控制自己的情绪。

第三，促进幼儿教师活动组织能力的提高。作为幼儿园活动组织过程中主客体联系的重要载体，教师在幼儿园音乐审美教育中的重要性不可忽视。在音乐审美教育中，教师既是活动的指导者，又是活动的设计者与组织者，通过对幼儿园各项活动细节的整合达到音乐审美教育渗透的目的，这对幼儿音乐的环境创设有积极的促进意义。作为音乐活动实施中的重要影响因素，教师的教学方式对幼儿活动地位的确立有着重要的导向意义，若是过于强调这一过程中教师的示范作用可能会对幼儿自主能动性的发挥产生影响，导致幼儿在机械模仿中仅仅局限于对教师直接灌输知识的掌握，不利于技能结果的反馈。若是教师在幼儿音乐教学中能够恰当体现幼儿与音乐之间的互动则能够有效激发幼儿的创造及主动探究能力，唤醒幼儿内心的主体意识，培养幼儿良好的音乐个性品质，这对幼儿音乐欣赏能力来说也是重要的发展过程。

（五）幼儿音乐欣赏能力培养应当与幼儿整体素质提高相结合

促进幼儿音乐欣赏能力和整体素质的提高是幼儿园音乐欣赏活动实施的主要目标，可见音乐教育旨在对幼儿非音乐素养和音乐素养的双向培养，以音乐技能培养作为幼儿音乐欣赏能力提高的必要基础。技能性是音乐活动的显著特征，我们通过对教育成果的研究再次证实了早期的音乐技能训练在培养专业音乐人才方面有着积极的影响。然而我们也不能将幼儿园时期的音乐教育视为对专门的音乐人才培养的过程，更多地应当表现为对幼儿音乐审美教育的灌输。音乐欣赏教育的实施需要建立在素质教育的基础之上，并通过音乐欣赏的途径实现对幼儿音乐欣赏素质的提升和促进幼儿身心全面发展，这是能力培养的关键所在。

---

[1] 李琴.找问题 探根源 求策略 增效益：谈当前幼儿园音乐欣赏的教学[J].教育观察（中下旬刊），2014（6）：57-58.

（六）突出快节奏流行歌曲的兴趣引导作用

节奏轻快、朗朗上口的快节奏流行歌曲也是幼儿园音乐欣赏教学中激发幼儿音乐演唱兴趣的有效方式，如近几年流行的《最炫民族风》《小苹果》等快节奏流行歌曲在幼儿音乐教学中的出现极大地调动了幼儿的积极性，有着不可忽视的兴趣引导作用。需要注意的是，幼儿对快节奏流行歌曲的喜爱可能并不是对其中的歌词感兴趣，而是在律动的节奏中模仿其中的音乐旋律，并从中获得喜悦感。流行歌曲中所包含的音乐元素有很多是幼儿歌曲中所没有的，多样化的演绎方式使得幼儿的音乐情感变得更加丰富，并在模仿和欣赏的过程中达到兴趣培养的目的。教师在流行歌曲的选择上应当偏向于曲调适中、音律不宽和内容健康向上的歌曲，采用童趣口吻对歌曲内容进行解释，并在课余时间通过快节奏流行歌曲的播放使得幼儿音乐教学的实施变得生活化与简单化。例如，在歌曲《小苹果》中，教师就可将其中的歌词转化为幼儿之间的朋友情感或是对老师、对亲人的关爱，在优美的音乐节奏与旋律中加深幼儿对歌曲内容的理解，将童真情感融入快节奏流行歌曲演绎当中，以此提高幼儿的音乐欣赏能力。

第四节　学前儿童打击乐演奏

一、培养学前儿童打击乐演奏主体性的重要性

学前儿童打击乐演奏主体性培养主要是指对幼儿自主性、主动性、创造性、探究性等能力的培养。幼儿打击乐教学中主体性培养的重要性主要体现在以下几个方面。

（一）促进幼儿生理与心理的发育

幼儿思维特征随着年龄的增长而不断变化。幼儿主要以直觉动作思维为主，具体的形象思维还处于初级阶段，幼儿的自我意识相比大龄儿童来说要弱，仅仅表现为生理性体验，随着年龄的增长，其社会性体验逐渐增加。

开展打击乐器演奏活动有利于促进幼儿在生理上的快感和心理上的

满足，有利于提高幼儿的音乐理解能力。在生理方面，幼儿身体成长发育较快，打击乐能促进幼儿感觉统合的发展。感觉统合训练主要协助幼儿发展五种感官知觉，使幼儿获得感觉运动的经验，对日后从事读书、写字等认知学习，个人稳定情绪保持以及适应外在环境所需具备的感觉统合能力，将有极大的帮助。在幼儿视觉方面，打击乐活动能充分促进幼儿的视知觉发展及手眼协调能力；在幼儿听觉方面，通过倾听乐曲促进幼儿理解、辨识、记忆与注意能力的发展；在触觉方面，幼儿在敲击乐器时能感知乐器的质感；在前庭觉方面，能够更好地平衡身体机能的协调；在肌肉关节觉方面，能增强手部小肌肉的发展，提高其动作的协调能力。

促进幼儿心理方面的发展。幼儿思维随着年龄的增长而不断变化，幼儿主要以直觉动作思维为主，对具体的形象思维还处于初级阶段。幼儿园小班幼儿对基本的四分及八分音符具有一定的模仿能力，很多幼儿仅仅停留在听音乐的阶段。幼儿园中班幼儿对音色的差别已经有了初步的辨别能力，能够对一些短小的简单节奏进行模仿。而幼儿已经能够对响亮、亢奋、安静、柔和的音乐进行辨别和感知。幼儿园音乐教育活动的推进遵循"感受—表现"的艺术心理过程，打击乐中的艺术感受是幼儿将乐曲与自己的生活经验相结合，并转换成自己能看懂、能听懂的内容情境。幼儿对乐曲的感觉、知觉、表象这一心理阶段，主要是在主动身体动作探究与表演中进行的。总而言之，幼儿打击乐教学要求其能够感知乐曲，自主学习看图谱做动作，能够根据身体动作感受音乐元素特征，并能够用打击乐演奏的方式表演出来。这种由里向外的心理过程，促进了幼儿心理方面的发育。

（二）增强幼儿学习打击乐的兴趣和成就感

1. 幼儿打击乐教学应获得大力支持

具体来说，一方面，幼儿打击乐教学应得到幼儿园、家长、社区等多方的大力支持。在幼儿园教学过程中，幼儿园为幼儿打击乐教学提供设备、设施等资源的支持；教师为幼儿园打击乐提供教学支持；在家庭教育过程中，家长给予幼儿打击乐教学以优质的家庭环境支持；在社区教育过程中，社区给予幼儿打击乐教学更多的效果展示机会。另一方面，幼儿打击乐教学能够培育幼儿的感知与模仿能力，激发幼儿有兴趣地、有意识地听音乐，提高幼儿的音乐能力，对幼儿以后的发展有着很好的支持与促进作用。

2. 激发幼儿学习打击乐的兴趣

兴趣是指人认识某种事物或从事某种活动的心理倾向，它是以认识和探索外界事物的需要为基础的，是推动人认识事物、探索真理的重要动机。兴趣对幼儿的个性形成和发展、对幼儿的生活和学习有巨大的作用，是推动幼儿不断学习的巨大动力。幼儿阶段是主体性培养的初级阶段，幼儿出生时就具有了一定的主体性。比如，幼儿天生对某种新鲜事物或者新奇事情具有好奇心。因此，在打击乐教学中加入传统、生活游戏，增加音乐课堂趣味性进而引发幼儿的学习兴趣。在打击乐教学时采用游戏化教学、启发式教学、交互式教学、合作化教学、情景化教学、支架式教学等形式，可最大限度地调动起幼儿的学习积极性，使其获得成就感。成就感是指愿望与现实达到平衡时产生的一种心理感受。成就感能增强幼儿在学习、生活中的自信心、进取心，使幼儿能积极主动地迎接挑战。根据维果茨基的最近发展区理论建构支架式教学，保证各个环节环环相扣，教学内容由易到难层层递增，使幼儿在每个环节都能通过主动学习、操作探究完成此环节的学习目标。幼儿通过不断实践、反复练习，共同完成一首乐曲的完整演奏后便能获得一定的成就感。

（三）提高幼儿对打击乐节奏的感受力和理解力

学前儿童打击乐教学是一种互动性较强的音乐教学活动，通过互动性的活动，幼儿可以对周边事物产生积极的理解与感受；通过互动性的活动，幼儿之间、幼儿与教师之间将建立关联，促使幼儿找到自我归属感；通过互动性活动，幼儿能够在一定程度上学会思考、听想，并与其他幼儿一起创造新的打击音乐。可以说，幼儿打击乐教学内容正是借助互动的形式来实现的，幼儿在不断互动的过程中学习了打击乐知识以及内容。节奏是自然、社会和人的活动中一种与韵律结伴而行的有规律的突变。德国作曲家和音乐教育学家奥尔夫提出"节奏第一"观点，是构建儿童音乐教育体系的关键。由此可见，音乐构成的第一要素应是节奏，而不是旋律。

第一，在打击乐教学中引导幼儿通过身体动作来感受节奏，符合幼儿好动的心理特点。身体动作是感受音乐节奏的生理基础，利用拍掌、拍腿、拍膝、跺脚等身体打击发出不同声效的声响，提高幼儿节奏的感受力和理解力。

第二，在打击乐教学中利用图谱来敲击节奏，符合幼儿直观形象的思维。幼儿以无意注意为主，一些学习欲望从兴趣出发，将节奏谱用直观形象的图形来表现，不但能集中幼儿的注意力，而且易于幼儿理解乐曲。图谱的运用能降低教师对幼儿学习的干预程度，也能充分调动幼儿学习的主动性和积极性。

第三，在幼儿掌握了一些简单、基本的节奏型后，教师可以根据教学内容引导幼儿在原有节奏型上进行改编、创编。

（四）培养幼儿对打击乐内涵的初步理解，丰富幼儿情感

从打击乐器的结构特征和演奏方法来看，打击乐器具有一定的创新性。教学过程的创新性让幼儿在打击乐教学中实现乐器方面的尝试，感受打击乐带来的乐趣，有助于提高学前儿童打击乐教学的效果。幼儿打击乐教学应遵循幼儿成长的身体特征、心理特征、自我意识特征、智力水平特征、音乐能力特征等，并以此为依据确定幼儿打击乐教学的方式、内容等。[①]幼儿园的音乐教育目标不是为了培养音乐家，而是为了促进人全面发展的情感活动。音乐都会蕴含一定的情感，打击乐同样也是如此。不管是激昂丰富的打击乐，还是柔和安静的打击乐，其中都蕴含着乐曲作者和演奏者的深厚情感。在遵守幼儿身心发展规律的基础上进行的打击乐教学设计，可以提高幼儿的自我意识、智力水平与音乐能力，进而丰富幼儿的音乐情感。

在打击乐教学中，幼儿主体性的提升可以增强幼儿对打击乐的思想感情，从而理解打击乐的内涵，引起幼儿的内心共鸣，进而丰富幼儿的音乐情感，具有一般音乐教学无法达到的优势。

二、学前儿童打击乐实践活动的开展

（一）打破僵化的教学模式，重视学前儿童主体性的培养

1.教师要树立以培养幼儿主体性为目标的打击乐教学观

学前儿童的打击乐教学是音乐美的启蒙教育活动，不仅能够培养幼儿表现美、感受美、创造美的能力，还能够培养幼儿之间的相互合作能力，提高幼儿的主体性意识。幼儿打击乐教学主体性的培养，还能够提高幼儿对打击乐节奏的感受力和理解力，使幼儿主动获得对打击乐学习的兴趣和成就感，在探究过程中培养幼儿对打击乐内涵的初步理解，丰

[①] 易大鑫.谈打击乐教学与训练的深化[J].辽宁高职学报，2012，14（5）：81-83.

富幼儿情感，促进幼儿在生理及心理上的发育。这就要求教师在幼儿打击乐教学中，树立科学的、整体的教学观和儿童观。著名教育家、哲学家卢梭曾经说过："大自然希望儿童在成人之前，就要像儿童的样子。"从这里可以看出，作为幼儿教育工作者的教师应让幼儿保持其自身的特色，利用其特色合理进行打击乐教学活动。对幼儿来说，他们已经有了初步的音乐感知意识，树立科学的、整体的打击乐教学观念，更有助于幼儿个性以及非智力因素的形成。

那么，教师如何在打击乐教学中树立科学的、整体的教学观和儿童观呢？首先，发挥专业主导性，提高对打击乐教学的认识；其次，合理安排幼儿园大班学生打击乐教学活动，安排应具有稳定性和灵活性，逐步培养幼儿的自律能力、自主能力；最后，积极主动学习，提高自身综合素养，不断完善自己才能跟上新时代幼儿园大班学生打击乐教学中幼儿主体性培养的要求。

2. 采用先进的教学方法，提高幼儿主体参与性和自主表现性

学前儿童打击乐教学是一种素质教育，体现了一种有别于传统教学观念的新教学理念。要想有效组织好打击乐教学，必须做到以下几点：

第一，教师要把握教学尺度。由于幼儿主体性很容易受到环境的影响，因此在幼儿主体性培养的过程中教师不能全部包办，而应为幼儿营造良好的环境，让幼儿放手去尝试。为了更好地培养幼儿主体性，教师应有目的地进行"扶"和"放"，使幼儿能够独立学习。

第二，教师要重视教学的过程性。考虑到幼儿的主体性（主动性、能动性等）容易受到各类因素的影响，因此教师应意识到对幼儿主体性的培养需要一个过程，不会一蹴而就。

第三，教师要实时运用激励机制。由于幼儿的主体性具有根本性、先天性的特点，幼儿对世界有天然的好奇和探究的冲动。为了更好地培养幼儿主体性，教师应鼓励和激励幼儿保持这种特性，将主体性充分发挥出来。所以，幼儿主体性的培养应通过激励的方式让幼儿的创造性行为得到良好的发展。要发展幼儿对演奏乐器的兴趣，只有让幼儿在演奏乐器中获得心理上的满足和愉快，才能更好地发展幼儿对音乐的感知与理解能力，从而培养幼儿的自主性、创造性等。

(二) 优化教学环节设置，激发幼儿主体性发挥

1. 教师要为培养幼儿的主体性做好教学准备

在学前儿童打击乐教学中，教师应充分利用节奏、图谱、乐器等多

种元素，除此之外还应对教学环节进行合理设置，并确定科学的教学课时，这些都需要教师为幼儿主体性的培养做好全面的教学准备。

第一，观察幼儿，了解幼儿已有经验。幼儿园教育属于集体性教育，对打击乐教学来说，教师应观察和了解幼儿，这是教师应具备的关键能力，也是教师把握幼儿已有经验和了解幼儿发展状况的直接路径。在打击乐教学活动中，教师所面对的对象是全体幼儿，每个幼儿的表现有限，这就需要教师加强观察、拓展区域活动，要求幼儿的个别化学习活动具有任务选择的自由性、操作时间的灵活性、材料设置的针对性等，从而为教师提供良好的深入观察的机会。

第二，查阅资料，了解乐曲原作者创作的背景。在进行打击乐教学之前，教师应对所要教授的乐曲资料、背景进行查阅，了解原作者当时的创作背景，从而更好地帮助幼儿理解乐曲的思想情感。教师只有真正了解了乐曲，才能将乐曲的思想情感传递给幼儿，以确保幼儿获得良好的学习效果，从而更好地培养幼儿的主体性。

第三，熟悉音乐作品，选取适合幼儿年龄特点的乐曲段落。考虑到幼儿自身心理与生理的发展现状，一般来说，打击乐器由幼儿在一定的范围内自由选择，即在教师选择后的乐器中进行选择，而乐曲则由教师进行选择。那么，教师如何选择合适的乐曲作品，使之与幼儿年龄特征相符？这就需要教师拥有研习和探究的积极性和能力。一方面，教师要充分熟悉大量的乐曲作品旋律、内容、情感；另一方面，要从中选取适合幼儿年龄特点的乐曲段落，为进行幼儿园大班打击乐教学做好准备。

第四，分析作品，揣摩作者所要表达的情绪。在选择乐曲或乐曲段落之前，教师应先做好作品的分析与研究，揣摩作者所要表达的情绪，这样才能将这种情绪更好地传递给幼儿。做好作品分析的准备不仅能够让教师对作品的理解更加深入，还能够帮助教师意识到幼儿在学习过程中可能遇到的问题，以做好打击乐教学工作各项准备。

第五，熟悉并掌握各种图谱的设计要点。在正式进行打击乐教学之前，教师除了需要了解幼儿经验、作者创作背景、熟悉音乐作品、分析作品、揣摩情绪之外，还要熟悉并掌握各种图谱的设计要点；同时，教师要了解幼儿的实际情况以及实际需求，简化或者改进乐曲的图谱，便于幼儿进行打击乐演奏学习。

2. 从节奏、图谱、乐器元素入手，调动幼儿创造性

幼儿思维具有具体形象性，幼儿的头脑中充满着颜色、形状、声音等生动的形象。教师利用节奏、图谱、乐器这些能具体感知的元素更能

调动幼儿参加活动的积极性。而节奏、图谱是打击乐教学过程中非常重要的元素。同时，乐器也发挥了重要作用，有助于加强幼儿对乐曲节奏的感知，从而充分调动幼儿主体性。幼儿创造性的培养是激发幼儿主体性的重要推力，而创造性的培养则是从幼儿能够接触到的事物开始的，如节奏、图谱、乐器等，幼儿熟悉之后，便于进行创造性应用。所以，在实际的教学当中，教师可以从节奏、图谱、乐器入手，激发出幼儿对节奏、图谱、乐器的兴趣，从而实现更具创造性的开发。

3.注重课时设计，为培养幼儿创造性提供时间

一般来说，很多幼儿园的打击乐教学活动每次均设置为两个课时，时间设置较为紧凑。然而，打击乐器的演奏活动从来不是一次活动就能完成的，幼儿必须有第一课时和第二课时的体验，还应有第三课时的巩固与自由发挥。

例如，《雷神》第一课时主要是音乐作品的欣赏活动，通过整体欣赏乐曲，引导幼儿初步感知乐曲的节奏和旋律；通过分段欣赏乐曲帮助幼儿初步进行身体动作感知，为第二课时做好铺垫；引导幼儿再一次整体感知乐曲，理解乐曲所要表达的意境。在分段欣赏乐曲时，教师要给予幼儿宽裕的时间，引导他们发挥想象力和创造力，设计出下雨时雨滴滴在腿上、肩上、头上的动作。在雨停了的环节，幼儿有充分表达雨后天晴的愉快心情的时间。

第二课时主要引导幼儿认识动作图谱，并让幼儿尝试用身体动作来表现音乐。认识图谱是幼儿根据所观察的图片主动学习的过程，幼儿尝试用自己设计的动作随乐曲进行演奏。根据幼儿在演奏过程中遇到的困难，教师带领幼儿再次进行练习；在配器环节，引导幼儿自主根据乐曲的意境、旋律匹配乐器，这一环节需要较多的时间让幼儿进行商议。

第三课时主要是师幼熟练合作演奏，教师引导幼儿讨论在合适的地方加入大鼓，对乐曲进行巩固和自由发挥。幼儿在熟练演奏的基础上讨论加入大鼓的节奏，使乐曲的演奏更加丰满。

综上所述，在打击乐教学设计过程中，教师应合理设置课时，做好课时安排，为幼儿提供充足的学习和创造时间。正如该教学案例中所述，第一课时安排了音乐欣赏课，帮助幼儿欣赏和理解乐曲，从而让幼儿初步感受音乐，给予幼儿充足的自我思考的时间，让幼儿对整个乐曲有一个整体的感知和认识。第二课时则尝试引导幼儿认知图谱，并让幼儿尝试用身体动作来表现音乐。这种循序渐进的方式既符合学习的方法要求，又能满足幼儿的学习需求。第三课时进一步升华，师幼合作演奏，由教

师指挥幼儿演奏，充分体现出幼儿的创造性。所以，课时的合理安排能够让幼儿循序渐进，夯实基础，逐步创造，对培养幼儿的创造性及主体性大有裨益。

4. 优化打击乐教学环节，充分发挥幼儿的创造性

维果茨基认为，儿童独立解决问题时的实际发展水平和教师指导下解决问题时的潜在发展水平之间的距离，就是"最近发展区"。根据最近发展区理论，教师在打击乐教学各环节的合理设置与优化，促使幼儿从一个水平提升到另一个新的水平。此过程有利于促进师幼互动，给教师和幼儿提供良好的教与学的环境，从而在活动中充分发挥幼儿的主体性。根据前文中提及的打击乐教学环节设置问题，教师通过教学环节的细化，引导幼儿根据音乐选择适宜的乐器以及演奏方式，让幼儿能够用乐器表现乐曲的句子、段落以及尾声的轻重，能够有意识地去看指挥、听音响，并且能够努力与同伴的演奏保持一致。

（三）优化师幼互动策略，强化教学结束后幼儿主体性活动

1. 运用整体教学法增进师生有效互动，促进幼儿探索性发展

所谓打击乐整体教学法，指的是引导幼儿对乐曲节奏的整体感受、欣赏，由教师把握幼儿的倾听效果，引导幼儿倾听演奏的整体效果，从而更好地协调与同伴的演奏，让幼儿感受到演奏过程中的趣味性变化以及合作演奏的乐趣，从而增强师生的有效互动。

在打击乐整体教学法的应用过程中，教师还可以采用集体和小组活动相结合的方式来推进师幼互动，既有利于幼儿音乐技能的发挥，又有利于帮助幼儿解决问题，提高幼儿协调合作的能力，从而更好地发挥幼儿的主动性、自主性和创造性。

2. 选择趣味化内容和可操作材料支持互动，鼓励幼儿探索性发展

活动内容的选择应贴近幼儿的生活，选择幼儿感兴趣的事物。基于此，为了更好地优化师幼互动策略，教师应选择趣味化的打击乐内容和可操作性的打击乐材料，为师幼互动提供支持。

3. 重视师幼自评、共评过程，进一步发挥幼儿的主体性

第一，对任何一种教育来说，课程教学都必须有科学的评价环节，这样教师才能从评价中发现问题、反思问题，最终解决问题，从而达到更好的教育效果。一节好课的要求是扎实、充实、丰实、平实、真实。其中，扎实的课是有意义的课，幼儿通过这一活动，学到了知识，发展了能力，得到了体验，并且越来越主动投入学习。因此，教师在组织教

学时先要进行自评是否做到了以上要求，这样教师的专业水平才能得到提高，从而在教学中进一步发挥幼儿的主体性。

第二，打击乐教学师幼共评既让幼儿得到了客观的评价，也最大限度地激发了幼儿的主体性，使幼儿能够主动对自己的演奏进行评价。评价可以采用录音、让幼儿自己评价的方式进行，实现师幼共评着重体现幼儿的主体性。

4.鼓励小乐队采用探究式学习，发展幼儿的主体性

探究式学习是一种积极的学习过程，能最大限度地减少教师的讲授；最大限度地满足幼儿自主发展的需要。教师要做到让幼儿在"活动"中学习，在"主动"中发展，在"合作"中增知，在"探究"中创新，充分体现幼儿学习的自主性。一切学前儿童教育教学活动都必须以幼儿为中心，幼儿是学习的主体，教师是教学的参与者、组织者、引导者和合作者，教师的一切活动都是为幼儿的学习服务的。因此，探究式学习是升华幼儿打击乐学习的关键，也是进一步培养幼儿主体性的重要内容。运用探究式活动，由教师牵头，组建小乐队进行自主性的探索学习，是一种很好的自主性锻炼方式。

（四）保障打击乐教学中培养幼儿主体性学习的资源支持

1.加大资金投入，增加打击乐器数量和种类

在学前儿童打击乐教学中，资金投入是保证教学顺利实施的关键。通过充足的资金投入，幼儿园不仅能够为教师打击乐教学提供服装、杂志等辅助用品，以及图书、音频、文字等资料，还能够打造和设置有关打击乐教学活动的雕塑、标识，并配备打击乐教学场地、器材，增加打击乐器的数量和种类，为打击乐教学中培养幼儿的主体性夯实物质保障和文化保障打下坚实的基础。

2.重视教师培养，制定打击乐教学的考核制度

首先，幼儿园要重视打击乐教学活动，组织教师参加相关业务培训。为了保障打击乐教学中培养幼儿主体性的资源支持，教师打击乐教学活动的业务能力非常重要。幼儿园应科学进行教师业务能力的培养，通过系统的培训，提高教师对幼儿打击乐教学内容设计与编排的能力，提高教师对幼儿主体性培养的能力，以教师能力的提升来促进教学的推进和幼儿主体性的培养。其次，重视教师教学能力的提高。在现有的幼儿园教师队伍中，幼儿园要因材培养，根据教师的自身特征，查漏补缺、分层次培养，分别设计各种类型的培养课程，如教学方法讲座、教学内容

优化课堂等，分门别类地进行教师能力的培养。最后，制定打击乐教学考核制度。学前儿童打击乐教学要想更好地培养幼儿的主体性，势必要求教师具有丰富的创造力，这样才能保证幼儿主体性的培养。因此，幼儿园应制定科学的打击乐教学考核制度，正视教师培养流程与方法，优化激励机制，让教师得到更好的发展。

3. 共享教学资源，鼓励互相学习与交流

夯实学前儿童打击乐教学中幼儿主体性培养的资源支持，除了要加大资金投入和教师培养之外，园方还应配备科学完善的教学资源，促进教师互相学习和交流，从而共同提高。

第一，共享教学资源（教案、课件、音乐）。将区域内的幼儿园打击乐教学教案、课件、音乐中的优秀内容筛选出来，将其作为共享资源让教师进行相互学习；同时，还可以从网络中获取教学资源，便于教师进行教学教案、课件的设计，并选择合适的音乐作品。

第二，对打击乐教学中如何培养幼儿主体性进行互动交流，由幼儿园牵头组织讲座交流活动、教学讨论会等，帮助教师吸取经验、学习新的教学方法，以提高教师教学能力，推进学前儿童打击乐教学幼儿主体性的培养。

第五章　学前儿童音乐教学活动的延伸

第一节　学前儿童音乐教学活动延伸的必要性及有效特征

一、学前儿童音乐教学活动延伸的必要性

（一）幼儿音乐知识和技能的练习巩固需要延伸活动

音乐具有很强的技术性，不能否认基本的音乐知识和技能训练在早期儿童教育中对幼儿音乐能力和非音乐能力发展的重要作用，技能性也是音乐教学区别于其他教学活动的明显特征之一。熟练掌握音乐知识和技能是幼儿深刻感受音乐，在音乐中自由地进行自我表达和创造的基础，而任何知识技能的学习，都会面临遗忘，因此都需要重复练习和巩固。德国心理学家艾宾浩斯的记忆遗忘曲线呈现了遗忘先快后慢的规律，这就要求音乐知识和技能的学习需要及时巩固。然而，音乐教学活动时间和容量有限，课上结束环节的延伸活动在短时间内，能及时地使幼儿回顾、加深对所学音乐知识的印象，起到"趁热打铁"的作用，而课后教师开展的丰富多样的延伸活动，为幼儿练习、巩固音乐教学内容提供了机会，对及时巩固、提升幼儿的音乐知识和音乐技能起到了重要作用。

（二）幼儿音乐经验的迁移提升需要延伸活动

相比于音乐知识和技能学习，幼儿对音乐的兴趣和感受是第一重要的，所以幼儿园音乐教育强调幼儿的审美体验。幼儿园音乐教育的核心是培养幼儿音乐审美情感、态度和能力，幼儿需要调动多重感官体验，通过对事物具体形象、表象以及对表象的联想获得对音乐的理解和把握，进而感知、体验音乐以及创造性地表现音乐。基于教师的角度，如何判断幼儿是否在音乐中获得了审美体验，是否掌握、内化了音乐经验？许卓娅指出，对音乐的解释和表达是检验幼儿音乐经验获得的重要行为方式，对音乐的迁移是对幼儿音乐经验是否获得的确认，灵活多样的延伸活动为幼儿感知欣赏、表现创造音乐提供了更多的时间和途径，幼儿可以在延伸活动中再认识音乐作品，完成音乐经验同一水平的迁移，或是拓展、延伸到更高水平。

由此可以看出，不论是从幼儿音乐知识或技能的掌握程度来看，抑或是从幼儿对音乐的审美感受以及艺术创作上看，延伸活动都为丰富音乐教学活动内容，促使音乐教学活动效率最大化提供了机会，并为增强幼儿音乐学习兴趣，促进幼儿音乐经验的拓展迁移创造了条件。因此，延伸活动是音乐教学活动的重要组成部分，但在教学中，受班级实际情况、幼儿在音乐教学活动中的表现等因素影响，教师对延伸活动的丰富程度、时间安排、组织形式等内容可视情况斟酌进行。

二、有效音乐教学延伸活动的特征

所谓有效，指的是能实现预期目的，反映活动结果与预期目的之间的距离，能达到预期目的的活动被认为是"有效"的，不能达到或与预定目的相差甚远的活动被认为是"无效"的。换个角度看，有效的"效"，也有"效率"的意味，常言道"事半功倍"，体现的是活动的高效达成，"事倍功半"表现的是活动的低效，甚至是无效。有效音乐教学延伸活动具有以下特征。

（一）延伸活动的目标性

目标对活动而言起着引领和调控的作用，为活动的设计和实施指引方向。没有目标的延伸活动，不论是延伸频率还是延伸内容都容易呈现出较大的随意性，或流于形式，难以达到有效的活动效果，形同虚设。

因此，有效的延伸活动同音乐教学活动一样，需要具备一定的活动目标。

1. 明确延伸活动的目标

明确延伸目标的过程，也就是教师思考"为什么延伸"的过程，从而引发对延伸内容、延伸形式的选择等问题的思考。教师要根据班级幼儿的整体音乐水平、幼儿间音乐能力发展的差异，结合音乐教学活动内容，设计实施延伸活动。相比于目标明确的延伸活动，随性而为开展的延伸活动或对音乐教学活动内容进行简单重复的延伸，不论是在内容的丰富程度，抑或是形式的多样性方面都有很大的劣势。

2. 延伸活动的目标需要把握幼儿音乐教育与幼儿全面发展教育间的关系

音乐教学活动致力于幼儿音乐能力的发展、审美水平的提升，并直接指向幼儿的全面和谐发展。延伸活动作为音乐教学活动的拓展和延续，在目标上与音乐教学活动紧密相连，因此延伸活动一方面要致力于丰富拓展幼儿的音乐经验，另一方面也要考虑在音乐教学的延伸活动中，促进幼儿身心健康发展、语言和认知发展、情感和意志的发展、个性和社会性等方面的发展。

（二）延伸活动的音乐性

延伸活动是音乐教学活动的重要组成部分，具备音乐的学科属性。延伸活动是对音乐教学活动中某一内容的巩固或有益补充，是基于音乐并为更好地实现音乐教学目标服务的，因此保持音乐教学延伸活动的有效性，需要先确保延伸活动的音乐性，脱离音乐主题随意延伸的活动，就延伸意义而言，无法实现丰富音乐教学内容、发展幼儿音乐经验等目的，失去了延伸活动应有的意义，或仅成为从音乐中生成的其他领域活动，而非延伸活动。

如何才能保持延伸活动的音乐性？第一，延伸活动是基于音乐教学展开的，对延伸目的的思考也是基于音乐教育，隶属于音乐教育范畴；第二，延伸活动是归于音乐教学活动的，延伸的形式丰富多样，可以是在艺术领域的延伸，如音乐作品的创编、延伸的美术活动，也可以是与其他领域结合的延伸，如语言活动、探索活动、社会活动等，但不管形式如何变化，都是希望幼儿能丰富对音乐的情感、理解或感知体验等，并将这些丰富的情感体验作用于音乐的感知和自我表达、自我创造之中，从而达到延伸活动的目的。因此，有效的、有价值的延伸活动，不论任何形式、任何内容，都应该基于音乐，归于音乐。

(三)延伸活动的发展性

延伸活动的发展性，是指实施延伸活动时，教师应准确把握幼儿已有的音乐水平，并以其为基础，丰富、深化、迁移幼儿的音乐经验，实现幼儿音乐水平的提升，为幼儿的后继学习奠定基础。

延伸活动的发展性需要结合幼儿已有水平。维果茨基的"最近发展区"理论，强调幼儿的实际发展水平在成人的帮助下可以达到更高的潜在发展水平，教学应走在幼儿发展的前面，为实现幼儿更高水平的发展，对幼儿实际发展水平的把握是教学的起点。延伸活动的实施需要考虑幼儿已有的音乐水平以及在音乐教学活动中的掌握程度，从中发现需要补充完善和进一步深化拓展的内容，从此角度设计实施的延伸活动具有更强的针对性，更能有效地达成音乐教学活动目标，并为后续学习做好准备。

延伸活动的发展性需要坚持以幼儿的发展为活动的出发点和落脚点。幼儿年龄小，注意力容易分散，坚持性与忍耐性较差，基于幼儿的年龄特点，有效的延伸活动是促使幼儿音乐能力发展、培养幼儿音乐学习兴趣的活动，而幼儿音乐能力的发展，并不是大量音乐知识的学习或音乐技能的重复训练，而是充分调动幼儿的多重感官系统，多样化地感知体验、迁移运用音乐，引导幼儿在延伸的过程中主动调动已有的认知经验，并不断同化顺应新的音乐经验，在发展幼儿音乐能力的同时，增强幼儿的音乐兴趣和感受。

由此可以看出，有效的延伸活动具有一定的发展性，基于幼儿的已有水平，以灵活多变的形式促进幼儿音乐能力的提升，甚至是幼儿身心的全面协调发展，而不是停留于原地的简单重复练习或音乐技能的机械训练。

(四)延伸活动的适度性

从音乐教学的延续性或教学活动的发展性上看，任何一个音乐教学活动都不是完美的，不论是预设的教学内容，还是实际教学现场幼儿的表现，总有需要拓展延伸和完善的内容，这也是延伸活动存在的必要性。但延伸活动并非越多越好，把握延伸"量"的同时，延伸"质"的保证才是有效延伸活动的关键。

延伸活动的适度性就体现在延伸的适合和恰当。一是延伸时间的适度，集体教学活动中过长时间的延伸，占据教学时间的同时，也容易分散教学重心，集体教学活动后较长时间的延伸同样容易使活动脱离音乐教学的重点；二是延伸学科的适度，音乐教学的延伸需要有音乐学科属性，切不可为了追求延伸的"广度"而一味地发散，偏离音乐而云其他；三是延伸难度的适度，延伸的难度取决于音乐教学内容的难度，幼儿能准确掌握的内容就没有延伸的必要，而应延伸幼儿较难理解的、较为抽象的部分，如音乐情感的呈现、音乐情绪的宣泄等，是需要教师加以补充、拓展和丰富的部分，同样延伸活动设计实施的难易程度需要结合幼儿的实际接受能力。

因此，延伸活动重在延伸的"质"，强调延伸的有效性，而不是单纯对延伸"量"的关注。

（五）延伸活动的灵活性

预设延伸活动是音乐教学活动设计的组成部分，但预设的延伸活动并非固定不变，实际的教学活动中容易出现各种突发情况。抛开班级管理和组织纪律等情况来看，在教学活动中，由于幼儿的个体差异、幼儿的活动兴趣或是教师对幼儿音乐能力发展了解不足等因素的影响，会出现一些教师预料之外的情况，有效的延伸活动是能根据教学现场的情况，灵活变通处理的。教师及时发现活动中的可延伸点，如幼儿的兴趣点，或是出现认知冲突的疑惑点，并对其加以拓展延伸的能力，会影响延伸活动内容的丰富程度，以及辅助教学目标的达成。这种拓展延伸可以在教学活动中由教师视活动情况灵活组织实施，也可以在活动结束后，根据一日活动安排，灵活选择合适的时间和地点有针对性地开展。

第二节 不同类型学前儿童音乐教学活动的延伸选择

音乐是擅长抒发、表达感情的艺术。[①] 审美性是幼儿园音乐教育最主要的特征，通过与音乐的互动，触动幼儿的感情，继而使幼儿获得审美体验，激发相应的情感反应。个体对音乐的感知并非只通过听觉，音乐心理学的研究也表明，音乐感知活动不仅是听觉感知活动，还是一种多感官通道协同工作的感知活动，更多感官通道的开放有利于幼儿获得对音乐全面、深刻、多样化的理解和感知。音乐教学活动时间和容量有限，

---

① 李晋瑗，林静华，卢珊珊.幼儿音乐活动设计与指导[M].北京：北京师范大学出版社，2012：2.

延伸活动是促使幼儿多渠道参与音乐的重要途径，充分调动幼儿的视觉、语言觉、运动觉等，通过绘画、语言表达、身体律动等多种形式使幼儿在与音乐的多次接触中，感受与体验音乐。另外，在延伸活动中，幼儿对音乐作品已有一定的熟悉度，减少了在音乐创作表达中的认知负担。

学前音乐教学延伸活动的内容多种多样，可以延伸音乐作品中的关键经验，如延伸歌唱、韵律、音乐欣赏和打击乐四类不同音乐教学活动的目标和重难点，延伸幼儿课堂中表现出的疑惑点或兴趣点等。精选延伸内容，有效的延伸活动就成功了一半。若在形式方面无法吸引幼儿的注意力，幼儿参与延伸活动的兴趣不高，就难以发挥延伸活动的作用。可以说，延伸内容影响延伸形式的选择，有效的延伸形式能最大限度地发挥出延伸内容的教育作用。

一、歌唱教学的常用延伸形式

学前阶段的幼儿仍以具体形象思维为主，且认知水平、生活经验有限，因此教师选择的歌曲多是符合幼儿年龄特点的，如歌词是幼儿易于理解并感兴趣的，表现的形象是单一的；歌词形象生动，适宜幼儿模仿；篇幅短小，更多拟声词的使用等；在曲调上节奏简单鲜明、音域适中（一般来说，幼儿园小班幼儿音域大致为 $c_1 \sim a_1$，幼儿园中班幼儿在 $c_1 \sim b_1$，幼儿园大班幼儿大致在 $c_1 \sim c_2$ 之间）、旋律平稳、结构短小。也就是说，歌唱教学中的歌曲通常是较为简单具象的，在歌唱教学中，教师常以歌曲创编、歌唱表演以及美术活动等形式进行拓展延伸，以深化幼儿对歌曲中表达的内容和创设的情境的理解，在对歌词的重复认知、创编、体验中，伴随对曲调的不断重复练习，最终帮助幼儿熟练掌握歌曲。

（一）延伸的创编活动

对贴近幼儿生活且歌词较为简短、形象具体的歌唱作品，延伸至歌词的创编活动最为常见，尤其是幼儿歌曲中常出现的动植物类歌曲，如歌唱教学活动《在农场里》，歌词表现的是幼儿熟识的牛、鸭子等动物及其叫声，模拟动物叫声的拟声词是幼儿非常感兴趣的内容，教师在延伸活动中可以引导幼儿创编歌词："农场里除了猪、牛和鸭以外，还有什么动物，它们的声音都是怎么样的？我们把它们唱进歌里好不好？"同时，增加模仿动物形象环节，先猜再表演最后创作，通过幼儿的表演，以猜谜的形式增加活动的趣味性。在延伸活动中，幼儿通过模仿歌词结构，进行歌词创编，不断地发散思维，创作出很多富有童趣的歌词，发散幼儿思维的同时不断地重复练习歌曲曲调。

个性创编是教师延伸音乐教学活动的重要形式之一，不只是歌唱教学活动，其他类型的音乐教学延伸活动中也常用此形式。从创编的内容上来看，多是在音乐教学活动结束后，幼儿对音乐作品有了一定了解并逐渐熟悉之后，通过开展延伸活动进行乐句的创编、角色的创编、情境/情节的改编（韵律活动的创编延伸中更为常见）、游戏规则的丰富或游戏难度的提升等。创编也需要把握适度的原则，注意对创编活动中时间、空间、数量和质量的把控尺度，创编活动的目标之一是为了调动幼儿参与活动的积极性，提高幼儿在音乐活动中的兴趣。一般来说，创编活动的时间在5～8分钟较为适宜，过多的创编容易导致幼儿活动兴趣减弱，注意力分散等问题，无限制的创编也会使创编质量下降，如歌曲创编动作，当合适动作出现后，该类型的创编就可以告一段落；同样，对较复杂的创编内容或较难的歌曲演唱方式，创编1～2种新歌词就足够了。

另外，由于幼儿专注于对歌词的思考，因此容易忽视对音准的控制。音准是幼儿在歌唱活动中最难掌握的技能。有研究表明：幼儿最容易掌握的是歌词，其次是节奏、速度、呼吸，最难掌握的就是音准。[1] 幼儿的音准会受到歌词、旋律的影响，在创编活动中，幼儿由于歌词的改变，加之注意力主要集中于歌词的创编中，会不自觉地减弱对音准的控制，容易出现"跑调"等情况，因此教师要注意引导，及时纠正幼儿的音准。

（二）延伸的表演活动

幼儿歌曲通常会创设出一种情境，最明显的当属故事类歌曲，如《小红帽》《我是小金鱼》《大鹿》等。歌曲中的人物和情节是最吸引幼儿的部分，根据音乐具体形象的可感性和幼儿的活动兴趣，教师可以音乐情境为故事蓝本，开展幼儿表演活动。幼儿的故事代入感和共情能力较强，容易为故事人物命运的变化而产生喜悦、悲伤、同情等情绪变化，因此对故事性较强的歌曲，延伸的表演活动也是一种常用的延伸形式。它让幼儿在表演中进入歌曲所营造的情境之中，在切身体验中感受人物情绪，借助动作、表情等多种方式来表达情感，拓宽了情感表达通道，从而在歌曲演唱中能有更鲜明的情感代入。

---

[1] 王丹. 幼儿音乐教育与活动指导[M]. 北京：高等教育出版社，2014：84.

延伸的表演活动离不开服装和道具等物质材料的支持，幼儿歌曲较为短小，故事情节不太复杂，但也需要教师预判幼儿需要哪些材料，为幼儿准备足够数量和种类的表演材料，营造表演情境，调动幼儿参与表演活动的兴趣。延伸的表演活动最终目的是幼儿更好地理解歌曲，通过表演加深对歌词旋律的记忆，丰富对歌曲的情感表达。因此，在延伸活动中，幼儿的表演是为歌唱活动服务的，如部分幼儿表演，其他幼儿伴唱，或所有幼儿随乐表演，总之，既要使每个幼儿都参与到表演活动中来，又要将表演活动与音乐相结合。

（三）延伸的美术活动

幼儿歌曲中表达的形象多是幼儿熟知，形象生动、呼之欲出的，具有较强的视觉联想效果，自然地将歌唱延伸到美术活动中也是教师常用的延伸形式。幼儿园美术活动包括绘画活动、手工活动和美术欣赏。在美术活动中，幼儿可以自由描绘歌曲中的人物形象，或歌曲呈现的情境。这类歌唱作品尤其是季节类、动植物类歌曲，大多采用绘画的形式延伸，如歌曲《春天》描绘了"春天花儿竞相开放，杨柳弯弯，蝴蝶姑娘飞来了，蜜蜂嗡嗡叫"的一片生机盎然之景，歌曲呈现出强烈的画面感，让幼儿将歌曲内容画下来，既学习了歌曲，又调动了幼儿的视觉感官，从视觉上对音乐作品获得进一步的感知。根据歌曲特点开展手工活动也是延伸的美术活动中的一部分，如歌唱活动《我是猫》延伸的手工猫咪纸袋活动。

《我是猫》是一首带有蓝调爵士曲风的歌曲，音域跨度较大，强弱分明的 2/4 拍节奏使幼儿容易接受，歌曲描绘了可爱、调皮、帅气和威武的四种不同性格特点的猫咪，优雅慵懒中带有俏皮的味道。教师可以通过呈现四种猫咪的图片，结合不同的动作表现和音色，让幼儿辨识四种猫咪的不同性格特点，旨在帮助幼儿熟悉旋律之后，让幼儿练习模仿用不同的音色表现歌词，开展《我是猫》的手工延伸活动，制作猫咪纸袋。

在歌唱教学活动中，幼儿以看图片、听声音和动作模仿的方式初识歌曲，对歌曲旋律、歌词以及词曲关系的把握还不稳定，且较为单一，仅处于"学唱"的阶段。经过教学活动，幼儿对歌曲产生一定的熟悉度，认知负担减轻，此时将歌曲延伸到手工活动，为幼儿提供了一定的想象、自我表达、自我创造的机会，使幼儿在想象创造、动手操作的过程中，对歌曲中"帅气的猫、调皮的猫"等形象有更为直观的理解。教师甚至可以鼓励幼儿将自己的爱好和个性融于手工制作和歌曲创编之中，创作出如"跳舞猫""贪吃猫"等有趣的角色，以增加幼儿歌曲演唱的趣味。但要注意，延伸活动要将手工活动与音乐相结合，最终回归到音乐主题之中，避免将延伸活动变成一个单纯的手工活动。因此，教师在延伸的美术活动中应更多地引导幼儿在绘画、手工活动中表达自己对音乐的感受和想象，而不应仅限于对美术细节、美术水平的关注。

（四）利用图谱的延伸

歌唱活动中图谱的设计和制作会花费教师较多的时间和精力，从材料的利用率和有效率来看，这些被精心选择的材料除了在音乐集体教学活动中发挥作用以外，还可以得到更为充分的利用，借此对音乐活动进行延伸。利用图谱等教具开展延伸活动，将作为教学支架的图谱延伸到区角或班级环境之中，在直接操作使用图谱的过程中促进幼儿主动学习，也能充分发挥环境的隐性教育功能，将音乐潜移默化地渗透到幼儿的一日生活之中。

二、音乐欣赏教学的常用延伸形式

欣赏是一切音乐活动的基础，对音乐作品的欣赏除了用耳朵去听外，还能通过语言表达、身体动作去表现，甚至可以在音乐作品中加入具体的情境，让幼儿进行戏剧或角色表演，结合音乐演绎完整的故事，在表演活动中感受音乐渲染的情境、传达的情感。例如，在音乐欣赏《山妖的宫殿》活动中，为了使幼儿在熟悉音乐的基础上更形象、直观地感受欢快、紧张、害怕等音乐情绪变化，教师在延伸活动中将这首乐曲与《三只小猪》的故事情境相结合，通过随音乐表演让幼儿感受音乐情绪的变化。教师延伸欣赏活动的方式和途径多种多样，可以将音乐像讲故事和午睡一样自然地融入幼儿的生活中。

（一）延伸的语言活动

音乐欣赏的作品除部分有歌词外，而教师选用的音乐作品还有很多是没有歌词的纯音乐，这为幼儿感受、想象音乐表达的内涵提供了较大的空间。同时，音乐和语言都是声音的艺术，一方面唱歌是良好语言模式习得的一个绝佳手段；另一方面通过语言描述自己对音乐作品的感受，对幼儿语言表达、词汇正确运用有重要帮助。总之，音乐为幼儿语言能力的拓展提供了很多方式，是幼儿扩展词汇和习得语言的最佳工具。

音乐欣赏强调欣赏者内心对音乐的感受，幼儿通过聆听音乐，从中听到了什么，想到了什么，有什么样的情绪体验，都是幼儿的内心感受。幼儿在音乐教学活动中对音乐作品有了一定的了解，在延伸的语言活动中对音乐作品已相对熟悉，减轻了认知负担，可以将更多的思考放在语言表达上。教师将音乐欣赏延伸至语言活动中，通过谈话、讨论等，引导幼儿用语言描述音乐传递出的信息，从中获得情感体验，或与同伴交流、分享，在信息的交流碰撞中获得一个较为完整、细致的感受。例如，音乐欣赏《小树叶》延伸的语言活动，教师选择的是有歌词的音乐作品，该歌曲属于 AB 段式，通过不同情绪的表达激发幼儿的情感共鸣，A 段表达了小树叶即将离开大树妈妈时的不舍和害怕之情，音乐情绪较为忧伤；B 段则描绘了小树叶变勇敢了，期盼春天回来与大树妈妈相聚的乐观之情，音乐情绪较为欢快。教师设计的延伸活动在于让幼儿真切地感受歌词内容，以歌词形象"小树叶"为主线想象、讲述故事，让幼儿体会歌曲中小树叶从不舍、害怕到乐观、勇敢的情绪，激发幼儿移情现象的产生。但在实际的开展中，教师要注意避免整个延伸活动都围绕着小树叶发生了什么展开，以故事创编结束，而不提及音乐作品的问题。最后要回归到音乐中来，让幼儿在延伸的语言活动中获得的情感共鸣在欣赏音乐中表现出来。

（二）延伸的绘画活动

绘画是通过线条、色彩、明暗、透视、构图等造型语言，在纸、布等平面上，创造出直接可感的，具有一定形、体积、质感和空间感的艺术形象。[1] 绘画是可视化的艺术，而音乐是抽象的、不可视的艺术，正是人类的通感将这两种原本相差甚远的艺术和谐地联系在一起，将音乐欣赏延伸至绘画活动，是音乐的可视化过程，尤其对无歌词的纯音乐而言，变抽象的音乐为具象的美术作品，在绘画中融入幼儿对音乐的感知，也是表达音乐作品内涵的一种方式。

在延伸的绘画活动中，教师可以引导幼儿用线条、图形等方式表达听到的音乐所呈现出的节奏、旋律的起伏变化，充分调动幼儿听觉器官和视觉器官的积极参与，可以促使幼儿描绘、想象、预测音乐旋律的走向，音乐节奏的变化，通过对音乐节奏、旋律、力度、速度等局部、细节的感知，获得对音乐更立体化、丰满化的理解。例如，音乐欣赏《音

---

[1] 楼必生，屠美如.学前儿童艺术综合教育研究[M].北京：北京师范大学出版社，1997：153.

阶的变化规律》，让幼儿感受音的高低，以及上行越来越高、下行越来越低的音阶变化规律。教师在延伸活动中，以绘画的形式，变抽象的上下行音乐感知为具象的美术作品，鼓励幼儿用画的形式表现"越来越高的声音"和"越来越低的声音"，幼儿画出了"楼梯""越来越高的泡泡""越来越高的小树"等直观具体的事物来表达自己对音的高低的理解。

另外，教师也可为幼儿创设一个音乐情境，或引导幼儿根据听到的音乐想象所呈现出的画面，再以绘画的形式将自己对音乐作品的理解表现出来。

（三）向幼儿一日生活的渗透

幼儿音乐欣赏能力的提升并非一蹴而就，仅依靠每周的音乐欣赏活动较为局限，音乐的高适配性使其可以自然地渗透到其他领域的活动以及幼儿的一日生活中。音乐与幼儿生活紧密联系，将音乐作品延伸、渗透到幼儿的一日生活中，为幼儿创设良好的音乐环境，使幼儿在潜移默化中接受音乐的熏陶，提升音乐欣赏和鉴赏能力。

教师对欣赏活动的延伸可以将音乐作品以背景音乐的形式渗透至幼儿的一日生活，结合一日生活环节的要求以及音乐作品的特点，将音乐欣赏活动中的音乐作品呈现在不同环节，如将活泼、激进的音乐作品延伸至户外活动，将安静、柔和的音乐作品延伸至午睡环节，增加幼儿音乐欣赏的机会。

三、韵律教学的常用延伸形式

韵律教学活动的特点是用身体动作表现音乐，不同幼儿对音乐的感知不同，且有着丰富创造力、想象力和表现力。韵律教学中教师最常用的延伸形式是创编活动，通过创编身体动作或创编音乐情境使幼儿从不同角度、不同层面获得对音乐更细致、全面的认识。另外，将韵律活动场地从教室延伸到户外也是一种常用的延伸形式，将韵律活动中的基本动作或创造性动作编排进早操，或是运用在户外活动的热身环节等。

（一）延伸的创编活动

韵律教学通常选用的音乐作品都是节奏鲜明、速度适中的无歌词纯音乐作品。有研究表明，幼儿在活动中的参与程度与幼儿能否感受到教学活动中情境教学的意义紧密相关。幼儿的学习离不开与其生活相联系的情境支持，而音乐的流动性为幼儿的音乐感知造成了较大困难，因此教师为了让幼儿能够用身体动作表现音乐，通常会根据音乐作品的特点为幼儿创设一个故事情境，使幼儿通过动作模仿或情境再现对音乐作品进行表现。例如，韵律活动《田纳西摇摆舞》集体舞教学，教师在教学活动中创设的"舀面条"情境，幼儿随音乐变成面条，表演面条在冷水、温水、沸水中的形态，幼儿在熟悉音乐和基本动作的基础上，在延伸活动中，教师使用同样的音乐，创设了另外一个参加舞会的情境，培养幼儿的合作能力，引导幼儿"与固定朋友合作跳舞""找朋友合作跳舞"和"换朋友合作跳舞"的行为。

为了让幼儿更全面地感受音乐，更丰富地表达动作，教师将韵律活动中创设的故事情境进行改编，这种改编可以由教师发起，也可以由幼儿发起，通过讨论"你觉得这个音乐还讲述了一个什么故事"或"你还从这个音乐中听到了什么"等问题，引导幼儿通过身体律动来表现对音乐的不同感知，或者是在同一音乐情境中，引导幼儿创编不同的身体动作。

（二）延伸的表演活动

韵律活动强调幼儿的肢体表现，韵律教学活动中幼儿活动的重点是熟悉基本动作、感受音乐以及合乐表现。在集体教学活动中，幼儿的认知负担较重，自我表现和创造的时间与机会相对较少，而幼儿具有较强的自我表达和表现欲望，因此延伸的表演活动也是教师选择的延伸方式。在班级的延伸大多是将音乐投放到表演区，为幼儿的练习或自我表现提供机会。例如，韵律活动《打喷嚏的小鼠米克》，教师在教学活动中为幼儿提供小老鼠的头饰、手偶以及舒伯特作品《音乐瞬间》，让幼儿在模仿、创编中感受小鼠米克打喷嚏前后的有趣情节，在延伸活动中，教师将音乐和头饰等材料投放进表演区，引导幼儿在相对自由的环境中自主表演。

（三）延伸的户外活动

韵律活动是伴随音乐进行并与音乐相协调的身体动作表现活动，其目的是满足幼儿参与、探究音乐的需要，发展幼儿的身体运动能力和协调性。幼儿身体动作的表现和施展需要场地支持，因而空间会影响幼儿活动的稳定性。一般情况下，在规定空间下移动比在自由空间下移动稳定性更高，因此幼儿的韵律教学活动通常在教室或音乐厅等规定空间中进行，以提高幼儿注意力，减轻幼儿焦虑和迷茫的情绪。

在延伸活动中，幼儿对音乐的认知负担相对较轻，身体律动与音乐的契合度较高，因此可以将活动向更大、更自由的场地拓展，在自由空间下幼儿更容易舒展身体，尽情舞蹈。这种延伸形式的选择在实施中需注意律动与音乐的契合，幼儿在户外这一相对更大、更自由的空间中稳定性较差，加之音乐的渲染作用，幼儿在情绪上较为兴奋，容易自顾自地律动，而忽略音乐的节奏与节拍。

四、打击乐教学的常用延伸形式

打击乐教学需要借助一定的打击乐器，通过操作打击乐器，在演奏中表现音乐的强弱变化，感受音乐的节奏。由于打击乐教学有一定的难度，且需要乐器的支持，因此相对其他类型的音乐教学活动而言，打击乐教学的延伸活动形式相对较少，主要有练习巩固活动和探索活动。

（一）练习巩固活动

打击乐教学具有较强的技术要求，在打击乐教学中，幼儿需要掌握乐器的使用方法，明确指挥手势代表的意义，掌握音乐节奏、节拍、速度等音乐元素，这些音乐技能需要在反复练习中加强和巩固，在自由活动时间带领幼儿重复练习打击乐演奏是打击乐教学最常用的延伸形式。

另外，延伸活动也是幼儿音乐经验迁移的重要途径。幼儿充分掌握了某一音乐作品的演奏及相关乐器的使用后，教师可选择类似风格节奏的作品，幼儿熟悉的音乐作品交由幼儿编演，带领幼儿讨论并加以总结，选择同样的节奏型（如打节拍、打节拍的强拍、打节奏短句等），最后组织幼儿演奏。这样的延伸形式相比于简单的重复练习更有利于促使幼儿迁移已有的音乐经验，检验幼儿打击乐教学掌握程度，增强幼儿参与打击乐活动的兴趣，但这种方式对教师的音乐素养有较高的要求，教师需要花费较多的时间和精力来设计，因此相对延伸较少。

（二）探索活动

打击乐延伸活动中对声音、节奏的探索也较为常见，除了响板、三角铁、铃鼓等打击乐器，在幼儿眼中，桌子、椅子、铅笔、钥匙串、石头等都是节奏乐器。教师在延伸活动中为幼儿提供探索声音的机会，让幼儿通过探索、发现、尝试，去感知身边的可发声物体，提高幼儿对不同音色的辨别能力，以及对声音的高低、强弱、长短的敏感性；根据不同发声物体的音色和相应音乐作品的特点，选择合适的物体进行打击乐演奏，如用石头的碰撞代替声音较为清脆、没有什么延续性的响板；用钥匙串的连续摇动代替兼有鼓和铃两种乐器特色的铃鼓等。

另外，对节奏的表现和探索也是重要的延伸方式。幼儿能否敲击出固定的节奏型，能否探索出不同的节奏型，既是对教学效果的检验，也是幼儿节奏感发展的重要体现。例如，在打击乐教学活动《有趣的厨房乐》中，教师可以利用筷子和碗、塑料刀具和案板、铲子和金属小锅，作为打击乐器。在延伸活动的设计中，教师将小厨具放进表演区，鼓励幼儿继续尝试，利用已掌握的节奏型，探索和创编出更多的节奏型，并以此为基础，为更多自己喜欢的歌曲配乐。

打击乐延伸活动要求教师在日常生活中具备较强的观察能力、对声音的敏锐度以及对音乐节奏、速度、强弱和配器方法的熟悉度，这对教师的音乐素养提出了较高的要求，因此教师需要有意识地提高自己感知音乐、鉴赏音乐、表现音乐的能力以及打击乐器演奏的技能。

第三节 古诗词融入学前儿童音乐教学活动延伸的实践探索

一、古诗词融入学前儿童音乐教学活动的可行性分析

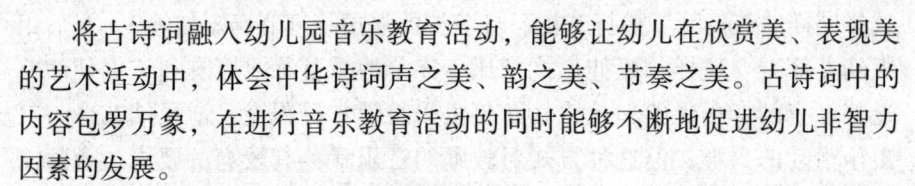

将古诗词融入幼儿园音乐教育活动，能够让幼儿在欣赏美、表现美的艺术活动中，体会中华诗词声之美、韵之美、节奏之美。古诗词中的内容包罗万象，在进行音乐教育活动的同时能够不断地促进幼儿非智力因素的发展。

我国古诗词意象深远、情感浓郁、语言生动、文字凝练、音韵优美、朗朗上口，让幼儿接触古诗词有利于幼儿审美心理的发展。在音乐教育活动中融入古诗词，让幼儿在歌唱优秀经典古诗词的同时体验情感美、欣赏音色美、感受音律美、领略结构美。

（一）古诗词内容符合幼儿认知发展需求

我国古诗词博大精深，所涉及的题材极为广泛，有花草树木、鸟兽

鱼虫、田园山川、民风民俗、政治军事、文化艺术、亲情乡情、爱情友情……可以说是一部百科全书。并且，古诗词在写作形式上语言精练，富有概括性，往往一字一词一句就把人、物刻画得栩栩如生、呼之欲出，将古诗词融入学前儿童音乐教育活动是幼儿进行词汇语言积累、语言学习的重要方式。

古代诗人、词人在写作之初就是以生活中的现象、景物变化作为描写内容，或写物特征，或写景表现，或写人物活动，或写事件来由……这些内容是幼儿无法看到、无法接触到的，通过古诗词才能感知其一二。将这些古诗词融入学前儿童音乐教育活动，让幼儿在低吟浅唱中认识万紫千红的物化世界：认识梅花"不经一番寒彻骨，怎得梅花扑鼻香"傲雪凌霜迎风开放的性格，了解其"不要人夸颜色好，只留清气满乾坤"般高洁端庄、幽独超逸、高风亮节的内在气质；通过"天街小雨润如酥，草色遥看近却无"体会春已近却又远；在"连雨不知春去，一晴方觉夏深"中感受春夏交替无痕；在"山明水净夜来霜，数树深红出浅黄"中感受秋高气爽的怡人之感；在"千山鸟飞绝，万径人踪灭"中感受冬雪之际天地之间纯洁寂静、一尘不染、万籁无声；在"笑歌声里轻雷动，一夜连枷响到明"中体会农民丰收时的劳动场面；在"千门万户曈曈日，总把新桃换旧符""千门开锁万灯明，正月中旬动帝京""清明时节雨纷纷，路上行人欲断魂""不效艾符趋习俗，但祈蒲酒话升平""七夕今宵看碧霄，牵牛织女渡河桥""但愿人长久，千里共婵娟""独在异乡为异客，每逢佳节倍思亲"……在这些佳节之作中了解我国传统节日的意义、由来及民风民俗。

现如今，幼儿缺少接触大自然的机会，即使有也是家长带出去为数不多的旅游，在幼儿周围充斥的大都是手机、电脑、电视等电子产品，对自然界变化的认识早已没有了亲身体验与感知的机会，幼儿不知春风为什么似剪刀；没经历过春生夏长秋收冬藏，不知为何会说春雨贵如油、瑞雪兆丰年；生活在和平的信息化时代不能理解家书值万金的分量……而这些或多或少地在古诗词中出现过，幼儿在轻吟浅唱、韵律舞蹈、声势节奏的同时，也会对其中表达的意思有所感知，在幼儿用音乐的方式表达古诗词时，同样在潜移默化中感知这变化万千的世界。

（二）古诗词格律符合幼儿音乐认知要求

音乐和诗词具有艺术上的共同性。诗词有自己的节奏和音律特点，写作时注重押韵，而古诗词中的押韵与音乐中的曲调旋律有同样的艺术效果。押韵的目的是声韵的和谐，同类的乐音在诗句的同一位置上重复，构成声音回环的美。音乐的旋律在起伏变幻、迂回曲折之中，构成动静、松紧、快慢的艺术情感。两者虽形式不同，但有着相似的艺术效果。

1. 古诗词声韵符合幼儿的歌唱需求

幼儿歌唱活动需要咬字清晰，这样才能保证用自然好听的声音来唱歌，古诗词在用字上声调铿锵，不论用来吟诵或是演唱都是平仄和谐的。并且，有很多著名作曲家根据古诗词声韵特点为其谱曲，既适应幼儿声带发育，又适合幼儿演唱。

（1）古诗词声韵特点符合幼儿发音与咬字的要求。幼儿的歌唱能力包括歌唱中的姿势、呼吸、发音与咬字和表情等方面，古诗词对幼儿歌唱能力的影响主要体现在发音与咬字上。古诗词在写作之时用字以委婉、含蓄、优美为主，其用声要求自然柔美，行文起势要求平仄交错、错落有致，具有高低长短的变化，似一种曲调时而柔和、时而悠扬、时而婉转、时而低沉，变化无穷符合幼儿的歌唱要求。选择古诗词作为歌唱活动的内容，让幼儿在歌唱时咬字归韵，依字行腔，就会有明亮、美好、富有感染力的歌声。幼儿唱歌应与说话一样自然。从结构方面来说，歌词应该是简单的词汇句子，句子与句子之间在长度、结构、节奏方面相同或相似，并且幼儿对押韵的句子很感兴趣。古诗词是我国传统文化的精华，具有较强的语言魅力，五言诗和七言诗语句短小精练并且押韵，符合幼儿歌唱发音与咬字的特点。

（2）古诗词符合幼儿歌唱音域要求。除了发音与咬字外，对音准的把握也是幼儿歌唱中必不可少的能力，但也是发展最慢的一种能力，这是由多方面的原因造成的，教师在对学前儿童进行音准训练时要根据幼儿的年龄特征和音域范围来选择。

2. 古诗词节奏锻炼幼儿节奏感

节奏是一种富有艺术魅力的音乐语言，而古诗词本身就具有生动而微妙的节奏，可以作为音乐教育活动中的节奏来源之一。将古诗词的节奏与身体动作结合，能使幼儿在最基本的、元素性的拍手、跺脚、拍肩等动作组合过程中培养对节奏的敏感性。特别是五言诗与七言诗节奏明显，有音调节奏和意义节奏之分，其中音调节奏即念诗的节奏，一般以每两个字为一个节奏，最后一个字为一个节奏。

一般来说，节奏都可以用拍手、拍肩、拍腿、跺脚和捻指来表示所代表的音乐时值，这样不仅可以促进幼儿动作的协调发展，还可以引导幼儿在做有节奏的身体动作时，通过学习各种动作，将较抽象繁杂的古诗词通过韵律转化为生动有趣的肢体动作，让幼儿在愉悦欢乐、充满乐趣的氛围中学习古诗词，从而激发幼儿的兴趣。

3. 古诗词的画面感发展幼儿随乐运动能力

随乐运动能力是指幼儿在进行韵律活动的过程中，动作与音乐协调一致的能力，这项能力的养成对幼儿未来身体动作的协调性、音乐感受能力及注意集中能力的发展都会有很大的促进作用。这种能力是建立在敏锐感知音乐内容的基础上的，而古诗词中所表达的内容涉及日常生活的方方面面，有叹四季变化的、有述生活场景的、有咏物言志的、有借景抒情的……其中不乏幼儿童趣之作。例如，"小娃撑小艇，偷采白莲回。不解藏踪迹，浮萍一道开"。对采莲幼儿的动作和心理描写得极其生动。诗中提到的"撑小艇""采白莲""藏踪迹""一道开"极具画面感，可以让幼儿进行动作模仿，也可以对整首诗进行动作创编，对古诗词描写的偷采白莲的过程和幼儿共同商议，多尝试几次之后，就能给这首诗配上符合诗意的韵律动作。

5~6岁的幼儿随着音乐做动作的经验更加丰富，不仅对动作本身感兴趣，还对用动作来表现音乐感兴趣，除了具有画面感的古诗词可以配合韵律之外，还有具体物象描写的古诗词也可以进行韵律活动。例如，"清明时节雨纷纷，路上行人欲断魂。借问酒家何处有，牧童遥指杏花村"中"雨""路""行人""酒""杏花村"等具体物象，也可以进行模仿，"问""遥指"等具体动词可以创编成具体的动作；景色描写的古诗词也可以进行动作创编，将古诗词中景色描写所表达的情感、诗人情绪先介绍给幼儿，使他们具有最初的诗词情绪体验，然后再根据古诗词描写的内容，把这种体验与身体的动作变化、节奏运动相结合。例如，"草长莺飞二月天，拂堤杨柳醉春烟"描写的是春日里万物生长、富有活力的盎然之景，此时的诗词情感是欢乐、愉悦的。在了解诗人情感的前提下，幼儿进行动作创编，"草长""莺飞""杨柳"等景色也将会使用活泼的动作来表现，但这些景色难以用具体的动作来具象表示，需要幼儿根据自己的随乐运动经验、对古诗词的理解来表达，以培养幼儿对音乐的注意力及反应能力。

（三）古诗词融入音乐活动符合幼儿音乐创造力的要求

古诗词融入幼儿园音乐教育活动可以通过古诗词本身的艺术性来培养幼儿对美的认识与感受，古诗词内涵丰富、意象深远，有利于培养幼儿的艺术想象力和创造力。幼儿可以在理解古诗词的基础上，通过自己的音乐表达体现对古诗词的感受，因此古诗词融入学前儿童音乐教育活动既是对古诗词的创造性传承，也是对音乐教育活动的创造性表达。

1. 丰富幼儿创造性的音乐感受

幼儿园音乐教育的目的是让幼儿在音乐中受到美的熏陶、培养幼儿的音乐感受、塑造幼儿美的人格。古诗词本身就具有极高的艺术价值，其韵律严格、意境优美、用字精练，是一种独具特色的文化艺术。研究者将古诗词作为音乐教育活动素材，能够通过古诗词的语言增强幼儿语言艺术，在引导幼儿欣赏、吟唱、随时舞蹈的同时增强幼儿的创造力。

2. 培养幼儿创造性的音乐表达能力

幼儿对音乐的表达是对音乐作品内容的意象表达，对古诗词进行意象表达主要有对古诗词进行自发的演唱、用动作阐释古诗词内容、为古诗词进行动作配乐等。

（1）对古诗词演唱的创作。在演唱已经被前人谱过曲的古诗词时，教师可以直接引用或选取适合幼儿演唱的片段引入歌唱活动，对没有经过前人谱曲的古诗词，可以选取符合古诗词字数、符合古诗词情感与情绪的幼儿歌曲，用古诗词重新填词演唱，通过古诗另唱来培养幼儿对古诗词和音乐融合的探索，在古诗新唱中促进幼儿创造性的音乐表达。对所选的歌曲需要幼儿熟悉歌曲的旋律，这样在用古诗词进行填词的时候，幼儿不至于因为脱离原来的歌词而失去对音准的把握。所选的古诗词要浅显易懂，利于幼儿理解和演唱。

幼儿园歌唱活动中多有对歌曲进行歌词创编的，很少有对所唱歌曲进行重新填词的，因此可以选取幼儿熟悉的儿歌用古诗词进行填词，这样幼儿也可以自己选择古诗词并用熟悉的儿歌旋律来演唱，可以大大激发幼儿的创作兴趣，发展幼儿的创造性思维，并且幼儿之间可以相互分享、相互学习，增强幼儿的演唱信心。

（2）对古诗词节奏的创编。古诗词虽然在写作之时就有其固定的节奏，即音调节奏和意义节奏，但大多情况下吟诵古诗词都是按意义节奏划分的。五言律诗节奏有"二二一"节奏和"二一二"节奏，七言律诗则有"二二三""二二二一"和"二二一二"三种节奏，并且在一首古诗中只有一种划分方式，因此节奏较单一，但在音乐领域给每个字加上不同的时值，一首诗就可以有很多不同的节奏型。大多数古诗词融入音乐领域中，都可以为其配上不同的节奏型，这样诗词在演唱时，因为节奏的变化而产生的趣味性，容易激发幼儿对节奏型创造的热情，也会因此对古诗词整齐的句式、精练简洁的句子产生吟诵兴趣。

二、古诗词融入学前儿童音乐教育活动延伸活动的策略

（一）古诗词融入学前儿童音乐教育活动目标制定

任何教育活动的开展都要以活动目标为出发点和落脚点。同样，在古诗词融入学前儿童音乐教育活动的过程中，目标制定起着提纲挈领的作用，是整个活动的关键所在与所要达到的目标所在，也是检测活动效果的评价标准。古诗词融入学前儿童音乐教育活动也是艺术领域的活动，在活动设计时要达到相应的教育目标。《3～6岁儿童学习与发展指南》中指出："幼儿艺术领域学习的关键在于充分创造条件和机会，在大自然和社会文化生活中萌发幼儿对美的感受和体验，丰富其想象力和创造力，引导幼儿学会用心灵去感受和发现美，用自己的方式去表现和创造美。"由此可见，幼儿在艺术学习时要注重感受与欣赏、表现与创造。

古诗词融入学前儿童音乐教育活动感受与欣赏的主要目标有两个：一是通过古诗词音乐教育活动感受古诗词中描写的美的事物，二是喜欢欣赏古诗词音乐和与古诗词相关的其他艺术形式的作品。表现与创造的主要目标有两个：一是喜欢古诗词音乐教育活动并大胆表现；二是具有初步的艺术表现能力，并根据古诗词音乐教育活动内容进行相关艺术创造。

制定教育活动目标的根本目的是在活动实施过程中需要达到的要求，在设计时要给幼儿留出探索的余地和延伸的空间，这需要教师结合幼儿活动中的具体表现和活动实施情况做统一调整。一般情况下，幼儿园教育目标包括知识、能力、情感三方面。而各个类型的活动在目标设计时的侧重点不同，教师要根据活动类型制定具有侧重点的目标。音乐教育活动总目标是无论在哪种类型的音乐中幼儿都能在活动过程中感受到音乐带来的魅力，并在这一过程中，增强对音乐基础知识的学习和掌握，每种不同类型的音乐活动目标的制定都要以总的音乐教育目标为依据。

1. 充分考虑各种活动类型的不同要求

音乐教育理论一般将幼儿音乐教育活动分为歌唱、韵律、打击乐、欣赏四个部分，但在实际的音乐教育活动过程中，研究者需要以研究目的为依据，根据活动内容的需要做统一调整。从幼儿的角度来看，音乐知识既是独立和分开的，又是相互联系、相互渗透的。

2.全面考虑预设目标的灵活性

研究者在活动实施时发现，设计好的活动目标可能会受幼儿发展水平以及活动过程生成的活动环节等情况的影响，与预设有所出入。活动设计中确定的活动目标是建立在预设目标的基础之上的，低估幼儿发展水平可能会导致目标过于简单，高估幼儿发展水平会导致目标过于复杂。因此，进行目标预设时教师应该全面、多方位地考虑幼儿可能的表现，对可能出现的生成性内容做大概的设想与总体的把握；在活动实施过程中，注意观察幼儿的情绪表现，及时把握教育契机，时刻关注活动目标的完成程度，在此基础上根据活动中的生成性内容，对提前预设的目标进行调整，使其能更好地促进幼儿的全面发展。预先设定的目标是教师对幼儿发展的期望，也是社会对幼儿将来发展的基本要求；生成的活动目标则反映了幼儿的兴趣所在，教师要特别关注，并为目标的达成提供支持。

（二）古诗词融入学前儿童音乐教育活动的内容选择

无论是学前儿童音乐教育活动的活动设计还是具体的活动实施过程，都要有具体的内容作为目标达成的载体。古诗词融入学前儿童音乐教育活动因古诗词的特殊性，对内容的选择要求严苛。

3～6岁的幼儿正处于语言发展的黄金阶段，是进行词汇积累、口语表达的敏感期，也是音乐综合素质培养的关键期，因此在进行内容选择时既要符合幼儿的语言发展特点，又要符合音乐发展能力，因此对古诗词的挑选就显得尤为重要，是教师在进行活动设计之前必须确定的重中之重；还要考虑幼儿的年龄特点，对确定好的古诗词进行活动类型选择，这样才能最终确定活动内容。

1.以幼儿的音乐能力为基础

幼儿音乐能力主要包括两个方面的含义，即感受音乐美的能力和表达音乐美的能力。音乐感受能力是音乐听觉能力和节奏感的综合。[①]古诗词在创作的过程中就有对诗韵、平仄的要求，平声是平调，上声是升调，去声是降调，入声是短促调。在平仄的要求中，"平"是指平声，"仄"是指上、去、入三声。在诗词写作上，这两类声调互相交错，能使声调多样化。让幼儿吟唱古诗词有利于培养幼儿对音调的把握，培养幼儿的乐感，提高幼儿的音乐听觉能力。3～4岁接受音乐训练的儿童可以准确唱出音高，5岁之前接受音乐训练的儿童唱出音高比例达到95%。[②]所

---

① 许卓娅.幼儿园音乐教育与活动设计[M].北京：高等教育出版社，2009：51.
② 蒋存梅.音乐心理学[M].上海：华东师范大学出版社，2016：102.

以，在选择古诗词时要依据活动对象的年龄特点、音乐能力的发展水平来进行。

2. 以幼儿年龄特点为前提

在以年龄特点为前提选择内容时，不同类型的音乐活动选择依据也是不同的。在选择歌唱活动的古诗词时，教师要考虑幼儿发声器官的发育情况，幼儿发声器官的发育情况是进行歌唱活动的生理前提，因此无论是选择已经谱曲完成的古诗词歌曲还是选择幼儿熟悉的儿歌用古诗词重新填词演唱，都要符合幼儿的演唱音域。

在进行韵律活动时，对幼儿园小班幼儿来说，教师应该选择画面感明显、富有童趣、易被幼儿用肢体语言表达的古诗作为音乐活动内容；对幼儿园中班幼儿而言，其肢体表达能力比小班更好，古诗词的选择可以从画面、童趣的描写增加到景色描写；对幼儿园大班幼儿而言，他们已经掌握了一些基础的舞蹈动作，肢体表达能力更佳，可以选择情绪、情感描写的古诗词。

节奏乐活动主要是以古诗词中篇幅的长短作为参考标准来选择古诗词的，对幼儿园小班幼儿而言，教师应该以五言绝句为主，篇幅不宜过长；中班幼儿可以选择七言绝句，或者五言律诗；大班幼儿对古诗词篇幅基本上没有要求，但在节奏类型方面应该鼓励幼儿多尝试不同的节奏型。

当然，教师还要根据具体的教育目标和活动形式来挑选古诗词。比如，《四时田园杂兴》是一首七言诗，从诗句的长短来看，可能不适用于幼儿园小班幼儿，但是可以融入节奏乐活动中，让幼儿感受农民丰收时的热闹欢快的场面。《春晓》作为一首五言诗而且用词简单易于理解，单从这方面来看可能早已不适用于幼儿园大班幼儿。但由谷建芬谱曲的《春晓》由两个声部组成，即分唱和合唱，幼儿园小班幼儿难以完成，因此更适合幼儿园大班幼儿。

3. 以古诗词修辞手法为依据

古诗词的一个重要特点就是在用字上极其讲究，善用修辞手法，古诗词的诗句中包含比喻、夸张、拟人、对偶、对仗、反复、双关、递进等修辞手法，具有很高的文学价值，对幼儿的发散性思维、数理能力、词汇拓展等方面的发展起着重要作用，是促进幼儿认知水平发展的优秀素材。

4. 以幼儿生活经验为切入点

幼儿的生活经验是最能引起幼儿共鸣的，教师在古诗词选择时要关注当下的生活，在传统节日应选择描写节日的古诗，如春节时可以选择《元日》作为活动内容，在清明节时选择《清明》。除此之外，教师还可以选择与当前季节或者天气气候相关的古诗。比如，选择春天《惠崇春江晚景二首》、夏天选择《晓出净慈寺送林子方》、秋天选择《山居秋暝》、冬天选择《江雪》等。

（三）古诗词融入学前儿童音乐教育活动的路径

古诗词融入音乐教学活动的路径是指挑选某一首古诗词作为活动素材，教师要根据不同的音乐教育目标在不同类型的音乐教育活动中设计与之相符的活动案例。为挑选好的古诗词，教师在进行活动设计时，先要考虑让幼儿在了解古诗词内容的同时培养幼儿哪方面的音乐能力。例如，选择了《游子吟》作为音乐素材，如果想要培养幼儿的歌唱能力，就可以直接引用前人谱好的曲调来进行歌唱，考虑到幼儿在演唱时有困难，也可以用幼儿熟悉并且会唱的歌曲，用这首古诗词重新填词来演唱；如果想要发展幼儿的随乐运动能力，在进行活动设计时可利用游子离家前母亲为儿子缝补衣服这一场景，设计成韵律活动；如果教育的目的是锻炼幼儿对音乐时值的把握，和激发幼儿对用身体打击乐为古诗词伴奏的兴趣，就可以为每句诗配上节奏型，尝试用身体各部分进行打击乐活动，设计成节奏乐活动。

如果所选取的古诗词内容简单易理解，无论是歌唱、韵律、节奏乐都可进行，这时候就要考虑音乐教育活动的目标，可以分别设计成三个活动案例，也可以设计成一个综合性的音乐教育活动。

（四）对古诗词融入学前儿童音乐教育活动的实施

在活动之前，教师尽可能地利用各种多媒体手段，为幼儿提供与活动内容相关的知识经验，或者发挥家园合作的优势，让家长利用实际生活的真实性增加幼儿的经验。在活动实施过程中，教师应对幼儿的整体音乐水平有总体的掌握，这样才能贴近幼儿的最近发展区；要时刻关注幼儿的活动兴趣、投入程度，调整活动内容；充分发挥幼儿的主体地位，关注幼儿的创造性，让幼儿在轻松欢快的氛围中参与活动。

1. 古诗词可以融入学前儿童音乐教育活动

古诗词是我国传统文化的精华，具有朗朗上口的节奏韵律感，而且语句简短练，符合幼儿的语言发展。本研究将古诗词融入幼儿园音乐教育活动，从音乐教育入手，把古诗词作为音乐教育活动的素材，将古诗词融入幼儿园音乐教育活动，为古诗词进入幼儿园教育活动探寻出一条幼儿易接受且感兴趣的组织方式，为传统文化的继承与传播起到了一定的促进作用，也为其他传统文化融入幼儿园教育活动提供了一定的借鉴与参考作用。幼儿在古诗词融入幼儿园音乐教育活动中，既能唱古诗，又能将古诗词与韵律结合进行游戏，还能结合声势节奏吟诵古诗词，进而锻炼幼儿对音乐时值的把握。

2.古诗词融入学前儿童音乐教育活动需要反复进行

古诗词融入学前儿童音乐教育活动不是将一首古诗词融入某一个类型的活动中，同一首古诗词很有可能既能歌唱，又能舞蹈，还能有节奏。这就决定了古诗词融入学前儿童音乐教育不可能一蹴而就，需要不断进行，反复探索。加之古诗词数量庞大，内容广泛，教师要根据幼儿实际水平的不断进步提高难度，整个活动应该是一种螺旋式上升的趋势。本研究中根据古诗词的特殊性，进行了歌唱活动、韵律活动和节奏乐活动三个领域的探索。许多古诗词既有写景的描写，又有生活场景的描写，还有醒世功能，因此在选择融入路径时可以有多种选择，也可以融合两种或者更多的活动类型。古诗词在教育活动中的应用是可以不断丰富的，需要因地制宜，个性发展。

3.古诗词融入学前儿童音乐教育活动受外部条件的影响

社会环境是古诗词融入幼儿园音乐教育活动最大的外部环境，并且古诗词融入幼儿园音乐教育活动要考虑幼儿园所在地的社会历史文化背景以及民风民俗。古诗词融入幼儿园音乐教育活动不仅需要幼儿园这个微观系统发挥作用，还需要社会各界的支持，更要充分利用幼儿园内部和外部资源；可以运用幼儿园已有的关于古诗词的玩教具、图书、乐器、音像制品等；幼儿园也可以定期举办与古诗词相关的主题活动，在活动进行之前利用各方资源，还原古诗词描写场景，因为生动的活动氛围更能激发幼儿对古诗学习的兴趣。

（五）古诗词融入学前儿童音乐教育活动的方式

古诗词涵盖了社会生活的方方面面，蕴含了很多人文、科学、数学知识，因此古诗词有多方面的教育价值，需要在幼儿园一日生活中积极融入，发挥其价值。古诗词可以融入幼儿自由活动时的游戏中，可以融入区角活动的自由探索中，也可以融入其他领域的教育活动中。总之，古诗词融入幼儿园音乐教育活动除了发展幼儿音乐能力之外，还有很多价值有待开发，需要教师在具体的实践中予以发现。

（六）古诗词融入学前儿童音乐教育活动的实施条件

1. 教师转变对古诗词教育的观念

教师是活动的实施者，教师的教育观影响着活动的组织与实施，幼儿园开展古诗词融入音乐教育活动的关键就是教师转变以往对古诗词教育的认识。古诗词除了有语言领域的教育价值之外，还有对教师专业成长的价值，教师要看到古诗词对幼儿全面发展的价值，看到古诗词对丰富音乐活动素材的价值，看到古诗词对幼儿园课程开发的价值，等等。如此反复的良性循环会让教师对古诗词有更深刻且全面的认识，只有这样教师才会发现古诗词除了音乐价值之外的其他价值。要想对古诗词有全面的认识，教师必须深入了解古诗词的创作背景，知道古诗词所表达的情绪情感，这样就能在音乐教育活动中熟练应用古诗词。

2. 教师的自我学习与自我提升

教师要想将古诗词融入音乐教育活动设计得有新意，除了掌握基本的专业知识之外，还要学习与古诗词相关的知识、对古诗词有充分的了解，这样在内容和活动类型的选择上就会如鱼得水、游刃有余。在对古诗词有了充分的了解之后就该考虑进行哪种类型的活动设计，这就需要教师掌握幼儿园音乐教育活动的四种活动类型，并且对每种类型的活动目标和要求了然于心，这样才能更好地组织实施。教师需要自学这两方面的基础知识，不断提高自身能力。

由于古诗词融入音乐教育活动属于艺术领域，因此对教师的艺术素养提出了一定的要求，如要求教师掌握基本的音乐知识与音乐技能，有一定的音乐素养，对音乐有独特的艺术情感和高品位的艺术审美。同时，教师要具有基本的古诗词功底，能够看懂古诗词中的平仄特点，知道古诗词吟诵的基本节奏，满足了这两方面的知识要求，教师还应具有将两者合二为一的综合能力，能找到古诗词与幼儿音乐教育的契合点。要做到这些就需要教师有自我学习的自觉性和自我提高的愿望。

（七）古诗词融入学前儿童音乐教育活动的相关支持

1. 幼儿园重视古诗词对幼儿教育的价值

能否很好地进行古诗词融入音乐教育活动，幼儿园对古诗词教育价值的重视程度是一个很大的物质前提。教育者重视古诗词的传承与应用价值，就会把古诗词在幼儿园中的应用看成是优秀传统文化在幼儿园中保护与传承的需要，将古诗词在幼儿园中的开发与利用看成是对古诗词的继承与发展。幼儿通过古诗词更深入地了解了传统文化，有利于产生热爱本民族传统文化的情感，促进幼儿的全面发展。将古诗词融入幼儿园音乐教育中，增加了我国幼儿园教育的特色资源，也有利于幼儿园园本课程的开发。所以，幼儿园应当重视古诗词及其他传统文化资源的应用价值，努力建设具有我国特色的幼儿园。

2.教育者重视专业能力提升

教育者自身的专业能力影响活动实施效果。幼儿园教师队伍的专业能力及专业素质影响整个幼儿园的教育观念及发展方向。因此，幼儿园教师要有积极向上的心态，有终身学习的欲望，有向他人学习的虚心，致力于提高自身的专业能力。教师要有研讨反思的团队合作习惯，互相提高的心态，不断提高自身专业素质。幼儿园园长要带头，对古诗词融入幼儿园音乐教育活动持接纳态度，自身不断学习。

3.家长重视家庭教育

古诗词融入幼儿园音乐教育活动虽然是幼儿园中的活动，但是单单靠幼儿园的努力远远不够。幼儿园的教育活动固然重要，但家庭也有其特有的责任，家庭是幼儿认识世界、认识社会的第一站，也是古诗词教育不可或缺的场所。在教育活动方面，幼儿园起主导作用，而家长在家庭中的有关古诗词方面的影响，主要是增加幼儿与古诗词相关的经验，拓展幼儿对古诗词的了解与认识。同时，家长一直都是幼儿学习的榜样，家长的看法、认识会悄无声息地影响幼儿。当然，古诗词融入幼儿园音乐教育活动和家庭中潜移默化的影响不是两条平行线，两者需要交流碰撞，互相促进、互相补充。

第四节　学前儿童音乐教学活动延伸的优化

一、转变教师观念，强化音乐延伸意识

从教师角度而言，幼儿园要想解决延伸活动开展随意、延伸目的局限等问题，需要转变教师观念，从理念上帮助教师理解延伸活动的内涵，强化教师音乐延伸的意识。

(一）帮助教师理解延伸活动的内涵

在开展时间上，延伸活动不只局限于音乐教学活动结束环节，延伸活动是对音乐教学的补充完善和延续拓展，课后与音乐教学活动目标相关的一切活动都是音乐教学的延伸活动；在延伸活动的价值上，延伸活动能够培养幼儿音乐能力和音乐兴趣，促进幼儿身心全面发展，在此基础上合理定位音乐教学延伸活动的目标，不局限于重复练习音乐教学内容，更在于激发幼儿音乐学习的兴趣、丰富幼儿对音乐的审美体验、经由音乐创造性地自我表达与表现等综合的、有针对性的目标。

（二）强化教师音乐延伸的意识

相对延伸活动而言，教师更关注对"音乐课"的设计和实施，对音乐活动的结束环节或其后的延续不重视。音乐延伸对教师而言，大多认为只是音乐教学活动的附属品，时间短、内容少，加之繁重的工作压力，使教师自觉或不自觉地省略掉音乐延伸活动的开展。因此，强化教师对音乐教学延伸的意识，把音乐延伸活动作为衔接音乐教育与幼儿生活的"桥梁"，使音乐活动不再是单个的"音乐课"，而是能渗透幼儿生活，成为幼儿身心全面发展的一部分。

二、着眼三维目标的延伸

清晰的活动目标是活动有效开展的前提和基础。为了避免音乐延伸活动漫无目的、流于形式等无效、低效的情况，音乐延伸活动需要同音乐教学活动一样，以明确的活动目标作为音乐延伸的起点和归宿。由于音乐延伸活动最终由教师具体实施，因此教师还需考虑目标的可理解性、可把握性以及可操作性。

幼儿园音乐活动的目标设置通常采用三维（认知、情感与态度、操作技能）目标模式来确定活动目标，并追求三维目标的平衡性。[①] 音乐教学重在发展幼儿的音乐感知能力、培养幼儿的音乐兴趣、鼓励幼儿的自我表现与创造。音乐延伸活动是音乐教学的拓展和延续，在活动目标上不能脱离音乐教学目标，因而音乐教学延伸活动的目标可着眼于三维目标。

---
① 黄瑾.学前儿童音乐教育[M].上海：华东师范大学出版社，2001：107.

（1）对音乐教学活动中认知目标的迁移延伸。在音乐教学活动中，幼儿需要掌握一定的音乐知识和音乐经验，如把握旋律、速度、节奏型等，音乐延伸活动可以基于音乐教学的认知目标加以拓展和丰富，旨在使幼儿基于已有的音乐知识，轻松地掌握更多相关音乐基本知识，在一定程度上减轻幼儿在接下来音乐学习中的认知负担，将更多的关注度集中于对音乐本身的感知欣赏，甚至是对音乐的想象和创编之中。

（2）对音乐教学活动中情感目标的迁移延伸。音乐是擅长抒发、表达感情的艺术。[1] 审美性是幼儿园音乐教育的主要特征，通过与音乐的互动，触动幼儿的情感，继而使幼儿获得审美体验，激发相应的情感反应。情感目标包括幼儿情感的体验、表达能力的发展以及对音乐活动的兴趣和爱好的发展，因此音乐对幼儿情感的熏陶并非在短暂的集体教学活动中完成。基于音乐教学的情感目标，教师可以将音乐潜移默化地延伸到幼儿的一日生活之中，以音乐为媒介，激发幼儿合理地表达内心的情感体验，通过音乐的情感教育丰富他们的内心世界，并引导幼儿善于发现和欣赏生活中的美好事物。

（3）对音乐教学活动中行为目标的迁移延伸。行为目标包括幼儿运用身体动作进行音乐体验和表达的技能，而音乐教学活动是音乐知识和技能由教师介绍引入，幼儿由外而内的吸收过程，幼儿的绝大部分认知活动处于同化新知识的状态；音乐延伸活动中更多的是幼儿由内而外运用、操作音乐知识和技能的过程，通过延伸音乐教学活动的行为目标，使幼儿在不断地练习、强化中，检验音乐教学活动效果，巩固拓展音乐经验，也是制定音乐延伸活动目标的重要考量内容之一。

三、延伸内容立足于幼儿音乐经验的迁移和提升

学习迁移理论关注新、旧学习之间的相互影响，通常而言，先前学习的知识会对后继学习产生影响，教育旨在促使先前学习对后继学习起到铺垫作用，使后继学习更容易被理解。从这个角度讲，迁移是发散、拓展知识的重要途径，并且迁移发生在运用知识的过程中，既是对已有经验掌握情况的检验，也是初步认知新经验的过程。也就是说，迁移是在实际情境中对同一知识在不同层面、不同角度上反复运用的过程。

---

[1] 李晋瑗，林静华，卢珊珊.幼儿音乐活动设计与指导[M].北京：北京师范大学出版社，2012：2.

幼儿音乐学习建立在已有经验水平之上，美国认知心理学家奥苏贝尔提出的"有意义学习"指出，一切有意义的学习都包括知识迁移。要实现有意义的学习，学习者原有的认知结构中必须具有同化新知识的相应知识基础。这些学习者头脑中已具备的、与新知识高度相关的内容被奥苏贝尔称为"先行组织者"。音乐活动内容成为延伸活动的"先行组织者"，音乐延伸活动成为幼儿音乐经验迁移和拓展的重要途径，在延伸活动中为幼儿提供丰富的知识，建立音乐教学活动与下一次活动之间的联系，使幼儿从中获得对新知识的好奇、想象和预测，或为幼儿创设更丰富的音乐情境，引导幼儿充分调动对已有音乐经验的感知、欣赏、运用，形成新的刺激，培养幼儿的音乐学习兴趣。

幼儿的音乐经验需要在延伸活动中得到提升。维果茨基的"最近发展区"理论指出，幼儿的发展存在一个潜在发展水平，这是幼儿在已有水平的基础上，通过成人的帮助能够达到的最高水平，幼儿实际发展水平和潜在发展水平之间的"最近发展区"是教学可以发挥作用的关键领域。延伸活动是激发幼儿潜在音乐水平的重要途径，教师可以通过变换活动形式、增加音乐游戏难度、提供类似音乐作品等方式，给幼儿更多体验音乐、动手操作可发声材料的机会，促进幼儿音乐经验的提升，如音乐旋律，从对旋律的上行和下行向感知旋律的级进与跳进发展，从速度上的快与慢向感知渐快与减慢发展。

四、调动幼儿多重感官通道参与，综合多种延伸形式

音乐教学活动时间和容量有限，而幼儿在延伸活动中对音乐作品已有一定程度的熟悉，很大程度上减轻了在音乐感知和创作表达中的认知负担，因而延伸活动是促使幼儿多渠道参与音乐的重要途径。

幼儿对音乐的感知并非只通过听觉，斯皮罗等人提出的"随机通达教学理论"认为，对同一内容的学习要在不同时间多次进行，且每次的情景都经过改组，使学习者着眼于问题的不同侧面，从不同角度、不同层面接触学习内容，也就是调动幼儿的多重感官，让幼儿从不同角度接触音乐作品。音乐心理学的研究也表明，音乐感知活动不仅是听觉感知活动，还是一种多感官通道协同工作的感知活动，更多感官通道的开放有利于幼儿获得对音乐全面、深刻、多样化的理解和感知。教师要充分调动幼儿的视觉、语言觉、运动觉等，通过绘画、语言表达、身体律动等多种形式使幼儿在与音乐的多次接触中，感受和体验音乐。

一方面，不同类型的音乐教学活动延伸的形式是灵活多样的，不管是歌唱、韵律、音乐欣赏或是打击乐教学活动，没有固定的延伸形式。教师可以综合多种形式，立足于各类型音乐教学活动的教学任务，尽可能充分挖掘音乐教学中的延伸点，促进幼儿音乐经验的迁移和拓展，如歌唱教学可以在延伸的美术活动中加入语言活动的探讨，韵律教学可以在延伸的表演活动中融入对音乐的欣赏等。

另一方面，不同类型的音乐作品的延伸形式也是丰富多样的。音乐选材会影响延伸形式的选择，总的来说音乐素材可以分为歌曲和器乐曲两类。由于幼儿喜欢的音乐类型是关于某些故事的音乐，如关于小动物、植物、森林的音乐，小鹿的故事，小朋友懂礼貌的故事等故事情境类音乐，歌曲比器乐曲更能引起幼儿的兴趣，因此教师选用最多的为歌曲类。歌曲类可以分为儿童歌曲和成人歌曲两种，虽然成人歌曲（以流行歌曲为主）已经开始进入幼儿园音乐课堂，但更多的还是以儿童歌曲为主。通过对目标幼儿园开展的音乐教学活动的观察，围绕班级主题或幼儿生活，笔者粗略地将教师常用的音乐内容归为动植物类、故事类、生活类和节日类等几种类型，不同类型的音乐作品有不同的延伸形式。

而这些延伸形式也同样是不固定的，也就是说，不论是着眼于歌唱、音乐欣赏、韵律和打击乐教学等不同的音乐教学形式，还是从音乐作品的类型出发，教师都可以根据教学实际情况综合运用多种延伸形式，充分调动幼儿的多重感官系统，使幼儿在延伸活动中从不同角度、不同层面获得对音乐的感知和体验。

五、加强对幼儿的个性化指导

不同的家庭教育方式、生活环境等因素决定了每个幼儿具备的音乐能力存在差异，对音乐教学活动的参与度、音乐教学内容的掌握程度也参差不齐，教学活动较难顾及每个幼儿的个体差异，使得延伸活动成为发挥幼儿个性特征、照顾幼儿个体差异的重要环节。因此，教师对延伸活动的设计要尽量考虑不同幼儿的音乐能力，让每个幼儿都能参与到活动之中，同时在延伸活动中加强对幼儿的个性化指导，既避免以同一标准要求所有幼儿，又及时转变将延伸活动视作自由活动、在延伸活动中完全不做指导的错误做法，即既要统一要求，又要个别指导。教师要为音乐能力较强的幼儿提供较难的活动任务，促使其音乐能力在原有基础上有所提升，避免在同样音乐活动中的原地循环；为音乐能力较弱的幼儿提供足够的练习机会，变换形式让其以能理解的方式更多地接触音乐作品，进而熟练掌握音乐教学内容，并不断培养其参与音乐活动的兴趣。

第六章 信息技术下学前儿童音乐教育的创新发展

第一节 信息技术与学前儿童音乐教育的融合分析

一、信息技术与学前儿童音乐教育的融合优势分析

幼儿园集体音乐教育活动已不仅仅满足于唱歌、律动的形式，而是发展为包含音乐欣赏、歌唱、律动、舞蹈、打击乐，甚至戏剧、美术等在内的综合型的艺术活动，音乐活动的内涵越来越丰富和全面。而信息技术在音乐教育活动中显示出了独特的魅力，突破了传统音乐教学活动中的某些限制，减少了语言描述和解说的时间，通过生动的画面和动听的音乐，激发幼儿对音乐学习的兴趣，开阔幼儿的音乐视野。将抽象的音乐形象转化为具体生动的画面与情境，使幼儿能够直观地感受到音乐所表现出的美，激发幼儿进一步展开联想与想象，在感受和欣赏的基础上产生表达与创造的欲望。

（一）优化幼儿园音乐教育活动的教学效果

与传统音乐教学活动相比，信息技术环境下的音乐教育活动具有灵活多变、交互性和可控性强的特点，能较好地增强活动教学效果。信息技术优化幼儿园音乐教育活动的教学效果体现在三个方面：创设丰富的教学环境、提升师幼互动的质量和提高教师的教学效率，这三个方面的优化能够进一步促进音乐教学效果的优化，从而实现整个活动过程的最优化。

1. 创设多样的教学环境

音乐没有语义性和造型性，多媒体技术通过呈现声音、图像、动作等多方位的刺激，创设各种生动、灵活的活动情境，再现生活场景或者想象空间，营造轻松自然的活动氛围，引发幼儿产生情感共鸣。有研究表明，幼儿的情绪是幼儿学习效果的重要影响因素，而教学环境又能影响幼儿的情绪。因此，在音乐教育活动中，教师要优化教育资源，创设情境，寓教于趣，让幼儿以良好的认知情绪和浓厚的学习兴趣投入活动中。不管是在活动之初，还是在活动过程中，创设情境都是极其重要的一环。一般说来，创设的情境可以分为故事性情境、游戏性情境和激励性情境，创设情境可以促进幼儿与丰富多样的环境相互作用，让幼儿在不知不觉中全身心地投入活动，推动幼儿的学习与探究行为。例如，在《非洲欢迎你》这个活动中，自始至终教师与幼儿都沉浸在"非洲舞会"这个情境之中，导入环节就是伴随着热情的非洲音乐，师幼在没有桌椅限制的活动室中一起跳舞、互动，利用大屏幕、一体机和音响设备创设浓厚的"非洲舞会"的氛围，让幼儿在情境中循序渐进地体验非洲音乐、非洲语言、非洲舞蹈、非洲鼓和非洲服饰，不管是音乐旋律，还是节奏、动作，幼儿的音乐能力都得到了提升。此种教学活动不是像传统音乐教学活动那样幼儿坐在小椅子上学习动作，学完动作在原地或者绕圈练习动作。

2. 提升师幼互动的质量

传统音乐教学活动往往是接受式学习，教师弹钢琴，幼儿跟着教师及钢琴一起唱，或者是教师用语言描述音乐、讲述故事，这种教学形式容易使幼儿感到枯燥，不易吸引其注意力，也不易于对音乐的理解，对激发幼儿参与活动的积极性和发挥幼儿的自主性有所局限。多媒体技术具有交互性的特点，游戏化、趣味化的教学形式一方面能够吸引幼儿主动参与，积极尝试；另一方面能够提高幼儿的主体地位，使幼儿有机会进行自主探究，与教育媒体进行交互，不再是被动接受，而是主动学习，获得对音乐独特的感受与理解，并与同伴和教师进行交流，大胆表达自己的想法，使师幼关系更趋于平等。

此外，一般情况下，公开展示课除了执教老师之外还会配备助教老师，然而在幼儿园日常的音乐教育活动中，往往是一名教师独立开展活动。教师既要弹琴又要与幼儿互动，照顾不到所有幼儿。信息技术能够使教师摆脱手忙脚乱的状态，做好必要的审美传导，帮助幼儿理解音乐，让教师与幼儿全身心地投入音乐中。例如，在打击乐活动《海盗与船长》

中，教师既要演示图谱，又要充当指挥引导幼儿的合奏。教师将图谱用多媒体技术呈现，并跟随音乐的节奏跳动来提示进度，就能在一定程度上避免手忙脚乱的局面，全身心地投入指挥，对幼儿进行审美教育。

3. 提高教师的教学效率

信息技术提高教师的教学效率体现在三个方面：首先，信息技术可以多层次、多角度地将活动内容呈现出来，创造立体的教学空间，大大增强了教育的表现力，使得同一个活动内容不仅可听，还可视、可感，有利于幼儿协调多种感官，并有机会按照自己的想法去探究事物。其次，从活动过程来看，多媒体计算机、交互式一体机功能强大，教师根据活动的需要主动调控活动过程，减轻在活动中一人分饰几角的负担。多媒体计算机和一体机具有灵活的界面切换和交互功能，教师能够根据需要在显示屏呈现的画面与存储的声音之间进行灵活调控。其快捷、方便的特点避免了录音和录像的回放而中断活动，分散幼儿的注意力。最后，信息技术能够将活动材料数字化，方便储存并随时提取。除了一些确实能更好促进幼儿学习与发展的必要的物质材料之外，很多情况下数字资源可以代替物质材料，节省了教师在开展活动前加班准备玩教具的时间。有时候教师辛苦制作的玩教具只是"一次性"的，活动过后再无用处，信息化的数字资源能够节省资金投入和教师的时间，减少教师制作教具的时间投入，让教师有更多的时间真正去考虑幼儿的发展，研究活动设计的合理性与系统性。

（二）提高幼儿的主体地位

从以幼儿为主体的角度看，信息技术在一定程度上有利于幼儿主体地位的提高。因为信息技术能够激发幼儿的学习兴趣和积极性，提高他们在活动中的注意力，促进幼儿对音乐的学习和理解。信息技术不仅促进了教师"教"的趣味性，还提高了幼儿"学"的积极性。幼儿被充满趣味性和互动性的活动形式所吸引，能够积极主动地去体验、表达和创造，而不是跟随教师亦步亦趋，这也就提高了幼儿在音乐活动中的主体地位。

1. 激发幼儿的学习兴趣和积极性

在传统音乐教育活动中，教师往往会以"说"为主，根据歌词讲述一个故事，或者根据歌词绘几幅画，边讲解画面边引出歌词。如果教师的语言感染力不够唤起幼儿的情绪和兴趣，这样的教学形式便会让幼儿感到单调、枯燥，注意力不易集中。再者，幼儿音乐作品的情感表现并不是主要通过言语描述来实现的，而是依附于事物和事件的。如果利用多媒体技术，通过拟人化的形象诠释歌曲内容，或是转化为音乐游戏，就能帮助幼儿理解歌曲，激发幼儿主动歌唱的欲望。例如，在《买菜》这个活动的自主创作环节，面对平板这一新奇的教育媒体和充满趣味性的游戏，所有幼儿都跃跃欲试，这就充分调动了幼儿参与活动的兴趣和积极性。又如，在幼儿园中班幼儿歌唱活动《小黑猪》中，教师通过 PPT 呈现小黑猪胖乎乎的形象和故事情节，引导幼儿观察画面。幼儿被可爱的小黑猪所吸引，目不转睛地看着变换的画面，体会故事情节，还跟着画面中的小黑猪做动作。这样将音乐和画面综合在一起，利用画面的切换来增加信息量，为幼儿更好地理解歌曲内容提供了特定的情境，使幼儿兴奋的状态被激发出来，调动了学习的积极性。如此，教师就不需要再反复用语言去告诉幼儿小黑猪在做什么，不用一遍遍朗读和记忆歌词，而是幼儿主动去观察和表达自己的发现，使幼儿真正成为学习的主体。

2. 提升幼儿在音乐教育活动中的学习注意力

幼儿的注意以不随意注意为主，容易被多变、新鲜的刺激物所吸引。尤其是幼儿园小班幼儿，由于身心发展规律所限，注意力不容易集中。有的教师会感到束手无策，常常通过提高声音引起幼儿的注意，这不利于为幼儿营造积极的心理氛围。而人机交互改变了单一教师讲述的教学形式，教师可以充分利用易引起幼儿注意力的外部因素，抓住幼儿的心。多媒体技术呈现的声音、图像、动画等新异性的刺激很快就能吸引幼儿，激发幼儿的内心情绪，使其尽快进入学习主体地位的角色中。例如，《非洲欢迎你》这个活动因为没有桌椅限制，幼儿的自主性很大，活动范围不受限制，难免有幼儿走神，四处游离。然而，教师利用交互式教学一体机，将幼儿的想法以绘画的方式记录下来，幼儿集体合作创编的作品就呈现在大家眼前。这种记录方式让幼儿感到十分新奇和有趣，纷纷围住观看，这就有效避免了幼儿注意力的分散，使幼儿在不受限制的场合与氛围之中主动去学习和观察，成为学习的主人。

3. 促进幼儿对音乐的学习与理解

与其他领域的认知经验相比，音乐领域的经验离幼儿的生活经验更远一些。所以，在音乐教育活动中，教师有时候会发现一些音乐形象很难用语言描述和解释，不易被生活经验积累不足的幼儿所理解，会给音乐教育活动带来许多不便，还会降低幼儿对音乐教育活动的兴趣。而信息技术的应用能够化解这个难点，促进幼儿对音乐的学习与理解，将抽象知识形象化、静态知识动态化、枯燥知识趣味化。比如，在集体音乐教育活动的四种基本类型中，欣赏活动开展得最少。因为欣赏活动没有歌词，对幼儿来说较为抽象，不利于幼儿理解故事情节、音乐形象和音乐所要传递的感情，所以大多数幼儿园教师对开展音乐欣赏活动往往无从下手，或者仅仅是让幼儿简单地听几遍，又或者是融入其他类型的音乐教育活动中，不会开展专门的音乐欣赏活动。然而，应用多媒体技术就可以把音乐中抽象的形象具体化。以《狮王进行曲》为例，利用多媒体展现狮子吼叫的声音，使音乐情感与艺术形象联系起来。

（三）促进幼儿园教师信息素养的提升

从教师的主导地位来看，教师在活动过程中起着举足轻重的作用。教师是教育媒体和教学材料的选择者，教育媒体的选择会影响教学效果，继而影响幼儿学习能力的发展。因此，教师信息素养也会影响教学效果。

1. 提升幼儿园教师应用信息技术的意识和能力

随着幼儿园硬件设施的完善，应用信息技术已成为幼儿园教育教学和工作管理的常态。从幼儿园领导到一线教师，他们都十分重视信息技术的应用，深知其给教育教学带来的优势。教师平日里通过信息化教学活动的设计与组织实施，可以使自身的理论和应用能力得到提升。想要在活动中熟练、灵活地操作信息设备、展示课件，教师就必须具备操作这些硬件和软件的能力，并达到熟练的程度。为了更加贴合活动内容和教师的思路，很多情况下，教学都需要教师根据实际情况自己制作课件、加工数字资源，而不是直接使用从互联网下载的课件。这就需要教师不仅要掌握一些简单的信息技术，还要具备设计整个教学活动的能力，不可重技术而轻系统教学设计。对此，除了职后的各项培训外，各级、各类组织机构也常常开展电教化公开课比赛，促使教师与同行交流、切磋，在比赛中提升自身设计活动和信息技术的应用能力。

2. 促进幼儿园教师的专业化发展

幼儿园教师的学习通常由教研活动来实现，但往往参加教研活动的都是各年级的教研组组长和主班教师，并非所有教师都能参与。况且，幼儿教师需要全天与幼儿在一起，集中教研的时间不充裕，外出学习与交流的机会同样不多。而应用信息技术搭建沟通平台能够降低教师学习与交流的成本。例如，《非洲欢迎你》这个活动在结束时，观摩活动的教师可以通过扫描二维码转到 UMU 互动平台，收看关于这节活动课的相关资料，并对这节活动课提出自己的想法，与其他教师进行沟通和交流。

在幼儿园的教育教学中，应用信息技术能够提高教师信息素养的水平，也就意味着幼儿园教师能力结构的更新和教育观念的转变，继而成为促进幼儿园教师专业化发展的重要组成部分。此外，通信技术的发展也让教师的学习不受时间和空间的限制，拥有多样化的学习途径，实现终身学习，培养与时俱进的合格教师。

综上，在强调声音这一特性的音乐教育活动中，信息技术的多种应用方式给教师的教学带来了不少便利，创设了多彩的活动氛围，让幼儿充分体验音乐的美妙与乐趣。尽管如此，教师也要明确信息技术不是万能的。在访谈过程中，有教师指出："幼儿容易被新奇的东西吸引，兴奋过头，导致后面的活动环节进行得不顺利。"对这种现象，不一定全是信息技术的应用所导致的，需要考虑执教教师的活动设计是否合理、信息技术的应用时机是否合理、教师的教学手段与引导方式是否合理等。一个优秀的活动并不都是信息技术的应用所带来的，信息技术用得多并不意味着这个活动就一定好，也可能是华而不实。优秀的活动课离不开教师的精心创设，对常见的将信息技术作为辅助教学手段的活动，教师需要熟悉活动内容与目标，了解幼儿及其兴趣点，尊重幼儿的主体性，相信幼儿的自主性和创造性，在此基础上结合信息技术，将教学的有效性发挥到最大化。

另外，并非所有采用传统教学方式的音乐活动都称不上优秀的教学案例，许多并未应用信息技术的音乐教育活动也很优秀、经典并具有普适性。这里所说的"传统教学的音乐活动"大多指的是未应用信息技术或者是应用信息技术水平不高的活动，并非指的是与现代教育相悖的传统教育，即强调"教师中心、教材中心与课堂中心"的传统教育。在新媒体信息时代的背景下，我们需要顺应时代发展，既然看到了信息技术应用在幼儿园音乐教育活动中的优势，便不能故步自封，而是要推陈出新，寻求具有时代特点的新的教学方式。如今，幼儿算得上是"数字原住民"，他们生活的方方面面都享受着信息技术带来的便利。因此，在幼儿园教学活动中，应用信息技术有助于创设信息环境，帮助幼儿适应当下的生活以及迎接未来生活的挑战。

二、信息技术与学前儿童教育深度融合的必要性分析

在幼儿园教学中，信息技术扮演着一个不可或缺的角色。首先，信息技术融入幼儿园教学中使幼儿园的教学模式有了更多的可能性，使课堂由幼儿教师主导、幼儿被动接受学习的教学模式过渡到课堂由幼儿积

极参与并自主学习的教学模式。其次，信息技术还能够丰富幼儿园教学的内容。传统的音乐教学多以声音的传导为主，容易导致幼儿因疲倦而注意力不集中，信息技术的融入（包括视频、挂图、游戏背景音乐、音频在内的多媒体资源的投入和被应用）给予幼儿在不同感官上的冲击，能够有效吸引幼儿的注意力。最后，信息技术能够创新教学手段。在传统的幼儿园教学中，幼儿教师主要以使用粉笔、黑板和书本的教学手段为主，信息技术的引入无疑为幼儿打开了一扇"天窗"，让幼儿能够通过丰富的多媒体资源更加直观地了解世界、探索自然，因此在幼儿园音乐教学中融入信息技术手段能够促进幼儿有效学习。

第二节 信息技术与学前儿童音乐教育整合的模式构建

随着学前教育信息化的逐步深入，以多媒体教学、网络教学为代表的现代信息技术教学手段，被广大教育工作者广泛运用于教学活动的方方面面，因此如何实现现代信息技术手段与幼儿园教学的有效整合，是每一位幼儿教师面临的问题，而音乐课程作为幼儿园五大领域中的艺术领域范畴，对幼儿的成长有着重要影响，为幼儿早期接触音乐带来积极的效果。构建一个切实可行的情境—探究式的信息技术与音乐教育整合的教学模式，可以为幼儿教师在信息技术与音乐教学整合中提供方向，让他们在活动中有据可依。

一、教学模式的构建要素

（一）教学思想

幼儿的自主探究是一种强有力的学习方法，通过这种积极的探究式学习，幼儿可以更好地把握本节课的核心思想。施瓦布认为，教师应该用探究的方式展现学科知识，而幼儿作为学习者，应该通过自主探究或合作探究的方式来突破本节课的重难点。都说兴趣是最好的老师，兴趣是幼儿的引路人，音乐教育和其他教育不同，音乐教育更注重幼儿情绪情感的培养以及音乐素质的教育。本教学模式旨在为幼儿创设一个多媒体情境，抓住幼儿的兴趣点，引导幼儿对音乐进行探究，去探索他们之前没有接触过的东西，实现音乐教育的真谛，让幼儿在音乐的海洋里遨游。

（二）教学目标

教学目标在教育教学活动中起着重要作用，教师根据音乐背景创设出生动形象的图画或者视频，借助音乐的感染力使幼儿身临其境，感受音乐的熏陶，有助于激发幼儿的情感，也为教师后续的教育教学活动安排奠定了基础。教学目标需要教师结合现有的多媒体设备科学制定，从认知、能力、情感价值观三个维度去思考。

（三）教学结构及活动程序

在课堂导入部分，教师可以利用信息技术创设音乐情境，随即教师再开展教育教学活动，在活动中紧抓学习目标和重难点，适时对幼儿进行引导提问，让他们自己去寻找音乐的根源，成为音乐课堂的主人。由于幼儿属于年龄较小的学习者，因此教师可适当对幼儿自发的探究学习加以指导和小结，从而达到教学效果的最优化。

（四）师幼交往系统

师幼交往的方式、方法、角色、关系等都是影响教学模式的重要因素，教师和幼儿的关系很微妙，教师可以是妈妈，可以是姐姐，可以是医生，可以是厨师，也可以是科学家，这一切都取决于教育教学活动的需要。同样，要想实现信息技术与幼儿园音乐课程的有效整合，教师应卸下主人的包袱，适时地对幼儿活动进行指导与反馈，通过启发引导幼儿自主进行意义建构，培养幼儿主动获取知识，发展能力。教师应以幼儿为中心，鼓励他们独立思考，并在必要时提供一些帮助和引导。

（五）支持条件

教学条件的完善与否决定着教学模式的有效性，学前教育信息化已经走进我们的课堂，幼儿教师对教学条件的依赖性也越来越强。教学媒体的使用对教学模式的实施有着不可或缺的作用，作为学前教育工作者，教师必须在教学模式实施前，明确课堂教学中物质条件的使用，以确保此教学模式可以有效地实施。在幼儿园教学模式的构建中，教师应该结合教材的特点和幼儿现有的发展水平，从日常生活中的点点滴滴出发，让幼儿有更加切实的体会；应该根据自己制定的教学目标，进行多种教学方法的优化，在熟悉课程的情况下，设计出新颖的引人深思的问题，充分调动幼儿的积极性，将学习的主动权交给幼儿。此外，教师要把握课堂的节奏，并且适时地进行指导和小结，要"授人以渔"，充分发挥幼儿的自主性和创造性。

二、情境—探究式教学模式的流程

情境—探究式教学模式，指幼儿教师通过多媒体设备的输出为幼儿创建一个良好的学习环境，即符合主题的音乐情境，再通过教师的引导以及提问，激发幼儿的好奇心，启发他们独立思考，再利用信息技术的辅助教学功能，让幼儿在愉快轻松的氛围中找到问题的答案。在情境—探究式教学模式下，幼儿教师通过层层递进的引导语，促使幼儿在音乐学习中对知识进行二次强化，从而实现信息技术与幼儿园音乐课程的有效整合，使幼儿的音乐素养得到发展，教师也可根据幼儿情感动作的表达来对课堂整合效果进行评价。情境—探究式教学模式的教学流程如图6-1所示。

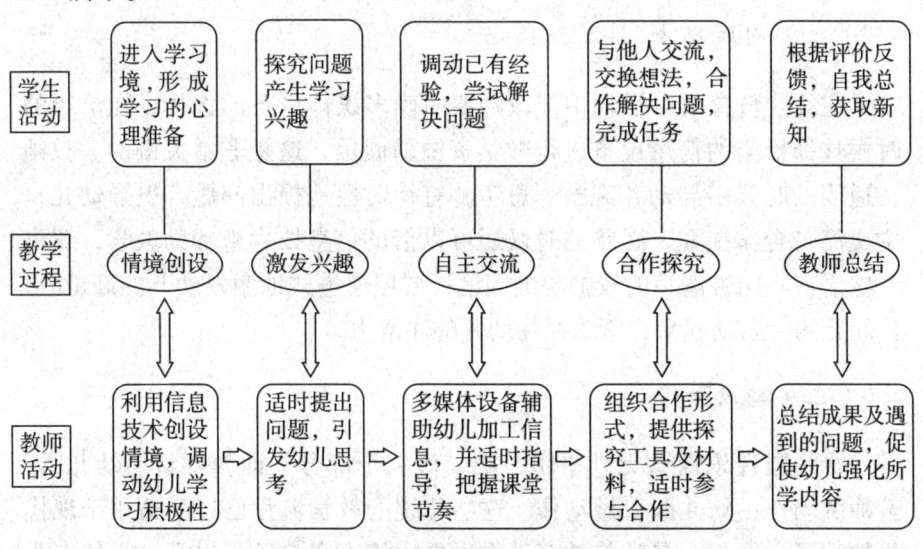

学生活动	进入学习境，形成学习的心理准备	探究问题产生学习兴趣	调动已有经验，尝试解决问题	与他人交流，交换想法，合作解决问题，完成任务	根据评价反馈，自我总结，获取新知
教学过程	情境创设	激发兴趣	自主交流	合作探究	教师总结
教师活动	利用信息技术创设情境，调动幼儿学习积极性	适时提出问题，引发幼儿思考	多媒体设备辅助幼儿加工信息，并适时指导，把握课堂节奏	组织合作形式，提供探究工具及材料，适时参与合作	总结成果及遇到的问题，促使幼儿强化所学内容

图6-1 情境—探究式教学模式的教学流程

图6-1中的每个环节环环相扣，其中情境创设、激发兴趣、自主交流、合作探究、教师总结是五个必不可少的教学环节，教师可灵活应用，结合现有的多媒体设备实施教育教学活动，或根据幼儿的现有发展水平调节课堂节奏。需要注意的是，教师在教育教学活动中需要关注每一个幼儿，因材施教，对个别能力稍弱的幼儿进行层层递进式的启发引导。

（一）情境导入

情境创设的目的就是为了更好地将幼儿带入音乐氛围中，如幼儿园中班幼儿学习律动《欢乐满山谷》，这个音乐律动没有歌词，而且手部动作变化很快，这是一节对幼儿园中班幼儿来说稍有难度的课程，很多阅历丰富的教师也束手无策。可如果将这堂课与信息技术有效整合起来，课堂氛围立刻就被调动起来了，教师可利用 flash 动画进行情境导入——"哇！秋天到了，园子里的果子都露出了红彤彤的笑脸，今天呀，小朋友跟着老师一起去园子里摘果子去喽！"教师配合着动画做出背背篓的动作，在轻松而又欢快的音乐节奏中，引导幼儿自然地进行舞蹈动作学习，促使幼儿很快地进入角色当中，仿佛每个幼儿都跟随着教师迈着轻快的步伐去摘果子。其中，信息技术的作用功不可没，将原先死板的口述导入变成了现在轻松愉快的情境导入，既发挥了信息技术的优势，又实现了课堂的"游戏化"。

（二）问题思考

在幼儿教育教学活动中，教师要明确多媒体设备的选择，在恰当的时候选择恰当的信息设备进行教学资源的展示，这是非常关键的。教师在适当的时候引导幼儿观察、思考，有针对性地提出问题，引导幼儿自主交流与合作探究，必要的时候还可以借助信息技术来辅助教学，解决一些语言不能讲清楚的较抽象的问题，层层递进式地激发幼儿的好奇心，让幼儿的大脑动起来，紧紧抓住幼儿的注意力。

（三）辅助教学

幼儿园音乐课堂无外乎听、唱、做三个部分，即教师讲、幼儿听，教师做动作、幼儿跟着做动作。这些传统的教学流程已经不适用于现代化教学了，作为一名学前教育工作者更应该充实自己，提升自己的专业素养与信息素养，用信息化教学来武装自己，利用信息技术的优势来辅助教学，以一种轻松、易懂的方式展示音乐课堂。

（四）知识迁移

信息技术在音乐教育知识迁移中也有着不可估量的作用。多媒体设备出示图谱，对幼儿进行视觉上的冲击，有助于他们对歌曲节奏的感知。幼儿到了中班下学期的时候会有音乐节奏型课程安排，多数幼儿都能达到用手拍节奏这个目标，但是图谱的出示对幼儿来说又是一个新的挑战，他们可以利用交流讨论的探究方法对图谱进行分析，既巩固了幼儿原有的技能，也更加直观地展示了歌曲的结构。

（五）评价反馈

教学评价是教育活动中不可或缺的部分。众所周知，幼儿在幼儿园最听教师的话，只有教师在活动中认真地观察每个幼儿的动作和发音，并及时进行鼓励和纠错，才能避免幼儿走弯路。教师也要对幼儿易犯的错误进行总结和反思，让他们认识到自己的错误及其原因所在，这样可以更加有效地激发幼儿的求知欲。

三、情境—探究式教学模式的本质

信息技术与幼儿园音乐课程整合的主要目的是给幼儿教师提供思路，使他们在音乐教学中有据可循，合理地开展教育教学活动。教师通过信息技术进行音乐情境的创设，适当地进行启发，引导幼儿去思考；当发现问题时，让幼儿自主地进行交流，合作讨论得出问题的答案，体会音乐要表达的情绪情感，从而真正地喜欢上音乐活动。在此过程中，教师可以在适当的时候对幼儿进行引导，环环相扣，实现教学效果的最优化。在这样的教学中，教师成为课堂的主导，幼儿是课堂的主体。

四、情境—探究式教学模式的优势

情境—探究式教学模式是指在教育教学活动中充分发挥信息技术的优势，创设出惟妙惟肖的情境，以更好地将幼儿带入课堂所需的氛围中，再通过调动幼儿的积极性，激发其学习兴趣，形成一种自主交流—合作探究的学习方式，教师再利用多媒体设备进行辅助教学，使幼儿真正成为课堂的主人。

（一）充分发挥信息技术的辅助教学优势

信息技术是一把双刃剑，带给我们便利的同时，也会出现一些负面信息，我们必须利用信息技术有利的一面，实现无时间、无空间限制的幼儿课堂。信息时代的显著特征即快捷、便利、生动，而情境—探究式教学模式正是利用这一特点，挖掘信息技术的优势，生动、快捷、便利地为幼儿课堂服务，充分发挥信息技术辅助教学的优势。

1. 创设生动的情境

区别于传统的教学模式，情境—探究式教学模式中教师摒弃口述的方式，借用信息技术手段进行教学场景的设置，发挥信息技术的优势，让死板的、生硬的东西"动"起来，抓住幼儿的眼球，调动幼儿的学习积极性，更加生动地进行情境导入，为后续教育教学活动的开展奠定坚实的基础。

2. 解放教师的双手

幼儿园一线教师在传统的教学模式中需要做大量的课前准备工作，因为在音乐教学中需要画出可爱的、便于幼儿理解的音型节奏，必定会耗费一定的人力和物力。情境—探究式教学模式针对此现象，提出可以适时地使用信息技术，这个方法论可以突破教学物质条件的限制，实现教育资源共享，用图谱的形式给幼儿展示音型，即节奏的快慢；可以为教师节省更多的时间去观察，更好地指导幼儿进行探究合作。

（二）充分体现幼儿的主体地位

情境—探究式教学模式注重幼儿的自主学习和自主探究，摒弃传统的填鸭式枯燥无味的教学方式，教师掌握课堂的节奏，让幼儿成为课堂的主导，教师层层递进式提出问题，幼儿调动已有经验，想尽一切办法解决问题。此学习过程极大地发挥了幼儿的主观能动性，也培养了幼儿的合作创新精神，充分体现了幼儿在课堂上的主体地位。

（三）重视教师的引导作用

1. 把握课堂节奏

在情境—探究式教学模式中，教师的引导作用也是十分重要的，教师需要熟练掌握教材内容，综合应用信息技术辅助教学。

2. 适时启发式提问

有挑战才有动力，音乐课堂的节奏应该是由浅入深的，当幼儿被惟妙惟肖的情景所吸引时，教师应该适时抛出问题，引发思考，调动幼儿的学习兴趣。教师应该提出什么样的问题，这个问题与上一阶段的学习是否有联系，此问题是否基于幼儿的最近发展区等问题都是需要教师去思考的。

3. 中肯进行评价反馈

通过自评、互评、师评的方式对探究结果进行反馈有助于幼儿对知识的消化。由于幼儿年龄尚小，在音乐课堂上很容易被他人带跑偏，而教师能够给幼儿提供全面、正确的方向指导，此时教师的评价反馈将促使幼儿自我总结，获取新知。

五、情境—探究式教学模式的实施策略

（一）完善多媒体设施的配备

要想实现信息技术与幼儿园音乐课程的有效整合，幼儿园应该配置功能完善的多媒体设施。为此，国家和政府部门应该出台相应的政策，大力扶持幼儿园尤其是乡镇幼儿园，促进幼儿园多媒体设施的配备，只有先解决了多媒体设备的硬件问题，才能让教师真正发挥自己的主导作用，将信息技术与幼儿园音乐课程进行有效整合。幼儿园园长作为幼儿园的第一责任人，必须响应国家政策的号召，将学前教育信息化当作幼儿园教育的首要目标，重视幼儿园多媒体设施的配备，并定期组织幼儿教师进行信息技术与教育教学活动整合的培训，对在培训中表现突出的教师进行奖励，也可以举办课件制作大赛来调动教师的积极性。当然仅仅配备多媒体设施是不够的，幼儿园还应该配置辅助多媒体教学软件，提供相应的教育教学资料包，以便于教师更加快捷地找到自己所需要的活动材料。

（二）充分发挥信息技术课堂的优势

当前，很多幼儿教师在进行信息技术与课程整合时盲目使用多媒体技术，有的教师利用信息技术满堂灌，导致事倍功半，让幼儿对这门课产生了厌学心理。教师应该树立正确的教育教学观，信息技术只是课堂教学的一种辅助工具，它可以用来进行情景的模拟，多媒体设备可以使情景更加拟人化，但是信息技术不是万能的，不可能代替教师进行教学活动。教师应该明确自己的主导作用，根据教学目标设计相应的教学环节，利用信息技术模拟语言所不能表达的东西，依据情境—探究式教学模式有条不紊地展开教学活动，进而实现信息技术与幼儿园音乐课程的有效整合，更好地促进幼儿音乐素养的发展。

(三)正确把握课堂节奏

教师要想上好一节课,必须做到以下三点:备教材、备材料、备学生。要想实现信息技术与幼儿园音乐课程的有效整合,这就要求教师必须了解课程,明确学习目标,清楚幼儿的现有发展水平,把课堂当作战场,知己知彼,方能百战百胜。幼儿园音乐课程的目标是想让幼儿去体会和感受音乐所带来的情绪、情感,释放自己的天性。而教师作为课堂的引导者,更应该在课堂中层层递进,启发式地引导幼儿去探究、去思考,提升他们的音乐素养,实现信息技术与幼儿园音乐课程的有效整合。

幼儿园音乐教育对幼儿的发展有重要作用,而在音乐教学的实施中,教师不仅需要把握好课堂节奏,还需要明确本节课的重难点,如什么时候引导幼儿发散思维,什么时候出示网络教育资源,什么时候利用信息技术辅助教学,这些都是教师需要思考的问题。音乐教育有时会过于抽象,依靠幼儿单一的思维模式很难实现教学目标,而教师的口述又过于烦琐无趣,这时教师可以充分利用视频或者 flash 动画对歌曲所要表达的场景进行模拟,加深幼儿的代入感,激发幼儿的学习兴趣,把握好课堂的节奏,使课堂层次分明,环环相扣,突破教学重难点。

(四)立足于幼儿发展需求

幼儿是学习的主体,所以在进行信息技术与幼儿园音乐课程整合的时候必须立足于幼儿的发展需要,时刻关注每一个幼儿的动态。信息技术的使用是为了辅助教学,而不是为了整合而整合。教师进行整合是为了幼儿的发展,所以信息技术的使用完全取决于幼儿的发展水平和接受程度。他们的感受对课堂教学的成功起着决定性因素,因此教师在进行信息技术与音乐课程整合时必须知其所需,投其所好。借助信息技术进行课程的整合,是每个学前教育工作者必须思考的问题。在这个阶段,教师要清楚地知道幼儿喜欢什么,想要什么,这样才能根据幼儿的现有水平给予他们需要的东西。抽象的音乐教育可能会让他们迷失方向,这个时候就需要借助信息技术有效地进行课程整合,真正实现学前教育信息化。

第三节　信息技术与学前儿童音乐教育的融合案例

一、《春天的歌》融合教学案例

《春天的歌》取材于自然气候和自然环境,通过音乐的播放,激发幼儿对各种声音的联想。本节课内容包含的一首歌曲中同时出现多个不同的对象,这种音乐可以让幼儿扮演不同的角色并进行分组表演。

《春天的歌》的音乐游戏主要通过信息技术中的音频与春天各种小动物的叫声的深度融合,给幼儿提供一个音乐学习的适合情景,激发幼儿对小动物叫声的兴趣,培养其喜爱的感情,为幼儿在音乐学习中改编动作、歌词等做准备。本次活动中设定了角色游戏,将幼儿分成不同小组,轮流表演不同的"小动物"。

(一)教学设计

《春天的歌》音乐活动的教学设计如表6-1所示。

表6-1　《春天的歌》音乐活动教学设计

案例名称	《春天的歌》	科目	音乐
教学对象	幼儿园中班学生	课时	1课时
教学目标	①让幼儿能够识别小动物发出的声音,培养幼儿的倾听能力。②通过探索活动,激发幼儿对春天里各种声音的兴趣,进而学唱本节音乐。③让幼儿尝试创编跟音乐内容相符合的动作		
教学重点	让幼儿能够辨别春天里的各种声音,理解声音中所表达的情感		
教学难点	如何引导幼儿从表现表面的声音深入声音的情感中		
教学准备	提供《春天在哪里》音乐,整合春天动物、下雨声、风声等各类音频以及环境污染的图片。教学过程中摆放各种动物的玩具、树木图片,充分营造出春天生机勃勃的氛围		
教学过程			
流程	教师活动		幼儿活动
导入	播放幼儿学过的《春天在哪里》音乐,让幼儿对旧知识进行回顾,引出本节音乐活动的内容		幼儿集体跟唱音乐,集中注意课堂内容

续　表

设置情境	教师通过音频展示动物各式各样的声音让幼儿进行辨别，对回答正确的幼儿进行奖励，对回答错误的幼儿进行鼓励	幼儿结合音频所播放的动物叫声等，在教师的引导下积极踊跃地回答问题，随着次数的增加，对不同动物的叫声辨别能力越来越强
挂图欣赏	教师以图片的形式展示自然界中各种动物、植物的画面，并以提问的形式让幼儿回答图片中是何种动物、植物。图片展示的难度由浅入深，激发幼儿的兴趣	幼儿在教师的引导下，对教师提供的图片进行辨别，回答教师的问题，在回答正确的过程中树立信心
唱一唱	经过教师反复播放单个动物的叫声后，幼儿能够清楚地辨别各种声音。教师应当加大声音识别的难度，采取多种声音同时播放的片段，以提问的方式让幼儿找出在该片段中听到了哪些声音，让幼儿尝试唱出来	在此环节中，幼儿对声音，特别是各种小动物的叫声均有了初步认识；通过对鸟叫声、羊叫声等为一体的音频片段进行仔细聆听，能够集全班幼儿的力量将片段中的声音找出并尝试唱出来
课堂延伸	在幼儿能够辨别教师所展示的春天自然界中的各种动物叫声后，通过引入图画、案例来展示春天美丽的画面，结合春天动物的各种场景让幼儿分角色表演小动物	幼儿通过对各类动物叫声的认识也提高了对春天的了解；通过对春天图画等的观看与对各类动物叫声的倾听，根据自己表演的角色，即兴创作动作

（二）教学实施

1. 音频导入

老师：小朋友们，请听老师播放的是哪首歌，你们还会唱吗？

幼儿：《春天在哪里》/会。

2. 设置情境

老师：现在大家了解了在春天自然界会发生变化，接下来大家通过音频来猜猜春天里都有什么声音好不好？（陆续播放小鸟、小狗、水滴、风声、水流、小鸭、小鸡、小羊等容易识别的声音，对答对的幼儿进行奖励，对答错的幼儿进行鼓励）

幼儿：好。（积极回答音频中发出声音的小动物的名字）

3. 图片展示

老师：小朋友们，大家都养小动物吗？

幼儿：有/没有。

老师：没有养小动物的小朋友，今天由老师和养了小动物的小朋友带大家认识一些小动物好吗？（首先通过PPT展示日常生活中鸡、鸭、狗、猫等动物，其次展示自然界中的大象、松鼠、麋鹿等动物，让幼儿能够较

为容易地回答，增强自信，从而引出本节音乐课出现的小动物）

老师：有没有哪个小朋友告诉老师，这是小动物在春夏秋冬的哪个季节啊？（展示春天的山上小羊吃草、鸟语花香、冰河融化以及田野播种等图片）

幼儿：春天。（很多小朋友能认出冰雪融化是春天）

老师：对。这是春天，春天这么美，我们是不是要保护环境，热爱美丽的春天？

幼儿：是。

4. 唱一唱

（1）初步学唱。

老师：大家都表现得非常好，接下来我们学习一首关于春天的歌曲。

幼儿：好。

老师：这首歌就叫"春天的歌"，（对积极主动的小组给予掌声鼓励）大家先跟着播放的音频学习一遍，再跟着教师弹奏的钢琴一起学两遍，再分组复习唱。

（2）总结与引入。

老师：我们每一个小组唱得都非常好，接下来让我们跟随春天的歌一起跳舞吧。

老师：第一小组和第三小组围成一个小圈，第二小组与第四小组围成一个小圈，引导幼儿边唱边跳。（幼儿开始唱同时手拉手一起跳）

5. 活动延伸（创作表演）

老师：有没有小朋友看到画面中的小动物在干什么呀？（展示音频中小鸟、蜜蜂、小羊的画面）

幼儿：歌唱，飞，跳。（小鸟在歌唱、蜜蜂在飞来飞去和小羊在跳跃）

老师：小动物们是不是很开心啊？有没有哪个小朋友来模仿它的动作？（陆续引导幼儿掌握动物的动作要领，引导幼儿创编动作，分别扮演不同小动物）

（三）教学评价

《春天的歌》音乐选择题材贴近幼儿生活，能够激发幼儿的学习兴趣。教师在教学中使用PPT图片，将教学难点用图片形式呈现出来，便于幼儿理解抽象的情境；用音频播放春天动物的声音引入，比较有新意，贴近本节音乐课的主题。教师在各个环节的时间把握得比较好，从引入到最后的活动延伸，使整个课堂很完整。幼儿对学习音乐比较感兴趣，对信息技术的呈现方式比较配合。整节课大体上效果较好，信息技术与音乐课堂能够深度地融合。与传统的幼儿园音乐课堂不同，音频的录制和播放以及 PPT 图片的使用，能够在教学效果上给予技术支持，与音乐课堂紧密融合，使其深入开展，较好地达到了教学目标。

（四）教学反思

《春天的歌》这节音乐活动课虽然师生互动较为成功，但是整个课堂还有可以改进的地方。在使用信息技术教学时，教师应该让幼儿更多地进行自主学习，如让幼儿先想象春天的景象、动物的变化、植物的变化等，然后适当地运用信息技术指导。另外，教师的信息技术专业水平应该进一步提高，在使用多媒体教学时，还需要更加灵活自如，特别是对教学内容的融合，应该有的放矢，准确无误。

二、《小猪》融合教学案例

《小猪》音乐活动课将信息技术中的节奏、图谱、音频、律动视频与音乐内容深度融合，帮助幼儿学习活动过程中的难点，为律动改编做准备，从而培养幼儿音乐创作的兴趣。

（一）教学设计

《小猪》音乐活动的教学设计如表 6-2 所示。

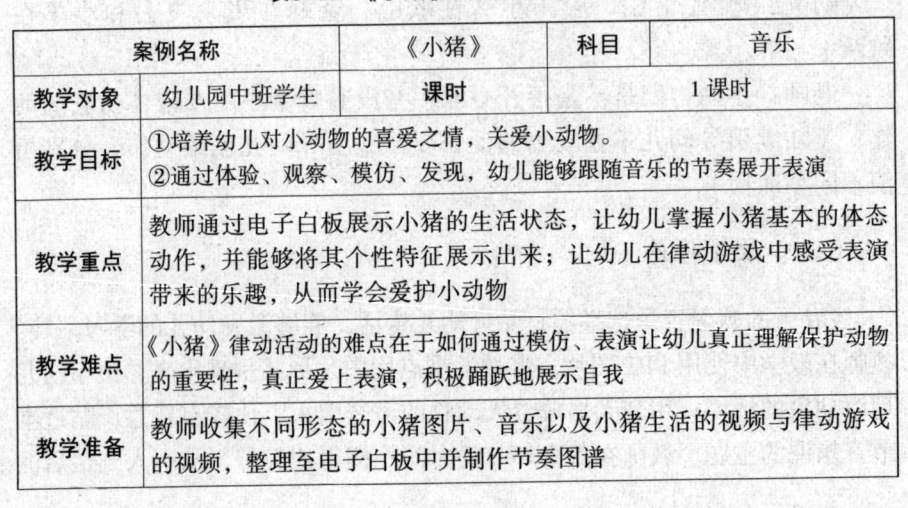

表6-2 《小猪》音乐活动教学设计

案例名称	《小猪》	科目	音乐
教学对象	幼儿园中班学生	课时	1 课时
教学目标	①培养幼儿对小动物的喜爱之情，关爱小动物。②通过体验、观察、模仿、发现，幼儿能够跟随音乐的节奏展开表演		
教学重点	教师通过电子白板展示小猪的生活状态，让幼儿掌握小猪基本的体态动作，并能够将其个性特征展示出来；让幼儿在律动游戏中感受表演带来的乐趣，从而学会爱护小动物		
教学难点	《小猪》律动活动的难点在于如何通过模仿、表演让幼儿真正理解保护动物的重要性，真正爱上表演，积极踊跃地展示自我		
教学准备	教师收集不同形态的小猪图片、音乐以及小猪生活的视频与律动游戏的视频，整理至电子白板中并制作节奏图谱		

续 表

教学过程		
流 程	教师活动	幼儿活动
音乐播放与入场	播放《小猪》的音乐，迎接幼儿进入教室，营造一种和谐的氛围	幼儿头戴自制的头饰随着音乐走进教室，按照自愿分组的方式坐好
欣赏活动	教师将网上找到的各式各样小猪的图片以及小猪生活的视频通过电子白板进行展示，让幼儿能够亲眼看见小猪在家中自由歌唱的情景，以引导幼儿模仿小猪跳舞，为接下来的表演环节做铺垫；随后，以提问的方式让幼儿说出小猪的特性	幼儿通过观看各式各样小猪的图片和视频后已经逐渐融入课堂，并开始思考小猪的特性
节奏图谱	教师根据《小猪》的音乐制作出来的节奏图谱，无序地呈现给幼儿，让幼儿通过电子白板的拖拽功能进行排序并播放	每个小组都参与对《小猪》这首音乐的节奏排序的环节中，通过相互讨论排出各个小组认为正确的节奏图谱，采取一边拍节拍一边播放的方式发现问题
教学过程		
律动游戏	教师以提问的方式引导幼儿积极踊跃地对小猪的舞蹈动作进行模仿，对模仿的幼儿给予奖励，并展示律动游戏中哥哥姐姐模仿小猪跳舞的视频，随后进行分解动作的示范	幼儿在教师的引导下参与模仿小猪跳舞的环节，根据电子白板中律动游戏的视频渐渐掌握基本的步骤

（二）教学实施

1. 导入

老师：小朋友们，大家戴好自己制作的头饰了吗？

幼儿：戴好了。

老师：现在大家一起走进我们的教室好不好？（在幼儿走进教室的过程中播放《小猪》音乐，事先布置好教室的环境，营造一种温馨的氛围）

幼儿：好。

2. 欣赏活动

老师：让我们先来看看今天的主角小猪好不好呀？（通过电子白板播放小猪跳舞的视频）

幼儿：好。

老师：小猪漂不漂亮呀？

幼儿：漂亮。

老师：通过观看视频，有没有哪个同学能说出这几只小猪不同的特征呢？（通过此环节锻炼幼儿的观察能力，加深幼儿对小猪的印象）

3. 节奏图谱

老师：小朋友们，看了小猪跳舞的视频，现在我们来看一下从视频中简化的几张小猪的图谱好不好？

幼儿：好。（幼儿认真地看教师播放幻灯片显示的图谱，培养图谱欣赏能力）

老师：现在哪个小朋友看出小猪都干什么了，我们请他来说一说？

幼儿：起床／刷牙／找妈妈／吃饭／上幼儿园／和其他小猪玩游戏。（幼儿大胆地回答自己看到的图谱）

4. 唱一唱

老师：接下来我们玩一个游戏，比一比看哪个小组最先将《小猪》的图谱正确地排出顺序来，好不好？

幼儿：好。（各小组商量进行排序，并结合音乐边唱边排序）

老师：让我们跟着音乐，由第一小组的成员唱给大家听，好不好？（通过重新歌唱，找出排序存在的问题，更正错误的排序）

幼儿：好。

老师：现在我们要从各个小组中抽出一组的排序，其他小朋友一起唱歌，来看一下顺序是否正确，好不好？（教师播放图谱，让幼儿跟唱，培养幼儿的识别能力）

幼儿：好。（在游戏中，幼儿积极参与歌唱活动）

老师：这是我们第一小组排的顺序。你们同意这个排序吗？

幼儿：同意。

5. 律动游戏

老师：小朋友们，通过之前的节奏图谱游戏，大家学会《小猪》这首歌曲了吗？

幼儿：学会了。

老师：现在让我们跟着律动游戏中的哥哥姐姐以及小猪一起跳舞好不好？

幼儿：好。（整体跳一遍）

老师：好了，小朋友们都跳得非常好，接下来跟着老师以及电子白板中的小猪进行分解动作的示范好不好？（教师播放音乐与视频，引导

并纠正幼儿的动作）

（三）教学评价

对幼儿律动学习的评价采用幼儿分组评论的方法，让幼儿对自身和同学之间有一个正确的认知。

本节课使用了信息技术中的音频、图片和视频进行教学，丰富了课堂教学内容，在形式上让幼儿耳目一新，给幼儿足够的自主创新的机会。小猪是一个可爱、无害的小动物，选材上符合幼儿年龄特点；加之律动的主要内容，让幼儿在学习其他知识之余能够放松身心，以更好的状态进入课堂；学习之余，还能培养幼儿对小动物的爱心，培养幼儿爱护小动物的情感。本课以幼儿学习为主、教师指导为辅的学习方式，其优点大于传统意义上的以教师的"教"为主的学习方式。

（四）教学反思

这节课让幼儿在音乐课堂上更加放松，幼儿能够很快地融入小组或整体的学习中，在情境中学习音乐的适应能力和主动性都有所提高。但是存在的不足之处是，教师在教学过程中还应该培养幼儿自主学习的积极性；在技术的融合上应张弛有度，适时适量，让幼儿做运动的时候如果加上对音乐的体验会更好，比如边唱边做动作。

三、《水边的阿狄丽娜》融合教学案例

《水边的阿狄丽娜》音乐活动的内容具有故事情节性的特点，其故事内容又是幼儿特别喜欢的"国王"和"美少女"的角色，所以教材内容本身对幼儿有较强的吸引力。《水边的阿狄丽娜》取材于一个希腊神话故事，后来音乐的作者根据故事内容创作了钢琴曲。故事通过国王喜爱女主人公，进而创作出她的雕像的故事，表达了国王对阿狄丽娜独特和深厚的感情。这一音乐故事情节曲折离奇，适合与视频融合来进行课堂音乐活动。在活动中，教师通过视频播放让幼儿对希腊神话有所了解。在歌唱方式上，结合视频播放、教师弹奏钢琴以及歌唱的方式让幼儿在快乐中学习。活动延伸时，教师准备纸、画笔拓展幼儿想象力和提高幼儿创造力。

（一）教学设计

《水边的阿狄丽娜》音乐活动的教学设计如表6-3所示。

表6-3 《水边的阿狄丽娜》音乐活动的教学设计

案例名称		《水边的阿狄丽娜》	科目	音乐
教学对象		幼儿园中班学生	课时	1课时
教学目标		①让幼儿了解与《水边的阿狄丽娜》相关的希腊神话故事。②在教师的配合下，能够使幼儿轻松地歌唱，让幼儿通过视频故事感受音乐节奏的变换、体会环境的美好以及水的波纹，提高幼儿的审美情趣和想象力。③让幼儿感受国王对其雕塑的美丽少女的情绪以及最后雕塑的美丽少女幻化成人和与国王过着幸福生活的喜悦			
教学重点		通过让幼儿回忆了解的希腊故事过渡到本节课的视频故事，融入信息技术的多种手段帮助幼儿理解音乐表达的主人公最初的痴迷与最后团聚的情绪			
教学难点		在幼儿感知音乐中，表达了主人公最初思念少女时的心情低落、沉稳、舒缓和最终见到少女走向真实世界时的轻松愉快之感			
教学准备		幼儿对希腊神话故事的以往认知经验；整合希腊神话以及《水边的阿狄丽娜》的故事视频教学资源；提供阿狄丽娜在水边的美丽风景的挂图，让幼儿用画笔表现出来			
教学过程				
流 程	教师活动		幼儿活动	
导 入	运用幼儿以往故事视频的相关经验，并进行谈话导入本节课视频故事内容		中班幼儿积极回忆之前感兴趣的视频故事，激发对本节课学习的兴趣	
设置情境	教师通过在课堂播放希腊神话视频的形式吸引幼儿兴趣，将音乐教学内容贯穿精彩的视频，便于难点的教学		中班幼儿喜欢希腊神话，并了解音乐的大致内容，对接下来的音乐教学充满期待	
挂图欣赏	通过希腊神话挂图的演示，给中班幼儿引入音乐内容，对重点的歌词进行演奏与讲解的融合，从而让幼儿更加细致地体会歌曲表达的情感；对《水边的阿狄丽娜》进行简单的讲解，让幼儿自由表达		在这一教学过程中，中班的幼儿正处于对视频好奇的状态中，充分了解《水边的阿狄丽娜》的音乐内容，说出自己喜欢的图片	

续 表

唱一唱	让幼儿跟着视频清唱；在视频播放结束后，提出问题，做好前期视频铺垫、一问一答、初步演唱；教导幼儿对《水边的阿狄丽娜》进行反复演唱。教师协助其他幼儿送出电子教材准备的"星星、赞和太阳"的奖励	幼儿紧跟视频中的画面，与教师合唱，初步了解《水边的阿狄丽娜》的演唱方式。在本环节，幼儿紧跟着教师以及钢琴伴奏歌唱，在练习歌唱的同时体会重点词句所包含的意义以及音乐的情绪，加深其对音乐的理解与印象。幼儿在自己表演和观看其他同学表演时增强自信，更加喜欢表演，提高欣赏水平
课堂延伸	让幼儿结合之前观看的视频，进一步体会《水边的阿狄丽娜》所表达的情感，能够对音乐中喜欢的人、物或景用作画的方式表现出来	在教师的提问中发表自己的看法，加深自身对音乐的理解，创作阿狄丽娜在水边的画面，敢于创作自己喜欢的美术作品

（二）教学实施

1. 视频导入

老师：小朋友们，你们喜欢看电视吗？

幼儿：喜欢。

老师：哪名同学告诉老师你们喜欢看什么电视呢？

幼儿：《小猪佩奇》。

2. 音乐情境设置

老师：那在上课之前，老师先让同学们看一个神话故事好不好呀？

幼儿：好。（视频播放希腊神话中塞浦路斯国王皮格马利翁雕塑阿狄丽娜的故事）

老师：小朋友们，刚才的故事好不好看呀？

幼儿：好看。

老师：那么，哪名同学来给我们说说故事中讲了什么呀？（锻炼幼儿的表达与理解能力）

幼儿：（回答略）

老师：今天我们要学习的内容就是关于阿狄丽娜的故事。

3. 挂图欣赏

老师：下面就让我们通过视频欣赏一下《水边的阿狄丽娜》歌曲的图片好不好呀？（播放幻灯片）

幼儿：好。

老师：小朋友们，这张图片上的国王在干什么呀？（提供第一张幻灯片）

幼儿：在想事情/用手托着脸/摸头。

老师：小朋友们，这张图片上出现了国王和谁呀？（提供第二张幻灯片）

幼儿：姐姐/美少女/阿狄丽娜姐姐。

老师：小朋友们，最后这张图片上阿狄丽娜姐姐在干什么呀？（提供第三张幻灯片）

幼儿：在跳舞。

4. 唱一唱

（1）引导幼儿唱歌。

老师：下面我们来清唱视频中《水边的阿狄丽娜》的音乐好不好呀？（播放短片）

幼儿：好。（幼儿清唱音乐）

老师：我们跟着阿狄丽娜姐姐的舞蹈一起唱歌好不好呀？

幼儿：好。（幼儿尝试清唱）

（2）品味歌曲情感。

老师：小朋友们唱得非常好，结合阿狄丽娜姐姐跳舞的视频，小朋友们觉得这首歌表达了一种什么样的情感呢？

幼儿：开心/高兴/激动。（在幼儿发表自己的看法后做出评价，结合《水边的阿狄丽娜》的创作背景以及视频画面阐述作者、主人公的情感）

5. 教学练习

（1）练习环节。

老师：小朋友们现在跟着老师的音乐一起唱一唱《水边的阿狄丽娜》好不好呀？

幼儿：好。（先弹唱完整曲目，再逐字逐句弹唱）

（2）视频结合。

老师：小朋友们唱得非常好，现在我们跟着阿狄丽娜姐姐的舞蹈一起为阿狄丽娜姐姐歌唱好不好呀？（播放《水边的阿狄丽娜》的视频，由老师带领幼儿进行合唱）

幼儿：好。

（3）延伸活动。

老师：小朋友们先表演一下阿狄丽娜姐姐的情绪好不好，她是开心的还是不开心的呢？请大家表演一下好不好？

幼儿：好。（幼儿集体表演，再选出一两个小朋友进行表演）

老师：小朋友们表演得非常好，现在让我们画一画，小朋友们都知道阿狄丽娜姐姐住在水边，你们喜不喜欢画一画那里的样子呢？

幼儿：喜欢。（老师发笔和纸，由老师指导幼儿画画，幼儿积极地创作出自己喜爱的故事中的事物）

（三）教学评价

课堂上准备的视频为幼儿介绍了一个希腊故事，动人的故事情节通过多媒体强烈的视听效果呈现出来，能够激发幼儿的兴趣。选材和表现方式比较适合幼儿的年龄特点，弥补了幼儿社会经验、知识储备等的不足。将信息技术与教学中试唱、画画、舞蹈深度融合在一起，发展了幼儿多方面的智能，幼儿的肢体动作和大脑得到了充分的开发。在引导幼儿丰富音乐知识和提高音乐学习能力时，教师引导幼儿的情感表达，使幼儿主动学习的积极性得到提高，这是与教学设计的目标相一致的。

但是在课堂教学收到较好效果的同时，教学过程仍有不足的地方，特别是在跟唱时，有几名幼儿注意力不集中。

（四）教学反思

在课堂教学中，师幼互动总体比较合理，但仍有欠缺的地方，如新知识教授的时间偏长。在播放视频的同时，教师应该让幼儿多表达自己的所见所闻，这样幼儿的印象会更深刻，也符合幼儿语言关键期的发展特点；组织课堂纪律时，应该让幼儿劳逸结合，画画与歌唱、舞蹈和歌唱交替进行，保护幼儿的嗓子；在音乐跟唱部分，可以组织一些游戏，如角色扮演游戏，以提高幼儿的学习兴趣。

参考文献

[1] 王秀萍.学前儿童音乐教育[M].北京：中央广播电视大学出版社，2014.

[2] 王玉华，张小永.学前儿童音乐教育[M].沈阳：辽宁大学出版社，2014.

[3] 赵中玉.学前儿童音乐教育[M].北京：中央广播电视大学出版社，2014.

[4] 许卓娅.学前儿童音乐教育[M].北京：人民教育出版社，2010.

[5] 黄瑾.学前儿童音乐教育[M].上海：华东师范大学出版社，2001.

[6] 许卓娅，吴魏莹.学前儿童音乐教育与活动指导[M].4版.长沙：湖南大学出版社，2019.

[7] 高杰英.学前儿童音乐教育与活动指导[M].沈阳：东北大学出版社，2019.

[8] 苗翠.浅谈学前儿童的音乐教育[J].长江丛刊，2020（1）：21-22.

[9] 谢佳芸.学前儿童音乐教育的价值[J].青年时代，2020，71（29）：229-230.

[10] 谌优，王柳.新媒体对学前儿童音乐教育的影响[J].南北桥，2020（15）：158.

[11] 王倩倩.学前儿童音乐教育研究[J].戏剧之家，2019（10）：193.

[12] 韦英月.浅议学前儿童的音乐教育[J].好家长，2019（42）：35.

[13] 揭月玲.学前儿童音乐教育的实施策略[J].读与写（中旬），2021（5）：356.

[14] 彭丽.学前儿童的音乐教育研究[J].女报（家庭素质教育），2019（10）：176.

[15] 丁晶晶.学前儿童音乐教育的价值与开展方式探析[J].艺术大观，2019（23）：264.

[16] 邓楠.关于学前儿童音乐教育的思考[J].黄河之声，2020（7）：139.

[17] 余米华.学前儿童音乐教育的应用研究：以达尔克罗兹音乐教学法为例[J].教育观察，2021，10（24）：82-84.

[18] 谢芳.如何有效开展学前儿童音乐教育[J].北方音乐，2019，39（19）：220，254.

[19] 刘淙雨. 如何开展学前儿童音乐教育活动[J]. 神州, 2019（10）: 160.

[20] 呙妮娅. 学前儿童音乐教育创新方式初探[J]. 新晋商, 2019（11）: 341-342.

[21] 王琭轩. 多元智能理论以及学前儿童音乐教育的融合路径[J]. 魅力中国, 2021（17）: 154.

[22] 刘昌群. 新媒体对学前儿童音乐教育的影响[J]. 赢未来, 2017（19）: 261.

[23] 朱桃桃. 浅谈学前儿童音乐教育的作用与任务[J]. 西部论丛, 2018（9）: 136.

[24] 蔡骈. 奥尔夫教学法与学前儿童音乐教育[J]. 科教文汇, 2018（27）: 140-141.

[25] 韩华民. 关于学前儿童音乐教育的思考[J]. 课程教育研究, 2018（35）: 236.

[26] 阎妍. 学前教育专业应用型课程建设与教学体系改革创新：以《学前儿童音乐教育》课程为例[J]. 当代教育实践与教学研究（电子刊）, 2021（13）: 105-106.

[27] 谢佳芸. 学前儿童音乐教育对幼儿素质培养的作用研究[J]. 百科论坛电子杂志, 2020（18）: 2364.

[28] 王倩楠. 游戏在学前儿童音乐教育中的实践分析[J]. 文存阅刊, 2020（39）: 101.

[29] 武晶晶. 游戏在学前儿童音乐教育中的实践分析[J]. 北方音乐, 2020: 133-135.

[30] 谢佳芸. 谈多元智能理论与学前儿童音乐教育的有效整合[J]. 新教育论坛, 2020（3）: 169.

[31] 程娟. 刍议学前音乐教育中内心听觉的重要性[J]. 音乐时空, 2014（21）: 127.

[32] 王娜, 韩恬恬. 基于柯达伊儿童音乐教育思想的歌唱游戏探究[J]. 江苏幼儿教育, 2016（3）: 10-12.

[33] 宋群芳. 学前儿童音乐教育教学实践探索[J]. 艺术教育, 2017（Z8）: 126-127.

[34] 蔡余红. 学前儿童音乐教育策略探究[J]. 新校园（学习）, 2017（7）: 5.

[35] 王祖玲. 学前儿童音乐教育游戏化的研究[J]. 新教育时代电子杂志（学生版）, 2017（22）: 41.

[36] 李惠明. 关于学前儿童音乐教育中的方法探究与思考[J]. 新课程（综合版）, 2019（6）: 180.

[37] 崔开越. 关于学前儿童音乐教育中的方法探究与思考[J]. 科教导刊（电子版）, 2019（35）: 43.

[38] 吴晓是, 杨杰. 谈"学前儿童音乐教育"课程教学设计[J]. 作家天地, 2019（23）: 186-187.

[39] 冯丹.奥尔夫教学法对学前儿童音乐教育的启示研究[J].大众文艺（学术版），2019（9）：207.

[40] 胡多歌.多元智能理论与学前儿童音乐教育的整合研究[J].艺术评鉴，2019（6）：107-109.

[41] 纳娜.简析多元智能理论与学前儿童音乐教育的整合[J].中国文艺家，2019（1）：254.

[42] 云蕾.游戏在学前儿童音乐教育中的实践探究[J].东西南北（教育），2019（17）：234.

[43] 宋克环.学前儿童音乐教育研究[J].经济技术协作信息，2015（30）：13.

[44] 彭鹏.论学前儿童音乐教育课程实践教学体系的构建[J].吉林省教育学院学报（上旬），2018，34（3）：119-121.

[45] 严雪琛.谈如何开展学前儿童音乐教育活动[J].读与写（上旬），2018（11）：8.

[46] 陈钟.新媒体对学前儿童音乐教育的影响[J].北方音乐，2018，38（16）：199.

[47] 陶丽娟.构建有效的学前儿童音乐教育教学课堂[J].北方音乐，2018，38（2）：145-146.

[48] 王艳春.论学前儿童音乐教育的目标达成及存在的问题[J].读天下（综合），2018（9）：177.

[49] 李咏云.浅谈如何开展学前儿童音乐教育活动[J].黄河之声，2018（14）：121，125.

[50] 余嘉安.试析学前儿童音乐教育的现状与对策[J].北方音乐，2016，36（19）：132.

[51] 袁艳梅.对学前儿童音乐教育的思考[J].中外交流，2016（11）：241.

[52] 金瑞峰.关于学前儿童音乐教育的思考[J].新校园（上旬刊），2016（9）：134.

[53] 潘安婷.试谈关于学前儿童音乐教育中的趣味教学[J].北方音乐，2015，35（18）：92.

[54] 成黎花.浅析奥尔夫音乐教学法在学前儿童音乐教育中的作用、运用现状及对策[J].戏剧之家，2020（11）：139，141.

[55] 徐文娟.探讨幼师专业学生如何指导学前儿童音乐教育活动[J].大观（论坛），2020（3）：139-140.

[56] 孙茜.学前儿童音乐教育中多元智能发展的操作原则分析[J].课程教育研究，2020（16）：209.

[57] 邢妍.学前儿童音乐教育现状分析及研究对策[J].饮食科学，2017（10）：95.

[58] 徐文. 基于启发与培养音乐兴趣的学前儿童音乐教育探究[J]. 佳木斯职业学院学报, 2017（11）: 258.

[59] 王璐. 学前儿童音乐教育实践教学方法研究[J]. 通俗歌曲, 2017（1）: 163.

[60] 高雅. 学前儿童音乐教育的价值与开展方式研究[J]. 当代教育实践与教学研究（电子刊）, 2017（1）: 201.

[61] 赵大刚, 唐雪溶. 游戏在学前儿童音乐教育中的实践探究[J]. 北方音乐, 2017, 37（16）: 221.

[62] 黄蓉. 对学前儿童音乐教育问题的思考[J]. 亚太教育, 2015（4）: 10.

[63] 陆桂湘. 在学前儿童音乐教育中注重发挥个性的教学策略[J]. 求知导刊, 2019（13）: 71-72.

[64] 方丹萍. 论学前儿童音乐教育对幼儿创造力培养的研究[J]. 科学与财富, 2019（29）: 164.

[65] 黄蓉, 季晓华. 对学前儿童音乐教育问题的思考[J]. 课程教育研究（外语学法教法研究）, 2015（15）: 143.

[66] 刘齐. 浅析学前儿童音乐教育的价值[J]. 基础教育研究, 2015（17）: 84-86.

[67] 王娜. 学前儿童音乐教育与多元智能理论整合教学实践模式探索[J]. 北方音乐, 2019, 39（2）: 126-127.

[68] 甘波. 对学前儿童音乐教育的思考[J]. 佳木斯职业学院学报, 2015（2）: 142.

[69] 高芳梅. 对学前儿童音乐教育异化现象的思考[J]. 丝路视野, 2016（18）: 14-15.

[70] 金美琳. 学前儿童音乐教育的价值与开展方式研究[J]. 北方音乐, 2016, 36（23）: 84.

[71] 申媛媛. 用音乐点燃儿童启蒙教育：走进学前儿童音乐教育[J]. 魅力中国, 2018（45）: 127-128.

[72] 魏娜. 学前儿童音乐教育中体验教学法的运用实践探讨[J]. 语文课内外, 2018（34）: 30.

[73] 金檬檬. 大数据背景下的学前儿童音乐教育资源建设思考[J]. 试题与研究（高考版）, 2018（36）: 76.

[74] 张君, 刘纪秋. 学前儿童音乐教育[J]. 大众文艺, 2010（14）: 266-267.

[75] 姜漫漫. 学前儿童音乐教育的作用、现状及对策[J]. 北方音乐, 2014（8）: 138.

[76] 郝江玉. 启迪学前儿童的音乐教育[J]. 当代幼教, 2013（3）: 47-48.

[77] 马琼娥. 学前儿童音乐教育课程与其他领域的整合[J]. 中国校外教育（中旬刊）, 2015（Z1）: 480.

[78] 葛燕.新媒体对学前儿童音乐教育的影响[J].新闻战线,2015(10):115-116.

[79] 李昱霏.试论学前儿童音乐教育[J].流行歌曲,2012(14):10-11.

[80] 肖素芬.学前儿童音乐教育课程实践教学体系的建构[J].艺术教育,2013(10):49-51.

[81] 丁燕.学前儿童音乐教育整合多元智能理论的设计原则[J].华章,2014(15):273.

[82] 胡李沁弘.学前儿童音乐教育中音乐作品的选择[J].速读(上旬),2014(11):235.

[83] 朱梦丹.关于学前儿童音乐教育的现状与思考[J].文教资料,2013(5):96-97.

[84] 李坤霞.学前儿童音乐教育的特点及方法探讨[J].青春岁月,2013(11):365.